教育部教师工作司组织专家审定
高等院校小学教育专业规划教材
卓越教师培养系列教材

小学教育政策与法规

XIAOXUE JIAOYU ZHENGCE YU FAGUI

（第2版）

主编　阮成武

高等教育出版社·北京

内容提要

本书是由教育部教师工作司组织专家审定的高等院校小学教育专业规划教材。

书中全面介绍了小学教育政策与法规的基本内容、制定的依据、实施的过程、现实中存在的主要问题及解决的对策，重点阐述了国家依法治教、学校依法治校、教师依法执教等问题。对于小学教育专业的在校学生、在职小学教师、广大小学教育管理者了解教育政策与法规，正确落实教育政策与法规将大有帮助。

本书在体例设计上，注重教材内容与呈现方式的创新。在教材内容上，各章章前均以小学教育的现实问题为焦点，用典型案例切入，引出小学教育政策与法规的系统知识、原理；章中穿插适当的"小资料""案例库"栏目；章后进行总结和拓展，引领学习者进一步学习研究和拓展深化。在呈现方式上，各章通过二维码链接相关政策、法规，以帮助学习者全面、深入地把握小学教育阶段的政策与法规。

本书不仅可作高等院校小学教育专业的本、专科教材，也可作在职小学教师继续教育和校长培训的参考用书。

图书在版编目（CIP）数据

小学教育政策与法规 / 阮成武主编 .--2 版 .-- 北京 ： 高等教育出版社，2017.6（2020.12 重印）
ISBN 978-7-04-046657-7

Ⅰ . ①小… Ⅱ . ①阮… Ⅲ . ①小学－教育政策－中国②小学－教育法－中国 Ⅳ . ① D922.16

中国版本图书馆CIP数据核字(2016)第267671号

策划编辑 肖冬民 王雅君　责任编辑 肖冬民　封面设计 姜 磊　版式设计 杜微言
插图绘制 杜晓丹　责任校对 窦丽娜　责任印制 朱 琦

出版发行 高等教育出版社
社 址 北京市西城区德外大街4号
邮政编码 100120
印 刷 河北新华第一印刷有限责任公司
开 本 787mm×1092mm 1/16
印 张 15.5
字 数 300千字
购书热线 010-58581118
咨询电话 400-810-0598
网 址 http://www.hep.edu.cn
http://www.hep.com.cn
网上订购 http://www.hepmall.com.cn
http://www.hepmall.com
http://www.hepmall.cn
版 次 2006年5月第1版
2017年6月第2版
印 次 2020年12月第7次印刷
定 价 29.80元

物 料 号 46657-A0

高等院校小学教育专业规划教材总序

我国已进入全面建成小康社会、加快推进教育现代化建设的新的历史阶段。在这样一个历史时期，教育越来越成为促进社会全面发展、推动科技迅猛进步，进而不断增强综合国力的重要力量，成为我国从人口大国逐步走向人力资源强国的关键因素。我国的教师教育正面临着前所未有的机遇和挑战。教师教育的改革发展直接关系到千百万教师的成长，关系到素质教育的全面推进，关系到一代新人思想道德、创新精神和实践能力的培养和提高，最终关系到推动科学发展、促进社会和谐、全面建成小康社会奋斗目标的实现。

培养具有较高学历的小学教师是全面建成小康社会和适应基础教育改革与发展的迫切需要，也是我国教师教育改革发展的必然趋势。为了适应基础教育改革与发展的需要，我国对培养较高学历小学教师的工作进行了长时间的积极探索，取得了较大成绩，并积累了许多宝贵经验。《国家中长期教育改革和发展规划纲要（2010—2020年）》提出：到2020年，要“努力造就一支师德高尚、业务精湛、结构合理、充满活力的高素质专业化教师队伍”。《教育部关于大力推进教师教育课程改革的意见》提出：“要围绕培养造就高素质专业化教师的目标，坚持育人为本、实践取向、终身学习的理念，实施《教师教育课程标准（试行）》，创新教师培养模式，强化实践环节，加强师德修养和教育教学能力训练，着力培养师范生的社会责任感、创新精神和实践能力。”为此，要优化教师教育课程结构，改革课程教学内容，开发优质课程资源等。

开展小学教师培养工作，课程教材建设是关键。当务之急是组织教育科研机构、高等师范院校的专家学者和教师联合编写出一套高水平、规范化、专为培养较高学历小学教师的教材。

编写小学教育专业课程教材，应该遵循以下原则：

一、时代性与前瞻性。教材要面向现代化、面向世界、面向未来，反映当代社会经济、文化和科技发展的趋势，贴近国际教育改革和我国基础教育课程改革的前沿，体现新的教育理念。

二、基础性与专业性。教材要体现高等教育的基础性，同时要紧密结合当今小学教育课程改革的趋势和实施素质教育的要求，针对小学教育专业的特征和小学教师的职业特点，力求构建科学的教材体系，提高小学教师的专业化水平。

三、综合性与学有专长。教材要根据现代科技发展和基础教育课程改革综合化的趋势，强化综合素质教育，加强文理渗透，注重科学素养，体现人文精神，加强学科间的相互融合以及信息技术与各学科的整合；同时，根据小学教育的需要，综合性教育与单科性教育相结合，使学生文理兼通，学有专长，一专多能。

四、理论与实践相结合。教材要根据小学教师职前教育的要求，既要科学地安排文化知识课和教育理论课，又要加强实践环节，注重教育实践和科学实验，重视对教师教育教学能力的培养。

五、充分体现教材的权威性、专业性、通用性和创新性。以教育部制定的《教师教育课程标准（试行）》为编写依据，以本、专科通用为目的，培养、培训沟通，在教材体系框架、内容、呈现方式等方面开拓创新，加大改革力度，充分体现以学生为本的教育理念，使教材从能用、好用提升到教师、学生喜欢用。

高等教育出版社根据以上原则组织编写了有关教材，经过专家审定，我们向各地推荐这套教材，请有关单位和学校酌情选用。

教育部教师工作司

第 2 版前言

本教材自2006年第1版以来，受到全国各高等院校小学教育专业师生的认可，先后十余次重印，并获得安徽省优秀教学成果奖。基于十年来的教育改革发展，我国义务教育政策日臻成熟、完备和体系化了；继2006年《义务教育法》修订后，国家立法部门一直在酝酿教育法律一揽子修订；2015年12月，《教育法》修正案正式通过。因此，此时进行教材修订不仅时机成熟，而且也显得十分必要。

本次修订的重点，主要在以下方面。

一是，在原来的体系框架基础上，系统梳理和反映了从2006年以后特别是党的十七大、十八大以来国家推动教育改革和发展的一系列新的政策。本教材为方便学生清晰地了解政策的发展，特绘制了政策发展轨迹图。

二是，在原有内容基础上新增、删除了部分内容。根据2006年新修《义务教育法》和2015年新修《教育法》，对教育方针、教育基本制度、教育基本原则、义务教育性质及其主体权义关系、教育经费投入、教育信息化以及各种教育违法的罚则等，本教材都依照新的法律规定进行了新的解读和阐释，进一步突出了学校的依法治校和教师的依法执教，以及小学生的教育、管理和权益保护；同时，删除了原先教材中与其他课程有重复的部分内容，如小学机构设置与职责。

三是，对一些重要的概念、术语进行了必要的更新。如，根据十八届四中全会通过的《中共中央关于全面推进依法治国若干重大问题的决定》，将原先的“法制”更新为“法治”（此前法律和政策条文除外）。在教育部研究制定的《依法治教实施纲要（2016—2020年）》中，突出了以法治思维和法治方式推进教育综合改革的精神，加快构建政府依法行政、学校依法治校、教师依法执教、社会依法支持和参与教育管理的发展新格局，全面推进教育治理体系和治理能力现代化。同时，对第1版中的一些问题情境、案例、小资料、相关数据等都进行了适时更新。

四是，对与师范生直接相关的教师专业标准、教师资格制度、教师培训和教师资格定期认定、教师职务（职称）和聘任制度、乡村教师支持计划等，进行了具体的政策介绍，旨在使学习者通过本课程的学习，能够根据权威的教育政策和法规，进行自己的学业和职业规划。

五是，本教材正文中所提到的政策、法规，均通过二维码提供政策原文，以方便学生深入研读。

十年来的教材使用实践表明，本教材所确立的基本特色和体系结构，比较符合小学教育专业学生的学习需要。例如，坚持以学习者为本，立足研究型、反思型小学教师专业实践的需要，在介绍小学教育政策与法规原理的基础上，使小学教育工作者“反思”和“批判”小学教育现实中各种现象与问题，以增强教育政策和法规意识，学会运用教育政策和法规分析和解决小学教育实践与自身专业生活中可能遇到的问题。再比如，本教材在国家教育基本政策和法律法规框架下，力求探讨小学教育政策与法规的发展历史、理论框架、联系和区别，廓清小学教育法律法规的立法原则、法律关系，凸显小学教育政策与法规的特定内涵和要求，解决小学教育面临的政策、法规方面的问题。此外，努力遵循学习者的认知规律，从学习者的视角和思路出发，提出并分析问题、叙述并表达观点；从问题情境和小学教育工作者先前的知识、经验、观念入手，引出小学教育政策、法规的系统知识、原理，中间适当穿插“小资料”“案例库”，最后进行总结和拓展，引领学习者进一步学习研究和拓展深化。

本教材采用小学教育政策与法规“连体、分述”式的框架结构：第一至第二章介绍教育政策，包括教育政策的本质与特点、功能与价值取向，教育政策的制定、实施和评价。第三章介绍小学教育政策体系的形成过程和体系结构，并且分别介绍我国现行小学教育基本政策，包括小学教育质量政策、体制政策、经费政策和教师政策。第四至第十章介绍小学教育法规，在对教育法规概念、本质、特点与作用、教育法律关系、法律责任，教育法规的制定、实施、监督，以及我国教育法规体系结构进行系统介绍的基础上，从国家、学校、小学教师和小学生四个方面，分别阐述了如何依法治教、依法治校、依法执教以及小学生权益保护和教育管理。这一结构体系给师生的教学带来了方便，全面而适用。

本次教材编写者保持原来的阵容。为增强教材内容的统一性和时代性，受各位编写者的委托和授权，本次修订工作由主编阮成武教授完成，修订篇幅超过全书的三分之一。安徽师范大学教育科学学院研究生罗萍萍、方宇、王秋媛同学对全书大量的二维码资料进行了细致、认真的整理。在此，对一直以来使用本教材的院校同行和广大读者，对教材修订提出宝贵建议的各位编写者、专家，对辛勤劳动的高等教育出版社的各位编辑，表示衷心感谢！

阮成武

2017年3月

第 1 版前言

《小学教育政策与法规》是教育部教师工作司组织专家审定，由高等教育出版社组织编写，供高等院校小学教育专业使用的教材。同时，本书也可作为小学教师继续教育、小学校长和其他教育行政管理人员的培训用书，并可作为一般读者了解小学教育政策与法规的读物。

一、这本书对你有哪些帮助?

本书是为高等院校小学教育专业开设“小学教育政策与法规”课程（专业必修课或选修课）而编写的。本门课程的开设以及教材编写，主要基于以下目的和宗旨：

1. 培养小学教育政策与法规意识。在我们这样一个日益走向全面法治的国家，无论是教育与社会及与其他外部因素之间，还是教育内部各种要素之间关系的调节和利益分配，都越来越步入法制化轨道。这对于教育工作者而言，既是一种保护和规范，也是一种要求和约束。党和国家的教育事业，包括我们所从事的小学教育工作，不再是靠个人经验、个人权威或一种传统的师道尊严来维系或支配的，而已经发展成为一种由国家举办和主管的社会公共事业。这种社会公共事业的运作与管理，一是通过一定的教育政策规章，一是依据一定的教育法律法规。虽然二者的约束力和作用方式有一定的不同，但它们都把教育作为一种社会公共事业。无论从哪个意义上讲，了解和掌握教育政策与法规及相关的专业理论知识，对小学教育工作者教育政策与法规意识的养成，推动和落实小学教育的依法治教、依法治校、依法执教，依法教育、管理和保护小学生的合法权益，都是十分必要和重要的。

2. 促进小学教育的依法治校和依法治教。对于小学教育工作者而言，我们不是专业的教育政策和法律工作者，了解和掌握教育政策与法规知识和相关理论，不是为了搞专门研究，而是为教育实践和具体的职业活动服务的。经过新中国成立以来尤其是改革开放以来的努力，我国的教育政策和法治建设都取得了巨大的历史进步。就小学教育而言，大到学制和培养目标、管理体制和经费投入，小到小学生日常行为规范、流动儿童少年就学、特殊儿童教育，都有了具体而可操作的教育政策与法规的规范和依据。换句话说，我们的职业行为不再单纯是由道德调节，同时是处于教育政策与法规的调节下，不仅要合理、合情，而且要合法、守法，具有合法性。在具体的教育教学实践中，作为国家，要依法治教；作为学校及其法人代表，要依法治校；作为小学教师，要依法执教；作为小学生，应在政策与法律的规范和保护下接受教育和管理。

3. 引导小学教育反思。这是一种更高层次的目标旨趣。无论是小学教师的专业化发展，还是小学教育的改革与发展，都呼唤小学教师应当成为一名真正的研究者和专业人员。然而，教师的研究领域和方式有别于学者，应当走“行动研究”之路。不过，行动研究发展到当代，已不再是“教师即研究者”的首倡者斯滕豪斯主张的那样，由专家学者开展的“二线研究”来指导、带动教师的“一线研究”。当代的行动研究倡导教师独立开展对教育实践的“反思”与“批判”，即教师对所处的“日常生活”及其相关的制度情境保持一种反思与批判态度，而不只是一种重复的技术化操作。通过这种经常性的反思与批判，过一种“反思的生活”，追问和求证各种教育活动和现象的合理性与合法性，以求得教育实践的改进和创新。也就是说，对小学教育工作者而言，我们既要树立教育政策与法规意识，执行和贯彻教育政策与法规，又要保持对各种教育政策与法规实践的“反思”与“批判”，达到一种理性自觉，从而确保教育政策与法规的有效实施。而且，通过这种“反思”与“批判”，不断提高教育实践活动的合法化水平，这是小学教师实现专业化发展的重要途径。

二、这本书有什么特色追求？

本书的编写，首先遵循总序所提出的基本原则：时代性与前瞻性原则，基础性与专业性原则，综合性与学有专长原则，理论与实践相结合原则，充分体现教材的权威性、专业性、通用性和创新性原则。

在此基础上，本书着力体现以下原则要求，并以此形成自己的特色。

1. 坚持以学习者为本，服务小学教育工作者。本书立足研究型、反思型小学教师专业实践的需要，兼及小学教育管理者。它不是教育政策与法规条文的简单诠释和灌输，而是站在主体的角度，试图在介绍小学教育政策与法规原理的基础上，使小学教育工作者“反思”和“批判”现实小学教育中各种现象和问题的合法性，从而增强教育政策与法规意识，学会运用教育政策与法规解释和解决小学教育实践及自身专业生活中可能遇到的问题，形成依法治校与执教的思想观念和实践智慧。

2. 在教育政策学和教育法学基本理论基础上，凸显小学教育政策与法规的特定内涵。本书写作力求在学生学习“两课”中有关法律知识和《现代教育制度与思想》的基础上，进一步以教育政策学、教育法学为支撑，深入探讨小学教育政策与法规的发展历史、理论框架、联系区别，并对小学教育相关法规的立法原则、法律关系主体等进行全面的概述。以此为背景和参照，凸显小学教育政策与法规的特定内涵和要求，探索和解决小学教育面临的政策与法规方面的特殊问题。

3. 坚持理论联系实际，增强内容的现实感和实用性。本书并不是对教育法和教育政策的简单浓缩和翻版，而是以党的十六大所确立的全面建设小康社会的教育发展目标和改革思路为时代背景，以新时期小学教育的现实问题为焦点，以典型案例为切入点，促进理论与实践的有机结合与相互转化，使小学教育政策与法规成为小学教师和管理者分析、判断、解决教育问题并进行反思的有用、实用和好用的专业知识。这不仅体现在体系和章节设置上，而且体现在具体内容的论述上。这是本书最重要的立足点和着眼点。

4. 遵循认知规律，增强体例的科学性和文字的可读性。本书写作基于学习者的视角和思路，提出和分析问题、叙述表达，从问题情境和小学教育工作者先前的知识、经验和观念入手，引出小学教育政策与法规的系统知识、原理，中间适当穿插“小资料”“案例库”“问题反思”等栏目，最后进行总结和拓展，引领学习者进一步学习研究和拓展深化。

三、这本书体系结构如何把握？

本书作为小学教育专业“小学教育政策与法规”课程的教材，以教育政策和教育法律方面的基本概念、原理和范畴为知识基础，建立以小学教育政策与法规为主线的理论体系。这种体系避免在一般教育政策和法规知识加上“小学”两个字做标签，或由一般教育政策、法规向小学教育简单演绎的做法，而是试图寻找小学教育政策与法规的自身体系和质的规定性，进而形成本书现有的体系架构。这一体系架构包括两个大的部分。

第一至第三章，是小学教育政策部分。这部分内容在介绍教育政策的本质与特点、功能，分析教育政策的制定、实施和评价过程的基础上，重点研究和介绍了小学教育政策体系的形成过程和体系结构(包括层次结构、类型结构和形式结构)，确立小学教育政策在我国教育政策体系中的基本定位。最后，分别介绍我国现行小学教育基本政策，包括小学教育质量政策、体制政策、经费政策和教师政策。

第四至第十章，是小学教育法规部分。其中，第四至第六章联系小学教育，对教育法规概念与作用、教育法律关系、法律责任，教育法规的制定、实施、监督，以及我国教育法体系结构进行系统介绍，并进一步揭示小学教育法规的法源、法律地位、体系结构、主要内容。第七、八、九、十章分别从国家、学校、教师和学生四个不同而又相关联的主体角度，研究在实践中如何依法治教、治校和执教问题，以及小学生的权益保护和教育管理问题。这是小学教育法规部分的重点内容。

四、这本书是如何编写的？

本书是由来自全国各地高等学校长期从事小学教育政策与法规研究和教学实践的专家、学者组成编写组，共同策划编写的。全书章节体系由阮成武主编策划设计，在征求和吸收编写组其他人员意见的基础上确定。各章的撰稿人分别是：阮成武（安徽师范大学教育科学学院），绪论和第一、二、三章；王萍（沈阳大学师范学院），第四章；姜德君（沈阳大学师范学院），第五、六章；宫长海（北华大学），第七、八章；李如齐、胡成林（泰州学院），第九、十章。阮成武负责全书的统稿工作。由于水平和精力所限，教材中仍有很多疏漏和不当之处，敬请广大读者、同行和专家提出宝贵意见，以帮助我们改进和完善。

本书参考了国内外学者的大量研究成果和文献，在书中均做了注明。在此一并表示衷心感谢！本书的编写和出版，得到了编写组成员单位的大力支持和热情关心，谨表谢忱。在此，还要特别感谢北京师范大学的劳凯声教授，他在百忙之中抽出时间审阅了部分书稿。

本书的编写出版，对于编写者来说，也是一个不断学习和求索的过程。而且，就现实而言，我国小学教育政策与法规还有许多理论和实践问题亟待研究和解决。

希望更多的学习者、教学者、管理者、研究者以及其他利益相关者来关注这一问题。这是一项事关祖国下一代健康成长和教育事业全面、协调、可持续发展的大计。我们衷心期待，通过本书的编写出版，能够有更多的同仁参与到小学教育政策与法规的理论研究和实践中来，为小学教育改革和发展撑起一片蔚蓝的天空。

阮成武

2006年2月

目 录

第一章　小学教育政策概论

通过本章学习，你将能够：

● 理解教育政策的本质与特点，教育政策的导向功能、协调功能和控制功能。

● 理解教育政策不可能也不应当是价值中立和无涉的。教育政策的制定与实施应当协调政策的价值主体、价值客体及其价值的关系，并进行合理的利益分配。

● 知道不同历史阶段小学教育政策有着不同的性质和价值选择，当代小学教育政策凸显出民主、平等、人本、优先的价值取向。促进教育公平，实现教育均衡发展，是我国义务教育阶段各项政策的核心价值追求。

● 理解小学教育政策应进行合法性论证和检验，实现教育政策的合法化。

问题情境：让教育的阳光温暖每一颗心

如何办理入学手续？须提供哪些材料？定点学校的地址、联系人和电话号码是什么？……在安徽省合肥市，一份由教育部门印制的《进城务工农民随迁子女义务教育入学温馨提示》，消除了进城务工农民的“心病”。

全国各地都在加快给予进城务工人员随迁子女“同城待遇”的步伐：将进城务工人员随迁子女义务教育纳入全市义务教育总体规划；进一步增加定点公办学校的数量；推进零障碍入学……

进城务工农民随迁子女就学问题，是我国在城镇化加速过程中面临的重要课题，也是我国政府推进教育公平面临的巨大挑战。

承诺，始终未变。政策，不断推进。

2006年，新修订的《义务教育法》规定将接纳非户籍居住地上学的儿童纳入政府管理的范畴；

2009年，中央财政下拨20亿元，专项用于补充接收农民工随迁子女的城市义务教育阶段学校的公用经费和改善其办学条件等；

2010年，全国各地基本建立起多部门分工协作、共同保障农民工随迁子女接受义务教育的工作机制，一些地区还通过设立助学金等方式帮助家庭经济困难的农民工随迁子女就学……

目前，进城务工农民随迁子女在流入地小学和初中就学的人数达到997.1万。其中，在公办小学和初中就读的分别占77%和80%。

这是政府义不容辞的职责，更是政府执政为民的体现：推进教育公平，让困难群体沐浴在公共财政的阳光下。

无论是保障进城务工人员随迁子女受教育机会，还是保障女童受教育机会，改善残疾人的受教育条件，我国政府带领社会各界都付出了巨大努力：

《中国妇女发展纲要》《中国儿童发展纲要》《残疾人教育条例》……一系列法律法规为保障弱势群体的受教育权利提出了行动纲领；

“希望工程”“春蕾计划”“中国扫盲行动”……一系列公益项目在扶助贫困女童接受教育和扫除妇女文盲方面发挥了重要作用。

2009年，在新中国迎来60华诞之际，一组统计数据再次向外界展示着中国推进教育公平的成绩：

男女受教育机会大体相当——全国小学、初中、普通高中和中职学校的女生数量分别占在校生的46.3%、47.3%、48.2%和49%；

特殊教育事业显著提升——全国共有特殊教育学校1 672所，在校学生42.8万人。其中，在普通学校随班就读的学生约占总数的65%。

成就，举世瞩目。未来，重在践行。

2010年6月21日，中共中央政治局会议审议并通过《国家中长期教育改革和发展规划纲要（2010—2020年）》（以下简称《教育规划纲要》）。这份以全面建设小康社会为目标的教育蓝图，用向社会各阶层公开征求意见的方式，体现着教育公平人人享有的理念。

困难，依旧重重。挑战，依然严峻。

但透过这份蓝图，全世界可以清晰地看到，在这个有着13亿人口的发展中大国，“有教无类”的期盼逐步实现，“学有所教”的图景正待展开，教育公平之路将越走越宽。

（资料来源：吴晶、黄小希《让阳光温暖每一颗心——我国教育公平迈出重大步伐》，中国政府网，2010-07-11）

第一节 为什么要有教育政策

推进教育公平，让困难群体都能平等享有义务教育的机会，反映了我国小学教育政策一个重要的发展走向，即小学教育应当改变以考试、分数为质量标准和管理手段，为高一级教育输送生源和奠定知识基础的政策导向，进而建立综合性、发展性教育评价制度，为学生健康、协调、可持续发展提供一种崭新的政策环境和制度保障。

诚然，教育政策是国家公共政策的重要组成部分，集中体现统治阶级和社会主体关于教育的意志和行动，关涉每个社会成员的切身利益。一项教育政策的调整和改革，牵动千家万户，关涉大多数社会成员的利益。如何实现教育政策的科学化、民主化、程序化和有效化，建立和完善与现代社会背景下教育改革和发展相适应的教育政策体系，是教育政策学的主要任务和课题。小学教育是我国基础教育的重要组成部分。在全面建成小康社会的新时期，根据小学教育的法律性质及其在学制系统和人生发展中的特殊作用与地位制定和实施小学教育政策，是确保小学教育乃至整个教育事业健康发展的重要保障。

一、政策与教育政策

（一）政策和政策主体

政策与教育政策是一种上位概念与下位概念的关系。在政策学形成和发展的过程中，“政策”的定义有十几种之多。概括起来，有三类：一是认为，政策是某种行为准则、计划、文件、法规、谋略、方案或措施等，即某种由人们来执行或遵守的“文本”，是一个静态的“点”，这是传统的政治制度理论对政策概念的基本理解；二是认为，政策是某种有目的地进行价值分配、处理问题或实现既定目标的复杂过程，即一条由目标到结果的“线”，这是传统的理性模式(rational models)所崇尚的实证的线性思维；三是认为，政策既不是某个特殊的文本，也不是一个简单的线性过程，而是一个既有过程又有结果的众多因素相互作用、前后相继的复杂的“圆圈”，包括文本、文本的形成、文本的修正、实际的实施过程和结果等要素，是一个不断发展的有机的非线性过程。①这种观点必然导致推崇批评性政策分析。

小资料
“政策”的八种定义

政策主体即政策制定者。政策主体大致可以分为两大类，即官方主体和非官方主体。官方主体包括立法者、行政官员、行政管理人员和司法人员等；非官方主体包括利益集团、政党、公民个人等。其中，官方主体即政府及其机构和官员所制定的政策，一般称为公共政策，旨在利用国家公共权力来解决社会的公共问题，分配和协调公共利益。托马斯·戴伊说：“凡是政府决定做或不做的事情就是公共政策。”②

在这个意义上说，教育政策是公共政策的一部分。或者说，教育作为一项社会公共事业，教育政策属于一种公共政策的范畴。

（二）教育政策的定义

教育政策的定义多种多样，而且，不同的定义有着不同的影响和现实结果。国内学者关于“教育政策”的定义主要有：

（1）教育政策是“一个政党或国家为实现一定时期的教育任务而制定的行为准则”。③

（2）教育政策是“负有教育的法律或法律责任的组织及团体为了实现一定时期的教育目标和任务而规定的行动准则”。④

（3）教育政策“是一种有目的、有组织的动态发展过程，是政党政府等政治实体在一定历史时期，为实现一定的教育目标和任务而协调教育的内外关系所规定的行动依据和准则”。⑤

（4）教育政策是“国家和政党为实现教育目标而制定的行政准则”。⑥

（5）教育政策是“有关教育的政治措施，是有关教育的权利和利益的具体体现”。⑦

综观国内外关于教育政策定义的表述，可以看出，国外学者一般倾向于从广义的和动态的角度来理解教育政策，而国内学者多从狭义和静态的角度来理解。也就是说，人们大都把教育政策理解为某种“文本”或是文件的总称，是作为教育的某种行动依据、准则或措施，是一种由上而下、具有强制性的行为准则。这种关于教育政策的定义，只注意到教育政策所包含的外延，难以触及和把握教育政策的本质

① 刘复兴．教育政策的四重视角［J］．清华大学教育研究，2002（4）：13.
② Thomas R Dye. Understanting policy ［M］.6th ed.New Jersey：Pearson，1987：2.
③ 袁振国．教育政策学［M］．南京：江苏教育出版社，1996：115.
④ 成有信．教育政治学［M］．南京：江苏教育出版社，1993：201.
⑤ 孙绵涛．教育政策学［M］．武汉：武汉工业大学出版社，1997：10.
⑥ 萧宗六．教育方针、教育政策与教育法规［J］．人民教育，1997（1）：35.
⑦ 张新平．简论教育政策的本质、特点及功能［J］．江西教育科研，1999（1）：36.

内涵和实质。它在计划经济条件下是比较适应的，也能够令行禁止，而在市场经济条件下，政策主体与利益主体的关系多元而复杂，教育政策的这种定义以及以此为出发点制定的教育政策往往就难以见效了。此外，这种对于教育政策的理解，只是一个个静态的“点”，无法代表和体现教育政策在制定、执行和评价过程中动态、复杂的过程特点。

因此，所谓教育政策，是国家为完成一定的教育任务，由政府及其机构和官员制定并组织实施的，旨在调节教育领域及其与外部的公共利益和关系、解决教育事业中存在的一些普遍性问题和矛盾的行动准则。

二、教育政策的本质与特点

（一）教育政策的本质

上述对于教育政策的定义，为我们进一步理解和揭示教育政策的本质与特点提供了必要基础。

1. 教育政策是政策主体对教育领域活动所制定的政治措施文本

教育政策是教育实现国家化以后，政府对教育领域管理和控制的一种公共职能。它包括纲领性政策、基本政策和具体政策。纲领性政策、基本政策包括教育的方针、法律、法规、规划、计划、方案、纲要、细则等；具体政策是为了解决某一具体领域的教育问题而制定的专项的教育政策，如高等教育的招生、水平评估、就业等政策，基础教育的入学、升学、学校布局调整、教师培训和管理方面的政策等。这些具体政策往往是纲领性政策和基本政策的体现与实现形式。

正因为教育政策是政策主体对教育领域所制定的政治措施文本，人们往往认为教育政策是一种主观产物，即“非科学性”的。然而，随着教育政策的影响及其成败的社会影响越来越大，受社会的关注和教育决策的复杂性与难度也不断增加。教育政策的制定，已不可能是少数人基于经验、智能所能够决策的。代之而起的是系统的、专门化的政策研究，并在此基础上形成更加科学、可行的政策文本。

2. 教育政策是根据一定价值标准对教育利益进行的一种分配和协调

在形成政策文本的过程中，政策主体总是带有一定的价值取向和利益倾向。虽然教育政策是一种公共政策，但公共政策绝不可能是价值无涉、中立和客观的，“公共政策实际上是在任何特定时候，通过集团斗争而形成的一种均衡，在它所代表的这种均衡之下派别和集团不断为获得自己的最大利益而斗争……立法机关仲裁团体间的斗争，认可成功的团体，记录失利的团体的让步情形”。[①]

也就是说，教育政策文本蕴涵着丰富而复杂的实质性内容，具有分配和调节教育利益的功能。一方面，国家需要制定教育政策，来确立教育目标、规划和方针，筹措和分配教育经费、资源，编写和审定教科书，设置教育机构和管理其教育教学

① 张新平．简论教育政策的本质、特点及功能［J］．江西教育科研，1999（1）：36.

活动，培养其需要的人才和合格公民，以满足国家的教育利益。另一方面，国家需要通过一定的政策，来调控各个方面、组织和个人的教育利益关系，以稳定自身的统治。

小资料
教育政策的"价值涉入"

随着社会进步和政治的民主化，教育政策也进一步走向民主化。国家对教育利益的分配和政策安排也逐步由来自"上面"的"红头文件"，走向与相关利益主体的对话和协商，实现决策的多主体参与和分享。

3. 教育政策是由政策主体进行政策制定、实施与评价的动态实践过程

传统的教育政策往往只是一种静态的文本，要求下级对文件忠实执行。其结果，要么造成"上有政策、下有对策"的局面，文件在执行过程中出现"偏离""缩水""变味"等失真现象，要么造成一种不顾具体实际的教条主义局面。

事实上，教育政策是由政策主体参与的动态实践过程。一方面，政策是一个动态过程，从政策问题的确立到政策文本制定、实施、评价与监管，以及政策结果或效果，不同阶段都有其特定的作用，既不可能是政策文本静态的翻版，也不可能是一种线性延伸，而是一个动态的过程和周期。另一方面，教育政策又是一个连续的、不断演进的"政策圆圈"。即一个政策周期的完成，往往孕育着对这一政策的评价、反馈和修订，进而进入新的政策过程。这意味着，教育政策主体不是单一的政府决策机构与官员，而是"三位一体"的，包括教育政策的决策主体、咨询主体和参与主体。①

在我国，教育政策的决策主体是由代表国家和人民利益的各级党委、人民代表大会和各级政府共同组成的，通过制定一定的教育政策以实现国家的管理职能和调节教育的各种利益关系，维护教育的公共利益。教育政策的咨询主体是一些政策研究的专家学者，他们基于一定的专业和学科背景，在深入、客观的调查研究和理论研究的基础上，帮助决策主体进行重大教育政策问题的方案设计、论证和预测，供决策主体选择和采用。教育政策的参与主体是直接或间接参与教育政策制定(如在教育政策制定过程中参加座谈会、听证会和咨询会)的组织或个人。教育政策参与主体具有双重角色，既是教育政策所要管理和调节的客体，又是参与政策制定、实施和评价的主体。只有"三位一体"共同发挥政策主体的作用，教育政策过程才会是积极主动和良性发展的。

（二）教育政策的特点

教育政策作为公共政策的一部分，与其他公共政策一样，必须体现公众在教育利益上的公益性。但教育政策不是公共政策的简单演绎，而是具有自身的特殊性。

---

① 祁型雨．论教育政策的主体［J］．教育理论与实践，2000（7）：16.

1. 影响的广泛性

相比而言，公众对教育领域比对其他社会系统更加熟悉，教育利益直接涉及千家万户的根本利益，因而教育政策问题经常成为社会和公众关注的热点，具有广泛的社会影响。正因为如此，教育政策往往需要专门的政策研究、评价和实践检验，从而更好地反映教育规律和公众利益。

2. 对象的主体性

教育政策活动是以教育者、受教育者及其教育活动为对象的，教育政策的利益主体是人，教育活动更多地表现为一种“人–人”之间的主体间性。教育政策活动必须首先确立人的主体地位，并依赖人的主体性来实现和完成。因此，教育政策活动必须尊重人的独立性、选择性和差异性，依赖主体的理解、参与，而不能简单地强制命令。这也正反映了教育政策主体的“三位一体”性，尤其是教育政策的参与主体在政策实施过程中的双重角色和作用。

3. 利益关系的复杂性

与其他社会领域的公共政策不同的是，教育政策所分配的教育利益和资源，主要不是金钱、物质、权力、地位等利益，而是对个人发展机会、条件和资格的认定。这些涉及人和社会发展与存在的基本价值，不应该成为商品或进入市场。因此，教育利益的分配应当兼顾国家、社会和个人，保持社会公平、公众满意。在这一过程中，国家干预和介入是十分重要和必要的；同时，社会组织和个人对教育利益追求和实现应当在国家的政策和法律框架下，既受其保护又受其制约。从某个受教育个体来看，这种利益分配体现为三个不同阶段：发展机会的分配、发展条件的分配和发展水平、资格的认定。受教育者凭借自身获得的身心发展水平和资格的认定，可以在社会生活中进一步获得其他物质和精神利益。①

三、教育政策的功能

（一）导向功能

教育政策对教育事业、教育活动以及教育政策的利益主体，有着重要的价值引导作用和实践引导作用。这种导向作用，既是对教育价值目标的引领和驱动，又是对教育实践活动和行为的规范与指导；既发挥直接的导向作用，也发挥间接的导向功能。其中，纲领性政策、基本政策是党和国家提出的教育事业改革和发展的指导思想、方针路线、战略重点、行动计划等，对教育工作具有战略性、全局性和根本性的指导与影响作用，更多地发挥着价值导向和间接导向功能，而具体政策则具有更强的实践导向和直接导向功能。

《教育规划纲要》

① 刘复兴．教育政策的四重视角［J］．清华大学教育研究，2002（4）：14.

这里以2010年7月29日公布的《教育规划纲要》为例。该纲要确立以“高举中国特色社会主义伟大旗帜，以邓小平理论和‘三个代表’重要思想为指导，深入贯彻落实科学发展观，实施科教兴国战略和人才强国战略，优先发展教育，完善中国特色社会主义现代教育体系，办好人民满意的教育，建设人力资源强国”为指导思想，确立了“优先发展、育人为本、改革创新、促进公平、提高质量”的20字工作方针，对当前和今后一个时期国家中长期教育改革和发展发挥着重要的导向作用。

（二）协调功能

教育政策在社会发展和教育活动中，协调和平衡各种利益、要素之间的关系，发挥着调节器的作用。首先，是对教育内部结构、关系的调节平衡。如就初等教育与中等教育、基础教育与高等教育、普通教育与职业教育、义务教育与非义务教育、发达地区教育与欠发达地区教育、城市教育与农村教育之间如何协调的问题，国家制定了一系列相关的教育政策。其次，是教育系统与社会母系统或其他社会系统关系的协调。如目前解决“三农”问题，涉及农村教育与农村经济社会发展关系的协调；加强未成年人思想道德建设，牵涉到教育部门与文化、工商、公安等部门的协调配合。

教育政策协调功能的发挥是有条件的。这就是教育政策本身必须形成全面、配套和统一的体系。否则，政策之间矛盾、抵触，或是政策缺失、朝令夕改，其协调功能就难以发挥。

（三）控制功能

教育政策是一种社会控制手段和机制。任何教育政策的制定和执行，都是基于和为了调节教育利益、解决教育中存在的问题，确保教育事业和教育活动的运行。这种控制既可能是一种促进和推动，也可能是对某些因素和现象的制止、抑制。这种控制，既可能是对教育的数量、规模、速度方面的控制，也可能是对结构、功能、质量、效益的控制。

教育政策的控制功能具有强制性和惩罚性的特点。所谓强制性，指教育政策总是对事关公共利益的教育活动进行广泛的监督，及时发现和纠正一些不合理因素。所谓奖惩性，指对违背政策主体的意志和公共利益的现象，加以谴责和惩罚。

第二节 教育政策的价值取向是什么

教育政策虽然是一个理性的论证和决策过程，但并不是一种完全客观和价值中立的技术性工作，而是自觉或不自觉涉入一定的价值选择过程。这种价值涉入不仅是难以避免的，而且是完全应该和必要的。因为，公共政策的政策主体及其所确立的政策目标和政策手段，本身就是一个主观的价值判断、寻求和选择过程。这种过程如果缺乏一定的价值基础和价值标准，就会陷入混乱和偏差之中。小学教育政策的制定与实施，首先要对一定的价值关系进行选择——为了什么、为了谁，以此实现对利益和资源的合理调节与分配。

一、教育政策的价值系统

教育政策的价值系统，由教育政策的价值主体、价值客体和价值关系等三个基本要素构成。①

（一）价值主体

教育政策的价值主体，即直接或间接参与教育政策制定、执行、评估和监控的个人、人群和组织，具体包括：

1. 教育政策的决策主体

教育政策的决策主体，指教育政策活动中具有能动性的组织、人群和个人，包括政府、组织，以及参与决策的官员、政策研究和咨询论证的专家学者或专门机构。其中，政府作为教育政策最重要的决策主体，通过制定一定的教育政策来体现和确保国家利益与公共利益，这种决策带有一定的权力运作和强制作用。

2. 教育政策的实施主体

教育政策的实施主体包括相关的政府机构、官员及有关的教育组织和个人。教育政策的实施主体与上述教育政策的参与主体有一定区别。教育政策的参与主体更加宽泛，包括非政府部门的组织和个人。

3. 教育政策的利益主体

教育政策的利益主体也包括政府、社会组织和个人。政府往往追求教育的国家利益和公共利益；社会组织追求组织所代表的人群或团体自身的群体利益；个人追求个体或家庭利益。其中，个人及其家庭在教育活动中追求的利益往往具有很强的功利倾向，以获得一定的教育机会、教育资源和受教育权利。这种功利化利益追求总是受制于自身和社会的条件，尤其是特定的教育政策和制度。

（二）价值客体

教育政策的价值客体，指教育政策实践活动及其属性，以使教育政策价值主体的需要得以满足，利益得以实现。如教育经费、教育资源、教育机会、受教育权等。它往往作为教育政策活动的一种工具和中介，以满足价值主体的教育利益和需要。

（三）价值关系

教育政策活动的价值关系，指教育政策主体与政策客体之间在价值诉求与分配、提供与获得过程中所构成的关系。主要包括国家教育权力的分配、教育利益的分配、教育机会的分配、教育制度选择和建设、教育物质资源与人力资源的配置、教育组织与个人的教育活动等。②教育政策的价值关系，是依据一定的政策价值取

① 劳凯声，刘复兴．论教育政策的价值基础[J]．北京师范大学学报(人文社会科学版)，2000(6)：5.
② 刘复兴．教育政策的价值分析［M］．北京：教育科学出版社，2003：101.

向，对这些价值关系进行配置。

二、教育政策的价值取向

教育政策的制定和执行，总是通过对价值主体、客体及价值关系的把握，来形成一定的价值取向和原则的，这就是教育政策的价值基础。

教育政策的价值关系及价值取向，受制于主观和客观两类因素。在主观上，受制于特定的政策理论、意识形态和政策价值主体的需要、态度等。客观因素包括政策价值主体相互作用所构成的基本关系，这些关系涉及三种不同而又相互关联的价值主体，即国家、社会组织和个人。价值主体及其所构成的各种价值关系，由于利益追求的不同而表现出价值取向和选择的冲突与差异。教育政策的制定与实施，正是基于某种特定的价值取向来对这些价值关系进行处理和配置的。换言之，教育政策文本背后总是基于特定的价值取向和对有关利益、资源的一种分配和协调，是建立在一定的价值基础之上的。

综观国际上初等教育发展的历程，我们可以从以下几个方面来把握小学教育政策的价值取向及其发展线索。

（一）民主取向

初等教育最早是由一些教会组织和慈善组织制定和把持的，例如17至18世纪法国的耶稣会、基督教学校兄弟会等。18世纪末的法国革命从根本上消灭了法国的封建制度，确立了资产阶级政权，先后执政的资产阶级党派纷纷从资产阶级政治、经济需要出发，积极改革封建传统教育，提出了许多具有资产阶级特色的教育方案。如孔多塞在提出的公共教育改革报告中，要求为一切儿童提供普及、义务、免费的初等教育，旨在授予一切儿童可保证其“独立”的各种知识，培养其道德行为，并使其能够从事一定的职业，以享受自由、平等的权利。19世纪末，法国工业革命完成，资产阶级共和政权日益确立和完善。此时，初等教育实现国家化，初等教育政策进一步通过国家法律的形式颁布实施。如1881年法国颁布著名的《费里法案》，提出国民教育“义务、免费、世俗化”三原则。

进入20世纪，美国教育家杜威从他的民主主义教育理想出发，对传统上由立法、行政部门、社会团体厘定教育目的的状况提出质疑。他认为：“整个社会的某部分人将会发现他们的目的是由外来的命令决定的；他们的目的并不是从他们自己的经验自由发展而来，他们有名义上的目的，(但这)并不真是他们自己的目的，而只是达到别人比较隐藏的目的的手段。”[①]杜威这种带有民主主义理想和教育革新色彩的教育目的论，对20世纪初等教育政策主体的多元化和民主化起了很大的促进作用。60年代教育民主化运动勃兴，教育政策的价值主体逐步由国家最高权力机构转向地方当局、学校、教师、家长甚至学生共同参与制定和分享决策。约翰·怀特

① 约翰·杜威.民主主义与教育［M］.北京：人民教育出版社，1990：106.

在《再论教育目的》一书中指出“任何学校都必须有用来帮助制定课程计划、教学大纲和教学方法的教育目的”。①他指出：“学生们，特别是年幼的学生时常对老师的教育目的并不明晰。小学教师教算术时可能会把全班分成几个商店，让学生们扮演售货员和顾客。对孩子们来说，这与游戏没什么区别，只因为好玩他们才乐于参加；对老师来说，这可能是职业基础教育或者为社会培养合格公民的第一步。”②

进入20世纪80年代，公立学校管理权限即学校办学自主权不断扩大。随着校本管理的兴起，学校作为主要决策单位，进一步确立了自己的办学理想和宗旨，以一套共有的期望、信念和价值来指引学校成员的工作方向和教育活动。同时，家长及其他利益相关者也进一步加强了对教育政策的参与力度，克服由于权力过于集中学校缺乏生气和质量下降的弊端，提高学校的效能。如美国各州推出的特许学校。总之，小学教育政策的民主性取向，正在使小学教育政策的价值主体从宗教团体或国家垄断中产生，向国家权力机关、教育实体和教育过程中当事人共同参与决策的方向转变。

小资料
美国的特许学校

（二）平等取向

17世纪中期以后，随着工业革命的发生和资本主义制度逐步确立和巩固，与之相应的现代国民教育制度开始形成和发展，国家通过立法手段使初等教育成为人人都必须接受和得以享受的一种义务教育。初等教育具有义务教育所共有的基本性质，即国家性、强制性、普及性、公共性和免费性。但直到20世纪初，西方的国民教育体系一直是双轨制的。初等教育是为劳动人民子弟提供的一种普及性、终结性的谋生教育，而与双轨学制中的另一轨——精英教育的学校系统(大学及其预备学校——文科中学)相隔离。也就是说，虽然不同阶级和阶层的儿童都有接受初等教育的机会，但所接受教育的内容、过程和结果是不平等的。

19世纪后半期至20世纪40年代，现代生产对劳动者的知识和能力要求不断提高，成年工人和童工的知识水平、劳动纪律以及教育问题开始成为资本主义经济和社会发展的重要问题。在此背景下，义务教育由初等教育阶段延伸至中等教育阶段，原先的双轨制学校教育制度已不能满足生产发展和社会结构变化的需要，两种相互隔离的学校体系开始打破壁垒、走向并轨。法国等国家纷纷建立“统一学校”，双轨制逐步发展成为由国家主要投资和统一管理、同一性质的公共教育制度。

20世纪60年代后，教育进入大发展、大改革的重要时期，现代国民教育体系进一步发展和完善，教育机会均等成为初等教育的核心目标。70年代，联合国教科文组织在《学会生存：教育世界的今天和明天》中提出：在向学习化社会前进中，教育策略考虑的一个基本问题是将“根据需要与可能，采用多种多样的形式，进行普

①② 约翰·怀特．再论教育目的［M］．李永宏，等，译．北京：教育科学出版社，1997：165.

及的基础教育”放到70年代教育政策的头等优先地位。[①]1985年，亚洲及太平洋地区教育部长和经济计划部长会议首次提出，把扫盲和普及初等教育作为2000年实现全民教育的目标。1990年世界全民教育大会庄严提出，全民教育的最终目标是：每一个人——儿童、青年和成人——都应获得旨在满足其基本学习需要的受教育机会，要求在2000年前实现包括普及初等教育、成人扫盲和消除男女差异在内的“全民教育”目标。由此，全民性成为当代初等教育一个最主要、最根本的性质之一。也就是说，初等教育是作为一种非选择和非淘汰性的教育，面向和惠及全民尤其是所有儿童，并努力满足青年、成人在内所有人的“基本学习需要”，进一步追求教育结果的真正平等。

平等取向具体表现在以下三个方面：

（1）起点平等。世界全民教育运动之所以推行初等教育，是要扩大初等教育的入学机会并促进平等，使所有儿童、青年和成人都能获得达到和维持必要的学习水平的机会。其中，最为紧迫的任务是确保女童和妇女的入学机会，关注处境不利的弱势群体以及残疾人的教育，消除教育差异、促进入学机会的平等，改善教育质量。

（2）过程平等。初等教育应当是一种适合所有人的教育，既能使人们为今后的学习打下坚实的基础，也能使人们获得积极参加社会生活的基本能力。因此，它既要提供起码的、基础的知识，满足学习者多样化的学习需求和所处环境的多样性，充分尊重学习者的个性差异；也包括适应不同国家、地区、社区、家庭对教育的不同需求。为此，初等教育应当增强适切性，以体现学习内容、方式与学习者需要和自身条件的契合。

（3）结果平等。从历史发展看，初等教育在实现与中等教育接轨，成为公共教育制度的初期，具有很强的竞争性和选拔性，儿童通过严格考试和选拔，进入不同类型的中学，甚至有很多儿童被淘汰。英国历史上的“11岁开始”最为典型。然而，对于个人或社会来说，教育机会的扩大是否具有真正的意义，最终取决于这些教育机会的结果。当代初等教育的发展，其原有竞争性和选拔性逐步被消除。初等教育不再是注重入学、学习计划以及完成证书的教育，而是把重点放在知识的实际获得和结果上，促进教育质量提高以及教育过程和结果均等，从而成为每一个人走向社会生活的必要的“通行证”。

《义务教育法》《中国教育改革和发展纲要》

新中国成立以来，我国在十分薄弱的教育基础上建立起面向儿童少年和成人、青年的初等教育学校体系。1985年中共中央颁发的《关于教育体制改革的决定》，把九年义务教育当作关系民族素质提

① 联合国教科文组织国际教育发展委员会．学会生存：教育世界的今天和明天［M］．北京：教育科学出版社，1996：235.

高和国家兴旺发达的一件大事，突出地提了出来。1986年《义务教育法》颁布，义务教育有了重要的法律保证。1990年中国派代表团参加世界全民教育大会。1993年《中国教育改革和发展纲要》进一步提出20世纪90年代我国教育发展的总目标，包括“全民受教育水平有明显提高”；“全国基本普及九年义务教育”；“全国基本扫除青壮年文盲”。在此推动下，我国初等教育与初级中等教育作为基础教育和义务教育，成为提高民族素质的奠基工程、教育发展的“重中之重”。

2000年年底，我国已如期实现了基本普及九年义务教育和基本扫除青壮年文盲的奋斗目标，走到了世界全民教育发展的前列。即在85%的人口地区普及了九年义务教育，全国小学净入学率达到99.1%，初中阶段的入学率达到88.6%，青壮年文盲率下降到5%以下，残疾儿童受教育率也有了较大提高。全国人口平均受教育程度由20世纪80年代不足5年提高到2000年的8年以上。当前，我国正在进一步推动义务教育健康持续发展，使小学教育向着全民化方向迈进。

《教育法》明确规定：“公民不分民族、种族、性别、职业、财产状况、宗教信仰等，依法享有平等的受教育机会。”而且，还就女童、家庭经济困难儿童少年以及残疾人和有违法犯罪行为的未成年人平等享有受教育的权利，设立专门的保护条款。

近些年来，在国家政策的持续推动下，义务教育均衡发展取得历史性成就。2010—2014年，全国九年义务教育巩固率依次为87.5%、92.4%、91.8%、92.3%、92.6%。截至2015年11月，全国通过义务教育发展基本均衡督导评估认定的县（市、区）达1 124个，其中京、津、沪、苏、浙五省（市）已整体通过国家教育督导委员会的均衡评估。但与此同时，义务教育的城乡、校际和区域差距仍然相当严重，贫困地区适龄儿童、流动人口子女、城市低收入家庭子女、残疾儿童等弱势群体接受和完成义务教育问题依然突出。努力缩小不同地区、不同人群之间的受教育差距，使所有适龄儿童享有接受平等、优质的小学教育机会，实现有质量和高质量的教育平等，是全面建设小康社会和建立比较完善的现代国民教育体系必须坚持的工作方针。

> 小资料
> 进一步完善城乡义务教育经费保障机制

（三）人本取向

初等教育最初以培养掌握“3R”（即读、写、算能力）的熟练劳动者为目的，主要根据政治、经济和文化等社会因素厘定各项政策法规，很少考虑人本身的需要和发展规律。例如，英国在初等教育形成的初期，星期天学校(或称“主日学校”)主要进行宗教和道德教育，结合学习一些粗浅的读写知识。传教士罗伯特·瑞克斯（1781—1811）创办主日学校的日的在于“在早期形成关于义务和纪律的概念”，以拯救灵魂、保护财产和维持安息日的社会秩序，以及使劳动阶级养成严守时刻、遵守纪律、诚实、顺从和自制等习性。[1]现代国家建立后，初等教育同样是以政治、经济和文化需要为出发点的。例如，法国1791年制定的宪法中规定，创立公共教育制度，规定初等教育目的是使儿童明白新时代国民应尽的义务、个人行为应遵循的准则，并授予初步文化知识，成为有用的公民。

进入20世纪，随着义务教育年限的延长和国民教育体系的不断完善，中等教育的发展使初等教育不再是为儿童直接参加社会劳动、成为合格公民而准备，而是成为与中等教育沟通、适龄儿童共同接受的统一的国民基础教育。初等教育不再是一种结业教育，而是整个教育系统的基础一环，在此基础上进一步接受普通教育或职业教育。第二次世界大战后尤其是20世纪五六十年代以来，高等教育大众化和终身教育兴起，使初等教育成为基础教育的基础，更加着眼于儿童自身发展的全面性和可能性。各国教育不断提升人自身的价值，注重儿童身心的发展。而且，社会发展和科技进步使人的道德、情感、交往和理解等也遇到越来越多的问题，对人自身的关怀成为一个重要的课题。此外，终身教育和全民教育应运而生，小学教育不再只是为高一级作准备，而是社会发展和人生发展的重要奠基。此时，小学教育政策必须实现社会本位与人本位的价值整合，使儿童的精神、道德、文化、心智、身体各方面得到全面、均衡发展。

在终身教育和全民教育体系下，初等教育进一步成为全体社会成员应当完成和享受的、旨在满足“基本学习需要”的基础教育（不同于我国通常意义上的基础教育）。按照世界全民教育大会的界定，所谓“基本学习需要”，包括人们为了生存，为发展自己的潜力，为有尊严地生活和工作，为改善自己的生活质量，为做出有见识的决策，为继续学习所需的基本学习手段（如扫盲、演算和解题）和基本学习内容（如知识、价值观和态度）。这种教育，既是现代社会对一个合格公民的最基本要求和最低限度教育，也为每一个人今后的学习打下坚实基础、获得参加社会生活的基本能力。因此，初等教育要提供一种适合所有人的教育，成为每一个人“走向生活的通行证”。

随着我国九年义务教育的基本普及和现代国民教育体系的进一步完善，小学教育基础性的内涵和外延也在发生深刻转变。一方面，小学教育是作为比较完善的现代国民教育的重要基础。我国小学升初中取消了考试，小学教育得以摆脱应试教育的羁绊，获得一种相对独立的存在和发展空间。它既不是充当第二、第三级(中等、高等)教育的附庸，也不是发展成一种职业定向教育或某一方面的专门教育。它的主要任务是培养和提高全体社会成员的一般素养和基础学力，着眼于全体学生的全面发展，为各级各类教育及人才培养、为国民素质整体提高奠定基础。另一方面，小学教育是儿童终身学习和生命发展的重要基础。小学教育如果只是作为整个教育事业的基础，它的独立价值很容易被异化、扭曲，成为一种升学预备教育，使

① 戴本博，张法琨．外国教育史［M］．北京：人民教育出版社，1990：168-169.

“双基”训练和书本学习成为主要任务，儿童因而失去个性自由和创造灵性。小学教育发展作为全民教育的基础，其性质、任务和目标必将展现丰富而深远的生命意义和生命价值。有专家指出：“小学教育不是升学教育的基础，而是素质教育的基础，在人类倡导构建学习化社会的时代，它是终身教育的奠基阶段，是为人生的发展奠定基础的。”①因此，小学教育必须真正摆脱应试教育的羁绊，不再是单纯传授知识而远离生命活动的教育孤岛，而应回归生活、回归儿童灿烂童年，充满对儿童生命成长的理解、尊重与人文关怀，促进儿童全面、和谐、自由、创造性地成长，成为培育儿童丰富人性的精神家园。这种人本价值取向，应当在小学教育培养目标、教育教学活动、管理以及评价的政策制度中充分体现出来。

（四）优先取向

从教育现代化历程看，发达国家都有一个教育重心逐步上移和后移的过程。但无论中等教育、高等教育以及终身教育如何重视和发展，初等教育都一直居于恒久不变的优先发展地位。初等教育的全民性、基础性和平等性，决定了国家在初等教育发展和投入上的优先性。例如，以“教育立国”著称的日本，一开始就把初等教育、义务教育放在优先发展的战略地位。早在明治维新初期，日本政府就确立了“抓两头、带中间”的教育发展战略——首先发展初等教育和高等教育。在抓“两头”上，初等教育又被摆在更加重要的位置上。战后日本进一步把教育发展重点放在初等教育上。即使是在九年义务教育目标实现后相应地提高其他层次和类型教育投入比例的新阶段，日本义务教育阶段的经费仍维持在学校教育投资的50%，初等教育经费则占学校教育经费的27%以上。1990年日本初等教育总额达6 252 401万日元，生均66.7万日元，是1890年的313倍、1950年的76.3倍。②

从世界各国的整体情况看，发达国家初等教育、中等教育、高等教育学生的经费比例为：法国（1980年）1∶1.78∶2.67；英国（1982年）1∶1.94∶6.25；巴西（1983年）1∶1.14∶7.62；泰国（1983年）1∶1.16∶1.11；中国（1995年）1∶1.85∶20.48。③

就我国而言，我们应当从最广大人民群众的根本利益出发，充分认识小学教育在促进教育机会均等和均衡发展、全面提高民族素质中的重要作用，使小学教育优先发展战略地位得到进一步确立和体现，并在教育政策上真正体现和落实初等教育发展的优先性。

第三节 教育政策怎样获得合法性

小学教育政策的制定、实施与评价，不仅要具有合理性，而且要通过合法化途径和过程，具有合法性。所谓教育政策合法化，指经过政策规划教育政策方案上升

① 朱小蔓．认识小学儿童 认识小学教育［J］．中国教育学刊，2003（8）：1.
② 饶从满，等．当代日本小学教育［M］．太原：山西教育出版社，1999：51.
③ 吴志宏．教育行政学［M］．北京：人民教育出版社，2000：326.

为法律或获得合法地位的过程。教育政策合法化包括两个不同的层面：一是教育政策的法律化，即国家有关权力机关依照法定权限和程序，实施一定的立法活动，使一部分教育政策上升为法律，获得法律效力。二是教育政策的合法性。从理论上讲，教育政策的合法性指政策主体所作出教育政策的价值选择，符合某些普遍性的社会规则、规范（如法律法规、社会价值观念、意识形态、传统典范、社会习惯等），进而被社会组织和个人承认、认可、接受和遵守。教育政策合法性的本质，是教育政策价值选择的合目的性，即价值选择符合人们的需要、价值理想和追求。①从实践上讲，教育政策的合法性指国家有关权力机关或行政机关根据一定的程序和原则，在社会组织和公民个人的参与下，对一定的教育政策方案进行审查，进而获得合法性或者失去合法性。教育政策获得了合法性，表明教育政策价值选择具有正当性、有益性、公正性，这是教育政策合法化的基础。所有的教育政策都应当有一个合法化过程，进而拥有实施和执行的合法地位和权威性，其中一部分进一步法律化，获得了法律效力。

关于教育政策的法律化，本书将在第四章进一步论述，这里，结合小学教育有关政策，论述教育政策的合法性。

一、小学教育政策的合法性来源

（一）党和国家的教育方针、路线、原则

党和国家从国家和人民的根本利益出发，提出不同时期教育的基本方针、路线和原则。这些基本方针、路线和原则，是党和国家在教育上的“顶层设计”，指导着教育法律法规的制定与实施，也是党和政府制定各种具体的教育政策的依据。例如，党的十六大提出：“全面贯彻党的教育方针，坚持教育为社会主义现代化建设服务，为人民服务，与生产劳动和社会实践相结合，培养德智体美全面发展的社会主义建设者和接班人。”十七大提出：“要全面贯彻党的教育方针，坚持育人为本、德育为先，实施素质教育，提高教育现代化水平，培养德智体美全面发展的社会主义建设者和接班人，办好人民满意的教育。”十八大提出：“要坚持教育优先发展，全面贯彻党的教育方针，坚持教育为社会主义现代化建设服务、为人民服务，把立德树人作为教育的根本任务，培养德智体美全面发展的社会主义建设者和接班人。”在此基础上，2015年12月27日第十二届全国人民代表大会常务委员会第十八次会议《关于修改〈中华人民共和国教育法〉的决定》，将“教育必须为社会主义现代化建设服务、为人民服务，必须与生产劳动和社会实践相结合，培养德、智、体、美等方面全面发展的社会主义建设者和接班人”，正式写入《教育法》，成为国家教育方针。这为我国教育事业改革发展提供了政策依据和行动纲领。

首先，在教育的服务方向上，这一方针不仅坚持为社会主义现代化建设服务，

---

① 刘复兴．教育政策价值分析的三维模式［J］．教育研究，2002（4）：15.

而且坚持教育要“为人民服务”。这不仅是对我党为人民服务这一优良传统的继承和发展，同时，也体现了新世纪教育在价值取向上的兼重和整合，即以人为本、促进人的全面发展，办好人民满意的教育。其次，在教育的实践途径上，提出教育必须与生产劳动和社会实践相结合。这里，突出了社会实践在人的发展和教育上的重要作用，进而拓宽了人才培养的有效途径，引导青年学生“坚持学习书本知识与投身社会实践的统一”。最后，提出新时期教育“培养德、智、体、美等方面全面发展的社会主义建设者和接班人”的育人目标。这既是国家对各级各类教育在人才培养上最根本的质量标准，同时也反映了社会发展和人的全面发展的客观要求。

我国教育的基本原则是根据党和国家的教育方针、路线以及教育的客观规律制定的，是对我国社会主义教育历史经验的总结和概括。为使这些基本原则更具有权威性和法律效力，《教育法》将其法律化，包括：坚持立德树人，对受教育者加强社会主义核心价值观教育的原则；继承优秀文化成果原则；继承和弘扬中华民族优秀的历史文化传统的原则；符合国家和社会公共利益的原则；教育公共性原则；受教育机会平等原则；公民依法享有平等的受教育机会的原则；扶持特殊地区和人群教育原则；促进教育公平，推动教育均衡发展的原则；教育改革、发展、科研并举原则；奖励突出贡献原则；使用国家通用语言文字进行教育教学的原则。这些基本原则将在后面相关章节进一步阐述。

正确理解、领会党和国家教育的基本方针、路线和原则，以此为指导思想和理论根据制定和执行教育政策，是教育政策获得合法性的根本保障。

（二）教育法律法规

我国《宪法》明确规定：“一切国家机关和武装力量、各政党和各社会团体、各事业组织都必须遵守宪法和法律。”同时，《党章》也明文规定：“党必须在宪法和法律范围内活动。”因此，教育政策取得合法性的最主要依据，是必须建立在《宪法》和其他法律的基础之上。在我国实施“依法治国”方略的今天，依法治教已成为新时期教育改革和发展的一个基本指导思想。教育政策的制定和实施，应当根据国家的《宪法》和其他法律，尤其是教育法律和法规。这是教育政策获得合法性的直接保障和条件。

教育政策与教育法律法规是相互联系而又不同的两个概念。法是国家制定或认可并以国家强制力保证其实施的行为规范的总和，教育法律法规则是国家制定的用以调整教育活动中各种社会关系的法律规范的总体。教育法与一切法律法规一样，在本质上是由一定物质生活条件决定的统治阶级意志的集中体现，具有规范性、确定性和强制性。虽然教育法律法规与教育政策有着密切的关系，很多重要的教育政策实现了法律化，成为国家的教育法律法规，而教育法律法规的制定也是在教育方针、路线和原则的指导下进行的。但教育法律法规与教育政策又存在原则上的区别。

教育政策与教育法律法规有着各自的作用和功能，既不能以政策代法律、以政策压法律，也不能走进“法律万能”的误区，否定教育政策的作用和价值。正确的做法是，加强两者的内在联系，一方面，将一些对整个教育事业有重大影响的、具有长期稳定性的和被实践检验是卓有成效的教育政策，上升为教育法律；同时，教育政策制定和实施应当以现有的教育法律法规作为依据，自觉接受合法性监督和审查，使教育政策具有充分的合法性基础。

（三）上位的教育政策

小学教育政策的制定和实施不是孤立的。一方面，小学教育属于国家依法推行的九年义务教育的范畴，与义务教育相关的各种教育政策，是小学教育政策制定和实施的依据。另一方面，小学教育又是我国基础教育的一个重要阶段，与基础教育相关的各种教育政策，同样对小学教育政策具有约束力。

在我国，基础教育反映的是人们对于被纳入其中的这部分教育之于社会发展和个体发展的意义与价值的一种理解，以及它与其他各级各类教育的一种关系，它的范围和程度是不断扩大和提升的。传统上，基础教育“亦称‘国民基础教育’，对国民实施基本的普通文化知识的教育，是培养公民基本素质的教育，也是为继续升学或就业打好基础的教育。一般指小学教育，有的包括初中教育”①。2001年国务院《关于基础教育改革和发展的决定》指称的基础教育，进一步扩展为学前教育、义务教育和普通高中教育。因此，小学教育与普通中等教育同为基础教育。而且随着九年义务教育的基本完成和“小升初”考试的取消，小学教育与中等教育的联系愈加紧密和一体化。我国正在推行的基础教育课程改革的一个主要方向，就是整体设置九年一贯义务教育课程，有条件的地方可实行九年一贯的学制，注重小学与初中教育的沟通和统整。因而，小学教育政策应当基于“义务教育”和“基础教育”的相关政策，在许多方面进一步打通和统一。

（四）小学教育自身的法律性质和地位

小学教育政策应当努力从其自身法律性质和地位获得合法性。小学教育作为国家学制系统中一个独立的教育阶段，有其自身的法律性质和地位。在推行义务教育、加强基础教育的过程中，各国通常是先集中力量发展初等教育，有余力再来发展中等教育和学前教育。因而，初等教育是受世界各国普遍重视的一个教育阶段。《宪法》总纲第十九条第二款规定：“国家举办各种学校，普及初等义务教育，发展中等教育、职业技术教育和高等教育，并且发展学前教育。”《教育法》第十七条规定：“国家实行学前教育、初等教育、中等教育、高等教育的学校教育制度。”《义务教育法》规定：“义务教育可以分为初等教育和初级中等教育两个阶段。在普及初等教育的基础上普及初级中等教育。”

而且，小学教育对儿童生理、心理和社会化发展等方面都有其独特的价值，这些也应成为小学教育政策合法性的重要源泉。也就是说，小学教育政策的制定应当

① 顾明远．教育大辞典［M］．上海：上海教育出版社，1990：71.

充分考虑到受教育者年龄及其行为能力，不能与中等教育等同。

二、小学教育政策合法化的途径

小学教育政策可以通过两种基本途径合法化。一种途径是立法机关根据一定立法权和立法程序，在一定的基础上将有关教育政策法律化，使之成为教育法律。如，1982年中共中央、国务院颁发《关于普及小学教育若干问题的决定》；1985年中共中央颁发《关于教育体制改革的决定》；在此基础上，1986年第六届全国人民代表大会第四次会议制定通过了《义务教育法》；2006年6月29日第十届全国人民代表大会常务委员会第二十二次会议通过《义务教育法》的修订。关于教育法律及教育政策法律化的程序和途径，本书将在第五章“小学教育法治建设”中进一步阐述。

另一种途径，是党和国家行政机关教育政策的合法化。党对教育的领导，主要是通过制定和贯彻一定的教育方针、路线和原则来实现的，有时根据需要和实际情况，也制定一些带有具体指导性和操作性的教育政策、文件。这些方针、路线、原则和具体政策同样要接受合法性监督和审查，不能超越国家的宪法和法律。这些方针、路线、原则和具体政策从制定起草开始，就有相关专家参与，并开展深入的调查研究，广泛征求意见，并经过严格的法律审查，再予以颁布，以保持这些教育方针、路线、原则和具体教育政策与教育法律一致。当然，由于《宪法》和其他法律的相对稳定性和严格的程序规定，随着教育发展的新情况、新问题不断出现，党的最高领导机关为适应新的形势和需要，适时提出新的教育方针、路线、原则和具体教育政策。这些新的教育方针、路线、原则和具体教育政策与现行的《宪法》和其他法律出现不一致时，应建议修改《宪法》和其他法律，以保证党的教育政策与教育法律的一致性。

国家行政机关（尤其是教育行政主管机构）制定和颁布的教育政策，是教育政策的主体部分。“政府教育政策在许多方面与党的教育政策是一致的，政府的教育政策以党的政策为核心和指导，是党的政策的延伸和具体化，实现着党对教育事业的管理职能。”[①]同样，国家行政机关制定和实施教育政策，首先也必须自觉接受和通过合法性监督与审查。《宪法》和《中华人民共和国地方各级人民代表大会和地方各级人民政府组织法》规定，国务院及其各部委制定的政策应当接受全国人民代表大会及其常委会的审查；各级人民政府的政策应接受同级人民代表大会及其常委会的审查。

综上所言，只有既合理又合法的小学教育政策，才可能成为一项好的教育政策，才能颁布实施。除此之外，教育政策的另一个要求是“有效”。再合理、合法的政策，如果有效性不强，也不是真正的好政策。如何增强小学教育政策的有效性，这将是第二章“小学教育政策过程”所要探讨的问题。

① 袁振国．教育政策学［M］．南京：江苏教育出版社，2001：229.

小结·阅读·拓展

一、本章主要讨论了教育政策的三个基本问题：

1. 教育政策属于公共政策范畴，是国家为完成一定的教育任务，由政府及其机构和官员制定并组织实施的，旨在调节教育领域及其与外部的公共利益和关系、解决教育事业中存在的一些普遍性问题和矛盾的行动准则。就其本质而言，教育政策是政策主体对教育领域所制定的政治措施的文本；是根据一定的价值标准对与教育相关的利益进行的一种分配和协调；是一个由制定、实施到评价的连续的动态过程。

2. 教育政策活动的价值关系，指教育政策的价值主体之间、教育政策主体与政策客体之间在价值诉求与分配、提供与获得过程中所构成的关系状况。不同历史阶段的初等教育政策，有着不同的性质内涵和价值选择。当代小学教育政策凸显出民主、平等、人本和优先的价值取向。新时期我国小学教育政策也应以此作为价值基础。

3. 教育政策目标和政策措施要进一步进行合法性论证和检验，实现教育政策的合法化。所谓教育政策的合法化，指经过政策规划教育政策方案上升为法律或获得合法地位的过程。

总之，教育政策的制定、实施与评价，既要合理，又要合法、有效。

二、请利用课余时间阅读下列参考文献：

1. 劳凯声，刘复兴．论教育政策的价值基础［J］．北京师范大学学报（人文社会科学版），2000（6）：5-17.

该文系统论述了教育价值基础研究的意义、制约教育政策价值基础的因素，提出我国教育政策应当确立的几个基本价值观念，包括“以人为本”“教育平等”“效益优化”“可选择性”“多样性”。

2. 孙绵涛．教育政策学［M］．北京：中国人民大学出版社，2010.

该书联系实际对教育政策的概念、本质特点等问题，进行了深入系统的分析。

3. 刘复兴．教育政策的价值分析［M］．北京：教育科学出版社，2003.

该书第一章、第二章和第三章对教育政策概念、教育政策的价值定位、教育政策价值分析，进行了深入的理论分析和论述。

三、请在课余时间，选择开展以下拓展学习：

1. 学习《邓小平文选》第二卷有关篇目，深刻领会邓小平提出“从小学抓起”教育思想的战略意义及其对改革开放以来小学教育政策的实际影响。

2. 进行一次小型教育调查，了解当地小学教育政策在体现民主、平等、人本、优先的价值取向方面取得的成就或存在的问题。

第二章　小学教育政策过程

通过本章学习，你将能够：

● 了解教育政策是一个由制定、实施和评价构成的连续的动态过程，以实现小学教育政策的科学化、民主化、程序化和有效化。

● 知道教育政策制定的构成模式和目标模式，教育政策制定的程序包括技术性程序和制度性程序。

● 理解由于内在结构和制约因素的不同，教育政策实施分为调适模式、互动模式、赛局模式、循环模式。

● 了解教育政策评价包括预测评价、过程评价和结果评价。应当在科学评价机制的基础上开展政策研究，实现小学教育政策的不断创新。

问题情境：北京市小升初政策大变

“奥数占坑”“特长推荐”“三好推优”，一个个因“小升初”而来的专有名词浓缩着家长和孩子“艰苦卓绝”的奋斗史，也折射出教育领域久治不愈、最难啃的一块“硬骨头”——“择校热”。

今年，身处“择校热重灾区”的北京，“小升初”政策大变，继去年大力推行旨在促进教育均衡的学区制、集团化办学改革后，今年，主要区县强力推行以学区划片、对口直升为主要内容的升学办法，西城区、海淀区还特别规定，跨区入学不得享受推优。

刚刚结束的特长生招生，也显露出导向上的明显变化，在保持不超过去年比例的情况下，进一步向传统文化方向倾斜……政策大变之后，家长、学校状态如何？变革之后，又将面临哪些挑战？

据了解，今年西城区“小升初”录取方式共有八种：九年一贯制、小学对口直升、推荐派位、特长生入学、特色校入学、政策保障入学、学区派位和民办校入学。其中，小学对口直升不但是今年新出现的入学方式，而且是最先启动的派位入学方式。

作为教改先锋的北京市东城区从去年开始就“大动作”不断。而今年起，该区“小升初”也开始落实对口直升。东城区教委主任曾表示，今年初中计划安排8 360人，优质学位7 230人，占计划总数的87.6%，并继续采用两批次电脑派位。一批次派位以综合素质发展水平为依据，每个学生均可参加，全区所有初中学校都可选择填报，三好生优先。二批次派位以学区为基础参照，将全区划分为八个“小升初”服务片，每个服务片小学毕业生数量与初中招生计划相匹配，保证小学毕业生全部免试就近升入初中。“两批次派位并不是分两次派位，而是一键合成，在填报完信息后，一次性把两批派位都完成，上午派完，下午市民就可以上网查询，最大限度保证派位公平。”

（资料来源：《北京市小升初政策变化　家长需了解》，搜狐教育，2015-06-13）

第一节　教育政策是如何制定的

正如第一章对于教育政策的定义和本质分析所揭示的，教育政策不是一个静态的“点”——“红头文件”，也不可能是一个简单的线性过程，而是一个系统复杂的动态实践过程。往往是，一个好的政策方案，因政策实施的条件资源准备不足，流于“空转”，或者是实施过程中组织不力、态度消极，造成“上有政策，下有对策”。因此，我们不仅要领会政策的价值取向和内涵，而且要知道教育政策过程的规律及其影响因素，以促进小学教育政策过程的科学化、民主化、程序化和有效化。以北京市小升初政策变革为例，从政策问题的确立与论证，到教育政策的制定、出台、变革，这一系列过程反映了教育政策过程的动态特点。

一般来说，教育政策过程包括制定政策、实施政策和评价政策三个主要环节。为确保和提高教育政策的有效性，就应当通过教育政策全过程的努力。也就是说，教育政策不只是领导的事、上级的事，每一个小学教育工作者都是教育政策过程的实践主体，理应了解教育政策过程，发挥积极的主体作用。

一、小学教育政策问题的构成与认定

（一）教育问题与教育政策问题

教育政策问题的认定，是教育政策制定的一个重要环节。并不是所有的教育问题都会进入教育政策研究的视野，成为教育政策问题，进而制定相应的教育政策。所谓教育问题，特指社会变迁过程中出现的、已经引起人们关注、不利于人的培养和发展、不利于社会发展和稳定，并需要动员全社会共同解决的教育中的不协调现象。[①]如大学生就业问题、中小学生课业负担过重问题、教育不平等问题、青少年学生犯罪率上升问题、青少年学生网络沉迷问题、离异家庭子女教育问题、独生子女教育问题，等等。根据美国学者赫伯特·布鲁默的研究，教育问题成为教育政策问题，要经过五个阶段：（1）社会问题出现；（2）社会问题取得合法性；（3）动员种种活动研讨该问题；（4）形成官方行动；（5）将官方计划付诸实施。

（二）教育政策问题的构成

构成教育政策问题的教育问题，一般具有这样几个条件或要素：一是，牵动社会公共利益，需要通过制定一定的教育政策进行协调和解决。如教育乱收费问题，教师工资不能按时足额发放问题。二是，这些问题反映出不同人群或利益群体的价值观或利益的冲突。如，为了治理学校乱收费、减轻农民负担，而实行义务教育学校“一费制”是新时期一项重要的教育政策。但这项政策在减轻农民负担和降低中小学生辍学率的同时，也造成中小学教育经费的缺乏，部分学校办学条件和教育质量受到影响。这一系列问题的产生，实际上反映出国家（含中央政府和地方政府）、学校和个体（教师、学生和农民等）利益上的冲突问题，必须通过新的教育政策来重新协调和完善。三是，这些问题是明确的、外显的。一些教育问题虽然客观存在，但处在一种潜隐状态，没有显露出来成为公众关心的教育问题，如师生关系的现代转型，是现代教育改革一个重要的理论和实际问题，但它难以被公众体认和关注，成为一个教育政策问题。四是，这些问题既有必要解决也有解决的条件和基础。有些教育问题虽然存在，而且公众也有所认识，但由于种种条件的限制，还难以成为教育政策问题。如，我国现行的不同行政区域，高考录取的分数线高低不同，但目前还难以取消这种区域限制，确定一个全国统一的高考录取分数线。

① 马和民．新编教育社会学［M］．上海：华东师范大学出版社，2002：321.

（三）教育政策问题的认定

及时、准确、有效地发现并确立教育政策问题，对于教育政策的制定是十分重要和关键的。根据K.G.班廷的研究，教育政策问题的认定，经历三个基本阶段，即问题觉察、问题界定和问题形式化。

问题觉察指政策决策机构在对公众有关教育问题的关注和舆论动向的把握，对国际教育动向及其与本国、本地区教育的比较，对教育研究中有关教育问题的调查和研究结论的了解的过程中，逐步形成对教育政策问题的判断。

问题界定首先是从问题情境中厘清问题的基本范围和结构，以明确问题的背景、性质和问题的社会影响：这一政策问题的社会背景发生了哪些重要变化？这一问题的主要矛盾和冲突的关键在哪里？问题涉及哪些政府部门和利益主体？在此基础上，进一步收集有关的资料信息，与相关学者专家、利益主体以及社会各界交流意见。通过这些工作，获得政策问题的基础资料和意见之后，政策主体进一步设计和开展该政策问题的系统调查研究，确定课题、提出研究假说，设计调查工具和调查样本，进行系统深入的调查工作。在收集数据、分析资料并对问题进行深入的分类、归并后，形成研究结论。

小资料
农民工子女义务教育：从教育问题到教育政策问题

问题形式化即问题的陈述，是在调查研究的基础上，对问题的结论进行总结、归纳和概括，撰写教育政策建议报告，向有关政策的决策部门陈述该政策问题提出的原因、政策问题研究的过程及方法、政策问题的现状和原因、政策建议。

二、教育政策制定的模式

教育政策制定的模式包括两个关键问题，即谁来制定教育政策——教育政策主体的构成与运作；制定什么样的教育政策——政策要达到什么样的理想和目标。在不同的哲学和管理学思想影响和支配下，教育政策的制定由此产生不同的模式。通过这些模式的比较和分析，我们能够从中获得一些重要的启示。

（一）教育政策制定的构成模式（who）

谁制定教育政策？谁影响教育政策的制定？在教育政策制定的构成模式上，有团体模式、精英模式、制度模式和系统模式。

1. 团体模式

这种模式产生于20世纪20年代的美国，当时各种社会团体纷纷成立，形成各种社会力量并对政府形成影响和压力。在此之下产生的“团体理论”是教育政策制定的团体模式的理论基础。

团体模式把政策制定的过程比喻为一架天平，各个团体的影响力决定着政策利益的重心朝向。政府则在其中维系一种平衡，作出利益选择，进而形成某种相应的政策。

2. 精英模式

这种模式认为，公众对政策既缺乏兴趣，也很少对政府提出一定的政策要求。政策的制定，是一个由精英从上而下流至公众的过程。这种模式认为，社会成员分为两个基本部分，一部分是处在社会上层的、掌握权势的、有影响力的少数精英；另一部分是没有权势和话语权的、对政策制定少有影响力的社会公众。精英是社会现行制度和政策的既得利益者，他们倾向于维护现行制度和政策而不愿轻易改变；即使要改变也是渐进的。政策的制定反映的是精英们的意见而不是公众的需求。

3. 制度模式

制度模式把政策的制定作为政府机构的一种职务行为。由于各国政府的组织、结构、职能、体制各不相同，因此，制度模式就根据这些特点来制定教育政策。制度模式把政府机构看成一个静态的组织结构，政策制定正是这种静态结构功能发挥的产物。特别是，教育作为国家一项重要的公共事业，政府应当参与并有所作为，制定具有合法性、普遍性和强制约束力的教育政策。虽然各国政治体制不同，有议会制、总统制、委员会制等，它们在制定教育政策过程中的权力结构和操作程序也有不同，但总体而言，制度模式都共同强调政府是政策的制定者和决策者。

4. 系统模式

系统模式认为，公共政策是一个国家和政府的政治系统功能输出的结果，是政治系统对外界压力作出的一种反应。这种反应实际上是政府对社会利益的一种权威性的价值分配。系统模式把这一过程分解为组织、环境、投入、转换、输出、反馈等要素和环节。即政治系统对外在环境（教育政策的利益群体、其他支持者和反对者、相关的利益集团以及这一政策所要花费的资金投入等）进行分析之后，判断环境中影响这一政策制定的各种力量——投入（所提出的要求和可能给予的支持）。决策机构将这些投入情况转换为一种输出，即价值分配和政策决策的结果。

（二）教育政策制定的目标模式（what）

根据戴伊等人的观点，教育政策制定的目标模式主要有以下几种。

1. 理性模式

理性模式是基于理性主义的一种政策目标模式。理性主义认为制定政策是一种纯粹的理性活动，目的在于追求政策的完美。这种模式试图通过一定的程序，制定出一个最大“净价值成效”的合理政策，即用最小投入和代价来获取最大的成效。采用这种模式，需要满足以下条件：知道所有的社会价值及各自的重要性；知道所有可能备选的政策方案；知道每一种备选方案可能产生的结果；知道方案实施所能获得的价值与可能失去的价值的比值；能够选择最经济有效的政策方案。

然而，这种模式在现实中是很难实际运用的。批评者认为，这种模式所赖以发挥作用的前提条件很难存在。因为，很多政策问题都是为了解决新问题，各种政策问题存在的价值矛盾和冲突也难以找到一个最优的、各方共同接受的标准和解决方案。而且，找到各种可能的政策方案并进行权衡论证和选择，决策的成本往往过高、时间也过长。

2. 渐进模式

林德布洛姆在《政治、经济与福利》一书中提出，公共政策不过是政府活动的一种延伸，即在已有政策的基础上加以修改的产物；政策是决策者根据已有的经验，以既有合法政策为主，加以渐进完善的过程。这种模式将政策制定及其革新集中在一个“边缘”区域，进行一种“边缘改变”。这是因为，一种与以往政策越不相同的政策，就越难预测其后果，也就越难以获得大众的支持。因此，这种模式的运用大大简化了决策过程，降低了决策成本。而且，它建立在现有政策方案的基础之上，故不必做太多的政策宣传和解释工作，公众对政策的理解和接受也更为容易。

采用渐进模式也有几个限制条件：一是公众对现行政策的满意程度；二是政策问题性质改变的程度；三是在可选择方法中新方法的数量。如果现行政策的成效满意度低，则渐进模式在此基础上的修改完善就很困难；如果在新形势下原有政策问题的性质发生了改变，则现行政策的改进完善也就失去了意义；如果新方法的数量很多，这种模式也同样失去了作用。

3. 综合审视模式

社会学家埃祖尼认为，综合运用理性模式和渐进模式，可以克服各自的弱点，也更加具体可行。即先运用理性模式去观察、分析一般性的政策要素，分清主次、选取重点；然后，再运用渐进模式，进一步探讨决策者认为必须仔细调查的特殊项目或方案。与理性模式相比，它减少了考察的范围，节约了决策的时间和成本，但它又对选定的项目进行精细测量，提高了新的政策方案的创新性和可靠性。与渐进模式相比，它一方面避免了渐进模式只关注与现有政策的联系和衔接而忽视新的政策方案创新的“保守”倾向；另一方面又发挥了渐进模式的优长，注意与现有政策的比较，使新的政策方案更切实可行。

三、教育政策制定的程序

教育政策制定程序的科学化、合法化和有效化，是教育政策科学、合法、有效的重要前提和保障。那种“拍脑袋”式的冲动性、经验性的决策，只会导致教育政策的偏颇、差错。随着教育政策学研究的深入和教育政策合法化渠道的不断建立与通畅，教育政策制定的程序及其操作技术也不断完备、有效。

教育政策制定程序包括技术性程序和制度性程序。技术性程序主要是为了提高和确保政策制定的科学性；制度性程序主要是为了提高和确保教育政策制定的合法性，即已经制定的政策方案必须经过党和国家权力机关、行政机关的审查通过，这是教育政策合法化的重要标准。关于教育政策制定的制度性程序，我们已在第一章有所论述，这里主要揭示教育政策制定的技术性程序。

教育政策制定的技术性程序，指在教育政策从政策问题认定到政策文本的正式确立和公布过程中，政策主体所采用的一系列规范的工作步骤和技术环节。这些技术性程序帮助政策主体认识和掌握教育政策制定过程中的客观规律，提高教育政策制定的决策水平，促进教育政策的科学化。我国学者综合国内外研究成果，提出了教育政策制定过程的技术性程序图（见图2-1）。①

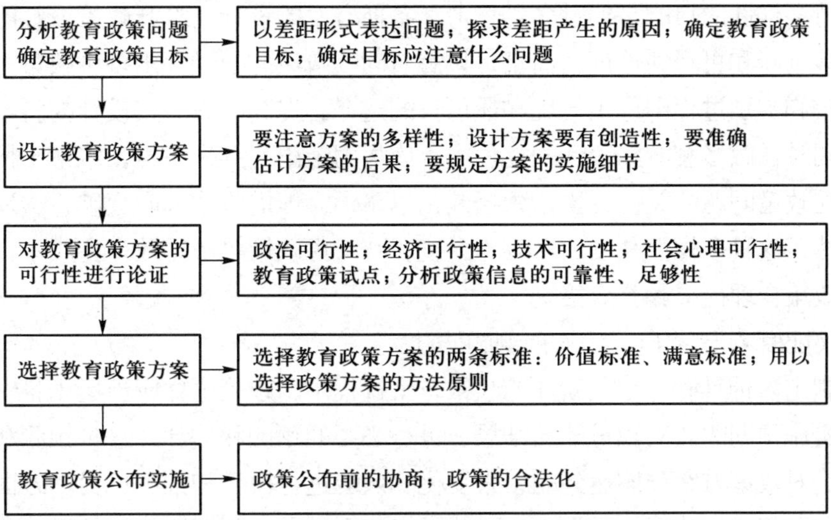

图 2-1　制定教育政策的技术性程序

（一）教育政策问题分析与政策目标确立

在制定教育政策前，首先要审视现实中的教育问题，以确认其是要研究解决的教育政策问题。如小学生入学及升学的择校问题，小学教师学历提升问题，“一费制”带来学校公用经费匮缺问题等。对教育政策问题的认定和分析，正是要找到既有问题之中现实与期望间的差距；教育政策的制定正是要找到产生这种差距的原因和背景，并从中选定适当的政策目标。

教育政策目标的确立，一方面是要正确处理政策利益关系，真正体现公共利益，尤其是最广大人民群众的根本利益，包括整体利益和局部利益、直接利益与间接利益、眼前利益与长远利益。另一方面，教育政策目标的确立要兼顾各种条件与可能，从中找到一个合理的“点”。既不能像“理性模式”那样过于理想化和追求完美，也不能局限在“渐进模式”之下，过于保守。教育政策目标确立应当充分发挥“综合审视模式”的优长，在选准某个项目之后进行充分论证和创新，使政策目标更加趋于先进和合理。如针对20世纪90年代出现的农村中小学教师工资严重拖欠现象和农村义务教育阶段家庭经济困难学生就学困难问题，党和国家高度重视，并提出农村中小学“三保”和农村义务教育阶段家庭经济困难学生“两免一补”的政策目标。

小资料
农村义务教育的“三保”和“两免一补”政策

（二）教育政策方案设计与论证

教育政策方案设计与论证是教育政策制定过程的核心环节。它的任务和目的是

① 袁振国. 教育政策学［M］. 南京：江苏教育出版社，2001：181.

针对教育政策问题和政策目标，提出实现的途径、策略和措施。吸收教育政策制定各种模式的合理成分，教育政策方案的设计与论证，要注意以下几个基本问题。

1. 教育政策方案要适度多样与创新

保持多样性的目的是通过多种思考和备择方案的设计，打开政策设计的思路，促进政策创新和可行性论证。而且，只有对同一政策问题设计出多种政策方案，才能在比较和鉴别过程中作出最优和最可行的选择，提高政策方案设计的科学性和可行性；同时在做多套方案设计的过程中，应尽力走出“兵来将挡，水来土掩”的误区，抓住政策问题的关键要素，积极开拓思路，合理借鉴或大胆突破，实现政策创新。当然，这种多样性和创新性应当适度，既考虑政策决策的效率和成本，又便于与原先政策合理衔接和公众接受。

2. 对政策结果要有一定的预测和估计

在制定多种具有一定创新性的政策方案过程中，政策主体应当运用科学的方法对政策实施预期的效应和可能的结果，进行必要的预测和估计。这种预测和估计，一方面是对政策方案预期达到的结果变化和效应进行模拟和推测；另一方面，还应当估计和预想到该政策方案的实施可能带来的副作用，预期达到的结果之外的、与政策目标没有直接关系的其他情况。

3. 设计出政策方案实施的关键技术和核心措施

往往越是笼统的、不具操作性的政策方案，一旦进入实施就越容易失真、偏离，走形式、一阵风。为此，必须在政策方案设计环节，设计政策实施的关键技术和核心措施，政策实施才更有保证。这些核心措施既有利于各地、各部门和单位结合自身实际加以执行，又能对政策目标的实现和政策措施的落实形成有效的监控措施和制约机制。

4. 对教育政策方案要进行全面的可行性论证

教育政策调控的利益涉及面广、价值关系复杂，在正式确立和公布之前，必须经过全面的可行性论证。

（1）政治方面。即该政策对政策主体意愿和需要的满足程度、社会组织的支持程度和利益主体（如学生及广大家长、教职员工等）的拥护程度。这三者都是政策方案可行与否不可或缺的政治资源。说到底，这种满足、支持和拥护程度高低的背后，是政策对各种价值关系的处理和利益分配调节的平衡程度。这种平衡，不等于平均分配，而是要妥善处理先与后、缓与急、增与减、多与少、重点与一般的关系。

（2）经济方面。每一种教育政策方案的制定实施，都需要一定的物质基础和财力支持。这种物质基础和财力支持，不仅是国家方面的，也包括地方政府、社会组织以及学生家庭等。

（3）所需技术、社会心理的承受力和认可度等。教育政策制定的可行性论证，还要考虑到这一政策方案所需的技术、社会心理的承受力和认可度，以及对支撑这一政策方案的相关统计数字、调研资料、数据信息的信度与效度等进行进一步分析和论证。

（三）教育政策方案选择与公布

在前面一系列工作基础上，政策主体需要在多个备选方案中进行选择，这是教育政策制定过程的决策环节。那么，政策主体依据什么来作出最后的选择呢？根据决策理论的研究，教育政策存在两种不同的选择标准和策略。

1. 最优策略

决策者根据政策问题和政策目标之间的差距，理性分析和权衡各种价值关系，试图按照下列几个标准来衡量和取舍：能够保证教育政策目标的实现；付出的代价尽可能小；方案实施后的副作用尽可能小；局部利益与全局利益、长远利益与近期利益能够统一。[①]

2. 次优策略

次优策略或称为满意策略。很多批评者认为最优策略太过理想化，不仅决策者难以拥有这种最优策略所需要的智力、理性、知识和判断力，而且制约政策方案及其实施的具体环境也不可能像决策者所预想的那样。需要确定一个实现政策目标的“临界值”，即能够把政策问题解决到什么程度，切实可行，同时又不违背各方面的利益。因此，教育政策方案没有最优，只有次优——即找到一个现实的相对较好的方案。如我国20世纪80年代起实行九年义务教育，限于各方面的条件，国家对小学、初中实行免费义务教育，第一步是免收学费，而不是完全免费。这虽然不是最优方案，但是大部分地区、大部分家庭能够承担，进而历史性地推动了我国的义务教育事业，为进一步实现完全免费义务教育奠定了基础。

教育政策方案选择有赖于专家的参与、领导人的决策能力等。但在一些复杂情况下，把选择交给委员会去决策，也不失为一种办法。“A方案一定是一个最好的方案，因为委员会每个成员都选了它。”[②]这不仅增强了政策方案的合法性，也提高了政策方案的认可度。

在选择教育政策方案之后、公布之前，一个重要的工作是报送有关部门根据法律程序或有关规定进行合法性审查和通过后，才能正式发文公布。

小资料
《教育规划纲要》起草历程回顾

第二节　教育政策是怎样实施的

教育政策实施是保障教育政策有效性的关键。美国学者艾利森甚至认为：“在达到政策目标的过程中，方案确定的功能只有10%，而其余90%取决于有效的执行。”[③]也就是说，政策发布，并不意味着政策过程的终结；教育政策的实施成效有

① 袁振国．教育政策学［M］．南京：江苏教育出版社，2001：204-209.
② 马克・汉森．教育管理与组织行为［M］．冯大鸣，等，译．上海：上海教育出版社，1993：35.
③ 吴志宏．教育行政学［M］．北京：人民教育出版社，2000：211.

一系列影响因素，这一过程也有自己特定的规律和特点。小学教育工作者无论校长、教师还是其他工作人员，都是教育政策重要的实施主体，在教育政策实施过程中起重要作用。

一、教育政策实施的基本程序

（一）对教育政策实施的主体与对象明确

教育政策从制定到有效实施，首先要确立由“谁”来贯彻和实施这项政策，政策对象及其利益主体是谁，即“由谁”、“对谁”和“关于谁”。我国教育政策的实施主体包括各级人民政府及教育主管部门、其他有关部门、各级各类学校、校长、教师等；教育政策活动对象与实施主体存在差异，但也有重叠，即教育政策实施主体有时同时也是政策调控的对象，反之亦然。如小学校长、教师是国家和教育主管部门推行素质教育政策的具体执行者，包括课程政策、考试政策、体育和卫生保健方面的政策、德育政策等；同时，他们又是教师聘任、流动、培训、工资、职称、奖励等各种政策调控的对象。因此，教育政策的实施，首先要明确政策实施主体，避免政策主体的错位、缺位或主体角色关系的冲突。否则，教育政策就难以有效实施。

（二）对教育政策的宣传与理解

教育政策方案出台以后，必须经过深入广泛而有效的宣传，使政策实施主体、政策调控对象及社会各方面，对政策目标、措施、意义以及该政策的价值取向、合法性、必要性等由了解、认识到理解、领会、认同接受。一方面是政策实施者通过政策宣传，了解政策的实质和关键，以便在政策实施过程中组织实施；另一方面，政策调控对象社会各界也通过政策宣传，对该政策形成认可和支持的态度，防止抵触和误导。这是教育政策有效实施的思想基础和现实前提。有些政策之所以到基层就走样、变味，就是由于在政策宣传与理解环节出了问题。

（三）教育政策实施的组织与计划

教育政策实施主体应在理解和领会政策精神的基础上，根据职能分工建立政策实施的领导协调和督察机构，进行具体的部署分工，并结合实际情况，确立任务目标、制定政策实施计划，组织人力、物力，进行授权和定责，制定具体的实施措施、步骤、方法、制度，建立相应的运行机制。有人把教育政策实施计划的内容和要领概括为“5wh”，包括：what——达成政策目标的行动是什么？why——为什么要采取这些行动？when——何时开始、何时完成这些行动？who——谁负责采取这些行动？受谁领导？可指挥谁？where——在何处或由何部门采取这些行动？[①]

（四）教育政策的执行、监管与调整

教育政策方案执行与监管是相辅相成的。教育政策执行即发挥政策实施主体的

① 袁振国．教育政策学［M］．南京：江苏教育出版社，2001：310.

实践功能，通过组织及其责任的履行、个体及个体之间的相互合作。在具体执行过程中，有三个要素十分关键。第一，精心组织，赋予所属部门一定的自主性和权力，促进他们参与政策决策过程，形成对组织的认同感、归属感、责任感、自尊感和荣誉感，进而贡献其才智，成功地实现组织的政策目标；第二，注意与政策相关的环境因素，包括政治环境、经济环境、舆论环境、社会心理环境等对政策执行过程的影响，合理利用和排除其中的不良因素；第三，合理调配和利用资源，包括人力资源、物力资源、信息资源等。这些是政策执行的物质保证。

在政策执行过程中，适当的监管、检查是十分必要的，以防政策执行的实际过程偏离政策目标和政策方案，保证执行政策的时间进度，了解与政策方案有关的反馈信息，处理政策执行过程中的错误和违规现象，及时解决政策执行中的困难和问题。

通过政策执行及必要的监管、检查，可及时发现问题并分析哪些是政策方案本身的缺陷所致。在此基础上，需要对政策本身进行一定的改进、补充和调整，这是政策实施过程的重要延伸。

（五）教育政策的总结、巩固与提高

政策实施过程的进一步发展，是在一定的阶段和周期之上，政策实施主体对教育政策实施过程进行总结、巩固和提高，以促进教育政策不断革新和完善。

二、教育政策实施的理论模式

关于教育政策实施过程，形成了多种描述和解释的理论与模式，试图解释教育政策实施过程的内在结构和制约因素，以提高教育政策实施的有效性。这里介绍其中与教育政策实施联系比较紧密的几种。[①]

（一）调适模式

米尔布里和麦克拉夫林认为，政策的实施过程是政策实施主体与政策调控对象即政策接受者之间在政策目标和手段上相互适应的过程。两者之间的需求和立场往往并不一致，需要各自作出一定的让步和妥协，找到双方面都能接受的实施方式。为此，政策主体所确定的政策目标应有一定的弹性，能够在具体实施过程中适当调适。而接受者的利益立场、价值观和对政策的态度应当反馈给政策实施者，并对政策实施者的价值观和利益立场产生一定的影响。根据这种模式，教育政策的实施并不是一种“上令下行”的单向过程，而是政策实施主体与政策调控对象即政策接受者相互影响和调适的过程。

（二）互动模式

范米特和范霍恩等人认为，政策实施过程是与政策相关联的各种因素的变化及其互动的结果。这些因素包括：政策目标和标准；政策资源；政策实施主体之间的沟通与有效执行；政策实施机关的特性；政策实施者的意向；经济、社会和政治条

① 吴志宏．教育行政学［M］．北京：人民教育出版社，2000：213.

件等。他们发现，各因素对政策目标达成共识的程度，对政策实施的结果有着重要影响。这种共识的程度正反映出与政策实施相关的各种因素之间是相互作用的。

（三）赛局模式

巴德克把政策实施过程当作一个比赛的“赛局”，政策实施就像一场比赛，有利害关系的各方按照一定的规则行动，每方都为使自己能在斗争中获胜并根据他方所采取的策略和手段来决定或选择自己的最佳应付方法。这场赛局的基本构成要素包括：政策实施主体；政策利益关系；策略和战术；竞赛的资源；竞赛获胜的条件；公平竞赛的规则；竞赛者之间信息沟通的性质；所得结果的不稳定程度。赛局模式强调，有多种因素在牵制着赛局即政策实施的过程。赛局输赢即政策实施的结果，取决于竞赛各方策略和战术的选择，尤其是政策实施者所采用的策略与战术。

（四）循环模式

马丁·雷恩和佛兰西斯·F.拉宾诺维茨认为，政策实施包括三个阶段：拟订纲要阶段；资源分配阶段；监督阶段。这三个阶段不是单向流动的，而是一个相互循环的过程。每个阶段必须奉行三个基本原则：合法原则，即政策实施者必须按法律法规行事，以法律法规作为政策实施的规范和依据；理性原则，政策实施者必须同意政策是“理性”的，即道德上是正当的，行政上是可行的，行动上是合理的；共识原则，指只有政策实施者在有争议的问题上达成共识，政策才能顺利实施，而在这一过程中政策利益主体各方往往设法阻碍这种共识，政策实施者应当审慎对待和权衡各方立场，找出各方共同接受的意见。这样政策才能得到实施。

这些政策实施过程的理论模式，对于我们理解政策实施过程的结构和制约因素，更好地制定措施和寻找突破口，推进政策的有效实施，是有启发意义的。

三、小学教育政策失真与对策

教育政策制定与实施的对应面，是教育政策失真，即在教育政策实施过程中出现的政策执行活动及结果与政策目标、政策方案的差异和背离。研究教育政策失真的表现类型、原因及对策，对提高小学教育政策制定和实施的质量有重要的作用。

（一）小学教育政策失真的现象

1. 政策偏离

政策偏离是政策实施的计划、措施与原定的政策目标和方案相违背，背离了政策的宗旨和真义。如一些地方和学校推行教师聘任制，结果搞成学校单向决定甚至校长一个人说了算，随意让教师“下课”“下岗”。

2. 政策表面化

政策表面化是指在政策实施过程中，政策宣传与政策执行两个样，没有将政策方案转化成具体的可操作的措施和行动，而是应付上面检查、做表面文章。这使得原有的政策问题继续存在，甚至更加趋于严重。例如，一些地方在开展中小学教师继续教育中，要求教师完成规定的培训学分时，只是简单化地将中小学教师集中到教师培训院校进行一些理论讲授，而没有结合教师任职学校的具体实际和教育教学实践。虽然这样的培训在时间上达到了规定的“学时”或“学分”数，但实效性极差，没有达到继续教育预定的政策目标。

3. 政策扩大化

政策扩大化是在政策实施过程中附加了一些政策方案上没有的内容，使政策调控对象、范围、幅度、强度或目标超越了政策方案的原意。如国家对“小升初”的政策要求是“在普及九年义务教育的地区，实行小学毕业生免试就近升学”，但一些地方尤其是一些重点初中仍然通过竞赛或特长加试等方式，变相地设置“小升初”的门槛。

4. 政策缺损

政策缺损指一个系统配套的教育政策方案在具体实施过程中，只有一部分得到实施和执行，导致政策目标落空和利益关系错位，政策方案内容割裂。尤其是当政策方案的有关内容与政策调控对象存在矛盾和冲突的情况下，这种政策缺损往往成为一部分政策实施者弄虚作假和搞不正之风，以保护自己利益和侵害他人利益的温床。

5. 政策替换

政策替换指政策在具体实施过程中被植入一些表面上与政策方案精神一致，实际上却背离了政策原义的内容。一些地方政府和部门从本地区、本部门的利益出发，挑选其中对自己有利的部分贯彻实施，对自己不利的部分则抛之脑后，如将素质教育理解为简单的技术教育、生活教育和社会适应教育。

（二）减少小学教育政策失真的对策

诚然，好的政策未必能取得好结果，一个重要的原因是在执行政策中的失真现象。减少或避免小学教育政策失真，是保证教育政策的有效性，进而确保小学教育健康运行和发展的重要条件。

1. 增强教育政策制定的科学性、可行性和权威性

很多教育政策所以失真，病因在政策制定环节上。如政策问题认定不准确，没有抓到教育问题的根子上；或是政策目标定得过高、调整幅度过大、目标笼统而不具可操作性；或是对政策问题解决的难度估计不足，政策实施所需的资源投入和准备不足。这些使得看似令人鼓舞的政策，一到实施环节就“水土不服”。例如，治理教育乱收费问题，根本问题往往不是出在学校、教师身上，而是教育经费投入的宏观体制问题（当然也有学校和教师方面的因素），如果把政策调控的对象和举措指向学校和教师，就必然治不到病症的关键。同样，国家虽然规定“在普及九年义务教育的地区，实行小学毕业生免试就近升学”，但在很多地方“小升初”仍然是家长之“愁”、学校之“难”、社会之“怨”，甚至被称为“小升初综合征”。这与目前我国城乡、地区、校际之间教育发展不均衡有很大关系，优质教育资源分布不

均，造成小学生虽然都能够升入初中，但这种起点平等却不能带来教育过程和结果的机会平等。

不仅要增强教育政策方案的科学性和可行性，而且应确立政策方案的权威性。政策制定主体及其资格是有严格规定的，不是哪一级机构、政府或哪一所学校甚至个人都可以制定教育政策，也不是所有的教育政策都是合法的。一些地方、领导者或者学校在没有主体资格和合法性审查的情况下，在上级合法化的教育政策之外制定所谓的“土政策”，是造成政策失真的重要源头。没有政策制定主体资格的组织和个人，只能是政策的参与主体和执行主体，应当是在正确理解有关教育政策基础上制定出这些政策的实施方案、计划和措施，而不是另搞一套。

为此，制定教育政策应当进一步深入开展理论研究和调查研究，进行充分全面的可行性论证，建立权威的教育政策规范和评价标准，提供必需的政策资源，加强对政策实施机构所制定的政策措施的审批和规范。

2. 加强对政策实施主体的培训和规范实施过程

教育政策最终要靠实施主体来执行、操作。政策实施者对政策文本理解和认识不足，态度差，素质和能力不足，都可能导致政策失真。特别是当该政策与政策实施者的利益存在矛盾和冲突时，常常会出现“上有政策、下有对策”的局面和政策缺损、偏离现象。为此，在教育政策实施过程中，加强政策实施主体的业务培训和管理，提高其思想道德素质、岗位责任心和对教育政策的理解与掌握水平，是提高教育政策实施质量和有效性的治本之策。

3. 建立和完善教育政策监管、检查制度和机制

教育政策失真的一个重要原因，是在执行教育政策过程中有一种“重文本、轻执行”的思想倾向，似乎政策出台就大功告成，执行是水到渠成的，是基层部门和人员的事。于是，放松或缺少对教育政策实施过程及具体行为必要的监管、检查，也不注意建立政策实施的信息反馈机制，使得政策在具体实施过程中出现“只打雷、不下雨”或“雷声大、雨点小”的现象，基层部门难以下决心解难题、出实招，尤其是当政策要求与政策实施者利益出现矛盾的时候。因此，应当将教育政策实施监管、检查机制的建立，作为预防和克服教育政策失真、推动教育政策实施的重要内容。

4. 在教育政策执行过程中进行反思与调整

为了减少和避免教育政策失真，政策主体（包括决策主体和实施主体）应当充分发挥主体作用，对教育政策及其实施行为保持一种理性的反思，及时收集一些动态信息，对历史经验和教训保持经常性的回顾和总结，对未来进展的结果和趋势进行一种预测与展望。这样做的目的，是使教育政策实施少犯重复性失误，防微杜渐、提前做好应对的预案。

第三节 如何评价教育政策

教育政策评价是在执行教育政策过程中的重要环节，是制定和实施教育政策过程的进一步深化和发展。一方面，通过科学的政策评价活动，人们能够判断某种教育政策本身的价值及其实施成效，从而决定政策的延续、革新或终结。另一方面，教育政策评价能够促进政策主体对政策过程的各个阶段进行全面深入的审视分析，总结经验、吸取教训，为制定新的教育政策提供良好的借鉴。

对教育政策评价在许多国家已形成了一种制度。[①]为发展初等教育，英国于1865年成立的“纽卡斯尔教育委员会”建议按每个学生掌握知识的考查结果来决定下一年的拨款，即“按成绩支付教育拨款”的政策。经过一段实践之后，人们对这一政策进行评价。结果表明，这种单以考试成绩来评价学校质量和决定教育拨款的政策，造成学校教学围绕考试转，课程千篇一律，学校丧失了自己的办学特色。1895年，“按成绩支付教育拨款”的政策终结。进入20世纪，英国政府先后颁布几个重要的教育政策和法规，如《1920年教育法》《1944年教育法》，经过多次的评价而不断改进和完善。比较而言，日本的教育政策评价制度最为完备。从第二次世界大战以后，日本从首相府到各省厅普遍设立审议会，由政府有关机构最高领导任命。审议会对政策、法令和规则进行评价审议，并提交给执政党的政策审查机关进行复审。在教育上，执政党设立的教育审议会是政府的政务调查会在教育领域的常设机构。我国近年来教育改革发展的一系列重大举措，也开始有了政策评议活动，并作为制定和修改教育政策的重要参考。但总体而言，我国的教育政策评价还没有实现制度化和专业化。自2000年以来每年一卷的《中国教育政策评论》，对教育政策研究尤其是对上一年度国家重大教育政策进行专题分析评论，产生了良好的理论和实践影响。

一、小学教育政策评价的内涵

我们需要通过纵向与横向两个方面进行比较和分析，来准确把握教育政策评价的内涵。

（一）公共政策评价与教育政策评价

教育政策评价是公共政策评价的一个重要分支。换言之，公共政策评价是教育政策评价的上位概念。我们可以遵循公共政策评价的概念来推演和把握教育政策评价的内涵。

所谓公共政策评价，是按照一定的价值准则，对政策对象及其环境的发展变化以及构成其发展变化的诸因素所进行的价值判断。因此，教育政策评价是按照一定的教育价值准则，对教育政策对象及其环境的发展变化以及构成其发展变化的诸种

① 袁振国．教育政策学［M］．南京：江苏教育出版社，2001：336.

因素所进行的价值判断。它体现出三个方面的内涵。

1. 教育政策评价是在事实判断基础上进行的价值判断

所谓事实判断，是对客体本身的规律的反映和对事物现状及其属性、规律的客观陈述。所谓价值判断，是以反映主体本身的需要、愿望的满足状况为标准，而对客体进行的一种评判。教育政策评价正是在事实判断的基础上，根据某种教育政策对国家、社会组织及个人教育利益的满足和实施的状况与水平，来对这种教育政策进行的一种价值判断。

2. 教育政策评价对象和阈限的特定性

教育政策评价的重点是教育政策对象及其环境的发展变化，即教育政策实施的结果；教育政策评价注重对构成教育政策变化的诸种因素之间关系的整体把握。如对教育政策方案的价值分析、可行性分析和结果的预测分析以及影响政策实施的人、财、物、时间、空间、事件和信息等各种因素的分析评价。

3. 教育政策评价总是遵循一定的价值准则

教育政策评价的价值准则指应用于评价对象的特定的价值尺度和标准，是衡量教育政策优劣、成败的尺度。这种价值准则是人们对教育政策规律认识的成果，也体现一定的政策价值取向。因而，它是主观性与客观性在一定程度上的统一。这种统一的程度越高，对教育政策评价越有利。

（二）教育政策评价与教育政策分析

教育政策评价与教育政策分析，是两个联系紧密而又各有不同含义的概念。所谓教育政策分析，是教育政策分析者运用科学的方法及技术对教育政策内容、过程及执行等进行分析，从而促使教育政策达到预期目标的活动。它与教育政策评价一样，是一种教育政策的研究和评价活动。两者的区别主要在于：

1. 教育政策评价包括内部评价和外部评价

教育政策评价既可以是政策决策和政策实施主体自身进行的，也可以是从事教育政策研究的专家、学者及组织进行的一种专业的评价活动。而教育政策分析一般是由外部机构和人员对教育政策进行的分析活动。

2. 教育政策评价包括预测评价、过程评价和结果评价

教育政策评价是一个系统的过程，但预测评价、过程评价主要是对教育政策的结果进行的一种预测和关注，即主要是针对教育政策的结果而言的。教育政策分析既可以是对教育政策的决策背景和过程进行分析，也可以是对教育政策的执行和结果进行分析。

3. 教育政策评价与政策分析所使用的方法有所区别

教育政策评价主要是围绕执行政策前后而进行的一种“一般性‘前后’对比分析”、“投影-实施后对比分析”及“政策‘有-无’对比分析”；教育政策分析一般采用比较分析法、司法式分析法、情景分析法、系统分析法等。这些方法的步骤和操作有很大区别。

4. 教育政策评价的标准与教育政策分析有所不同

教育政策评价的标准一般包括：效率性——有价值的结果是否已经达到？效能性——应该有多少努力才可以达到目标？公平性——成本与效益公平地分配在不同的团体之中了吗？回应性——政策的结果可以满足特定团体的需求偏好吗？而教育政策分析的标准对教育政策内容、过程和结果的标准是各不一样的。如，对教育政策内容的评价，包括事实分析与价值分析；对于教育政策过程及结果的分析，主要是分析政策投入与产出的经济效益和社会效益。

二、小学教育政策评价的类型与价值准则

教育政策评价作为执行教育政策过程的一个重要阶段和环节，伴随着执行教育政策过程的始终。也就是说，教育政策评价关注教育政策活动全过程。根据执行教育政策过程不同阶段及评价内容和价值准则的不同，可将教育政策评价分为三种类型。

（一）预测性评价

教育政策的预测性评价，指对教育政策方案的目标、内容进行价值分析，并对政策实施的过程和结果进行预测分析和评价。预测性评价通过对教育政策问题、政策目标、政策措施、政策的可行性进行逻辑论证、综合分析和价值评判，进而对教育政策制定发挥重要作用。虽然这种逻辑论证、综合分析和价值评判只是一种预测和推断，但它可以促进教育政策方案的优选，提高教育政策方案的决策质量和可行性。

教育政策预测性评价的价值准则主要包括：政策制定者对教育政策问题认定的基本态度、对问题发现的敏锐性、对问题的了解程度和分析判断的准确性、对问题原因及相关制约因素把握的全面性、深刻性；政策制定者对政策目标设置的合理性，包括政策方向的正确性、政策利益关系处理的适宜性、政策程度的适中性、政策目标表述的确切性；教育政策方案制定的可行性，包括在政治、经济、资源等方面的可行性评价，以及政策制定的合法性评价。

（二）过程性评价

教育政策的过程性评价是对政策实施过程中政策目标的适应性、与政策方案的一致性和政策执行的有效性进行的评价，是检测和发现政策失真现象的有效途径。过程性评价伴随在政策实施过程之中，能够及时发现和预防政策实施过程中一些违反政策精神的活动，及时纠正政策实施中的偏差行为，减少由此造成的损失和不良后果。

过程性评价的价值准则主要是看政策实施过程和行为是否遵循政策方案，包括：政策实施主体以及有关方面对政策宣传和理解的广泛性、深入性以及准确性；政策实施主体所制定的措施、规定、细则是否符合政策方案的精神，是否出现政策失真现象；政策实施所应配套的资源如教育经费、人力、物力等准备和到位的情况；政策执行的组织机构是否健全、职能是否明确以及具体的履行情况，政策实施

与具体实际的结合情况，政策实施的监管、检查机制建立和作用的发挥等。

（三）结果性评价

结果性评价是教育政策评价的重点，也是预测性评价和过程性评价的着眼点和归宿，它是对教育政策实施的成果产出和实际影响、效果进行的一种价值评判。实际上，结果性评价是教育政策实施过程对教育政策目标的达成度进行的评价。这对于决定教育政策持续、政策修订和政策终结，有着重要的实践检验功能。当然，对于教育政策结果性评价的价值准则，首先是政策结果指标，即该政策实施后与实施前所表现出的差异量。其次是政策效果指标，即政策结果与政策目标相比的差，以此来判断政策效果的大小。再次是政策效益指标，即通过政策投入与政策产出关系的分析来作出价值判断。最后是教育政策的效应指标，即教育政策实施在社会大系统中所产生的作用和影响。这种作用和影响，包括正效应、负效应和零效应；显性效应与隐性效应、直接效应与间接效应。对此，应进行综合的、深入的分析和评判。

小资料
教育收费的国家政策分析及建议

三、小学教育政策的研究与创新

教育政策属于上层建筑，是党和国家对教育事业及其具体活动目标、过程、质量的一种政治干预和领导。随着教育事业在国家、社会、家庭及个人生活和发展中的作用进一步凸显，教育政策的制定与实施也越来越举足轻重。相应地，人们对教育政策的科学化、民主化、程序化和有效化要求也越来越高。同时，由于社会对教育的要求越来越高，通过教育政策来进行利益关系分配的难度越来越大、越来越复杂。因此，教育政策的制定单靠政策决策者的行政力量是不够的，教育政策研究以及开展教育政策研究的政策知识分子，越来越成为教育政策活动中重要的咨询主体和参与主体，担负着进行教育政策的研究和创新，为教育政策决策主体更好地制定和出台新的教育政策，提供决策参考和智力支持的重任。

小结 · 阅读 · 拓展

一、本章主要讨论了小学教育政策的几个主要问题：

1. 小学教育政策是一个由制定、实施和评价构成的连续的动态过程。要确保和增强教育政策的有效性，全过程都应当努力。每一个小学教育工作者都是教育政策过程的实施主体，应当发挥积极的主体作用，防止教育政策在实施过程中的不作为、无作为以及政策失真现象的出现。

2. 小学教育政策的执行过程应当努力实现科学化、民主化、程序化和有效化。这些目标的实现是有条件的，也有可行的途径。为此，对教育政策制定、实施和评价，应当合理选择科学的程序和运行模式。这些程序和模式，既包括技术因素，也包括价值因素。

3. 教育政策的决策主体、实施主体、评价主体的关系是复杂的，存在各种价值和利益的矛盾、冲突。应当发挥各种政策主体的积极作用，增强教育政策的有效性，实现小学教育政策的不断创新与发展。

二、请利用课余时间阅读下列参考文献：

1. 袁振国 . 教育政策学［M］. 新世纪版 . 南京：江苏教育出版社，2004.

该书设立了与本章内容有关的“教育政策问题的认定”“教育政策制定的模式”“教育政策的程序化”“教育政策执行”“教育政策评价”“教育政策与教育研究”等章节，既介绍了国外的相关研究，也联系我国教育的实际，提出了自己的观点。

2. 袁振国 . 中国教育政策评论［M］. 北京：教育科学出版社，2006—2015.

这是我国新时期教育政策分析和评论的权威著作，按专题对我国当下基础教育、教师教育、教育督导等有关的教育政策，从背景、理论到实践，从国外到我国，进行深入系统的分析和评价。读者可根据学习和研究的需要，选择其中相关专题的文章阅读参考。

3. 吴志宏 . 教育行政学［M］. 北京：人民教育出版社，2000.

该书“教育政策”一章对教育政策制定、实施进行了系统的理论阐述，并对我国一些教育政策进行了简要的政策分析，如教育方针、确保教育事业优先发展、增加教育投入、普及义务教育、改革教育体制等。

三、请在课余时间，选择开展以下拓展学习：

1. 调查本地区某项教育政策从教育问题到成为教育政策问题，以及该项教育政策制定、实施的过程，并尝试对这一教育政策进行分析和评价。

2. 搜集本地区小学实施素质教育在政策执行过程中的政策失真现象，分析原因并提出对策建议。

第三章　小学教育政策体系

通过本章学习，你将能够：

● 了解新中国成立以来我国小学教育政策经历重建与初步发展、“十年动乱”、拨乱反正、调节多重矛盾、均衡化发展与质量提高五个阶段。

● 理解教育政策包括纲领性政策、基本政策和具体政策，鼓励性教育政策、规范性教育政策和限制性教育政策。

● 在对教育政策体系有了整体把握以后，进一步理解和确立小学教育政策在整个教育政策体系中的定位。

● 明确我国小学教育基本政策包括质量政策、体制政策、经费政策和教师政策，它们构成一个相对完整的教育政策体系。

问题情境："县管校聘"是教师管理体制的重大变革

近日，教育部对全国首批义务教育教师队伍"县管校聘"改革示范区进行公示，19个改革示范区包括全国东、中、西部共15个省份。按照计划，"县管校聘"模式首先在示范区试行，2020年将在全国落实推广。(《京华时报》4月15日)

对于教师"县管校聘"究竟该如何理解？事实上，教师"县管校聘"是基于现行的教师"校管校聘"而提出的。由"校管"走向"县管"，一字之差，体现的是教师管理体制的重大变革。"县管校聘"不仅促进了县域内教师交流轮岗制度的落实，也有助于化解县域内教师资源配置矛盾。"县管"要求县级教育行政部门按照职能分工，依法履行对中小学教师的公开招聘、职务评聘、培养培训、调配交流和考核等管理职能。"校聘"则要求学校依法与教师签订聘用合同，负责教师的使用和日常管理。这一变革对于统筹县域内义务教育教师资源，推进县域内教师交流轮岗，化解县域内教师资源配置矛盾，促进县域内义务教育均衡发展有着积极作用。

从根本上说，"县管校聘"成为推进县域内教师交流轮岗的制度保障。促进县域内义务教育均衡发展，办学条件是基础，师资配置是关键，而师资合理配置的有效手段是推动教师的交流轮岗。2014年，教育部对推进校长教师交流轮岗工作作出了全面部署，提出全面推进义务教育阶段教师队伍"县管校聘"的管理改革，使教师由"学校人"变为"系统人"，打破教师交流轮岗的管理体制障碍。但在实际推进过程中仍然面临诸多困难，其中教师的固有身份就是一个明显制约。

从学校层面看，由于担心教师参加交流轮岗影响学校自身的教育教学工作，部分学校对教师交流轮岗，特别是对骨干教师交流轮岗持谨慎态度；从教师层面看，实施教师"县管校聘"后，由县级教育行政部门主导教师交流轮岗，淡化了教师身份管理与教师校籍，使教师交流轮岗不受所属学校的限制，利于对编制核定、岗位设置、职务（职称）晋升、聘用管理、业绩考核、培养培训、评优表彰进行统筹考虑。

另外，"县管校聘"也有助于化解县域内教师资源配置矛盾。现行的教师"校管校聘"的做法，使教师身份界定较为清晰，教师对学校的归属感较强，但在统筹县域内教师资源方面存在明显欠缺。因为教师是"学校人"，学校间的教师资源调配非常困难。通过实施教师"县管校聘"，由县级教育行政部门会同有关部门统一管理教师人事关系和聘任交流，有助于化解这一矛盾。

从教师编制看，在县域范围内有的学校超编，有的学校则严重缺编，学科教师的配备需求在不同学校间也存在较大差异，但在"校管校聘"的管理模式下，不同学校间的教师配备缺乏统筹。实施教师"县管校聘"后，县级教育行政部门拥有了更多教师调配的自主权。通过建立县域内中小学教职工编制"总量控制，动态调控"机制，实现在县域范围内统筹规划教师配备的目标。从教师职称晋升看，由于受学校名额所限，目前教师职称晋升难问题比较突出，许多教师的工作积极性也因此受到影响，甚至出现一定的职业倦怠。实施"县管校聘"后，可打破学校之间的界限，将县域内教师职称名额在学校间统一调配，使符合条件的教师能够及时得到晋升。

实施“县管校聘”是教师管理体制的一个重大变革，其意义和价值不言而喻，但改革毕竟仍处于试行阶段，因而需要认真面对并及时化解改革中出现的各种矛盾和问题。目前很多地方正在探索学区化管理改革，推进教师在学区内统一管理则是其中的一项重要内容，这一改革对于教师“县管校聘”有着积极借鉴意义。但随着教师“县管校聘”的逐步推进，学区化管理改革中对教师统一管理与未来县级教育行政部门对教师统一管理，需要进行职责方面的重新界定，防止多头管理现象的出现。

此外，教师由“校管”走向“县管”，使得原有的学校与教师的固定隶属关系发生变化，由此是否会影响到学校对教师培养的积极性，这一问题也值得关注。

（资料来源：汪明《“县管校聘”是教师管理体制重大变革》，《中国教育报》，2015-04-17）

第一节 小学教育政策体系是怎样形成的

小学教育政策体系既是历史形成的，更是在小学教育改革和发展实践中不断形成和发展完善的。了解小学教育政策体系的形成过程，有利于我们理解小学教育政策发展的阶段特点、内在规律，把握未来走向。

一、小学教育政策体系的产生和初步发展

我国古代学校教育逐步形成了“小学”和“大学”两个并无直接联系的教育阶段。“大学”乃“大人之学”，即以成人为教育对象，以“修身、齐家、治国、平天下”为目标。而“小学”则以儿童为教育对象，着重进行启蒙教育和行为的训练：一是蒙养，进行道德品格的培养、行为习惯的训练、读书识字习武和算术等知识技能的学习；二是进行社会道德伦理和文化礼仪的教化。此外，也作为“大学的补充”，尤其是在科举时代，小学更是为科举考试服务。古代小学有官办的，但数量很少，主要是私学性质。

1902年清政府颁布《钦定学堂章程》，即“壬寅学制”，规定“无论何色人等皆应受此七年教育”。该学制公布未及实施，很快被《奏定学堂章程》，即“癸卯学制”所取代。包括《学务纲要》《各学堂管理通则》《蒙养院章程及家庭教育法章程》《初等小学堂章程》《高等小学堂章程》等，这是中国近代史由中央政府颁布并首次得到实施的全国性法定系统，较“壬寅学制”更为系统、详备。1911年清政府中央教育会议提出4年小学为义务教育，这是我国义务教育的开端，但并未组织实施。[①]1912—1913年民国政府公布“壬子癸丑学制”，颁布了《小学令》《小学校教则及课程表》。该学制改“学堂”为“学校”，把初小4年定为义务教育，高小毕业

① 王长纯．初等教育［M］．长春：吉林教育出版社，2000：374.

后可入中学或师范学校、实业学校学习，规定男女可以同校，小学一律废止读经，加强实业教育和职业教育，反映了资产阶级普及教育和教育平等的要求。1922年“壬戌学制”进一步将初等教育确定为6年，即初小4年为义务教育，高小2年。这样，初等教育学制年限更加务实、合理，利于义务教育的普及推行。此后，南京国民政府还颁布了《小学课程标准》(1932年)、《小学法》(1932年)、《小学规程》(1933年)，使初等教育基本定型。但在当时的政治和经济条件下，初等教育的普及几乎是空谈。

在中国共产党领导下的革命根据地，教育事业在十分艰苦的条件下得到积极的建设和发展，党在不同时期提出并不断完善教育的方针政策。毛泽东同志提出新民主主义教育是“民族的、大众的和科学的”教育方针。为了培养革命接班人，革命根据地创立列宁小学，把“厉行全部的义务教育”作为目标。苏区的普通教育以小学教育为主，工农子弟均能够免费入学。1934年，苏区还颁布了《小学校制度暂行条例》和《小学管理法大纲》，对小学校的设置、编制、科目、设备和教员待遇等进行了详细规定。抗日战争期间，由于“旧型正规化”思想的影响，小学教育经历一些曲折。延安整风以后，小学办学思想得到了纠正，教育政策的灵活性增强，小学教育又获得健康发展。解放战争时期，小学采用“四二制”学制并与中学衔接，小学毕业生可以升学也可以就业。1949年，华北人民政府召开华北小学教育会议，研究部署小学教育“新型正规化”，拟定《小学教育暂行实施办法》，对小学的学制、师资、经费、领导体制都作出了系统规定。

小资料
列宁小学的创立

重建与初步发展时期的相关政策

二、新中国小学教育政策体系的建立与发展

（一）重建与初步发展阶段(1949—1966)

新中国成立后，为了更有利于劳动人民子女接受完全的初等教育，1951年8月27日，第一次全国初等教育会议和师范教育会议在北京合并举行，提出争取在十年内普及小学教育，在五年内实现小学五年一贯制、培养一百万小学教师；提高小学教师的政治和社会地位。这些精神写入了1951年10月1日正式颁布的政务院《关于改革学制的决定》中。由此，初等教育实行五年一贯制的小学教育。为了使失学的青年和成人能够接受初等教育，新学制还设立了工农速成初等学校、业余初等学校和识字学校。1952年3月，教育部根据上述会议精神，公布《小学暂行规程(草案)》，全面规范了小学教育的基本学制、学校设置、领导体制、教育计划、教导原则、升留级和毕业办法、经费等；提出公立和私立小学均由市、县人民政府教育行政部门统一管理，实行校长负责制。1953年12月，政务院颁发《关于整顿和改进小学教育的指示》，提出小学教育是整个国家教育建设的基础，担负着教育新生代使之成为新中国健全公民的重任，要切实整顿和改进：一是，提出“关于五年一贯制，从执行情况看，由于师资、教材等准备不足，不宜继续推

行。因此已从本学年开始，一律暂行停止推行，小学学制沿用四二制，分初、高两级”；二是，要在整顿巩固的基础上有计划、有重点地发展小学教育；三是，校长、教师要把教学工作作为压倒学校一切工作的中心任务，学生的主要任务是学习；四是，要加强小学教师的培养和培训，提高小学教师的质量。1958年9月中共中央、国务院《关于教育工作的指示》提出，要对现行的学制进行积极妥善的改革，应当规定全国通用的新学制。此后全国各地很多小学开展了五年一贯制的学制改革实验。

1963年3月，中共中央颁发《全日制小学暂行工作条例（草案）》，即“小学四十条”，对小学教育方针、任务和培养目标进行了明确规定：为社会主义建设事业培养劳动后备力量，为高一级学校培养合格的新生；同时，从德、智、体三个方面规定了小学生的培养目标。此外，该条例制定了小学教学、思想品德教育、教师、行政和党的工作、生产劳动和体育方面的政策。这些对这一时期小学教育管理和质量的提高起了很好的作用。

（二）“十年动乱”阶段(1966—1976)

“十年动乱”中，整个教育体系和制度受到严重破坏，“小学四十条”遭到批判，小学教育教学秩序严重混乱。1968年，大批农村公办小学改为民办，公办小学教师也下放回原籍，改工资为工分。一些大城市的小学也改由街道办事处管理。“四人帮”还蓄意编造“黄帅日记事件”，鼓吹小学生的反潮流精神，大批“师道尊严”，破坏小学教学秩序，小学教育质量严重下降。

拨乱反正阶段的相关政策

（三）拨乱反正阶段(1977—1984)

1978年，在恢复高考以及党中央一系列政策的积极推动下，教育制度和教学秩序不断恢复。在全国教育工作会议讨论修改“小学四十条”的基础上，中央进一步颁布《全日制小学暂行工作条例（试行草案）》。1980年12月，中共中央、国务院作出《关于普及小学教育若干问题的决定》，提出：“在八十年代，全国应基本实现普及小学教育的历史任务，有条件的地区还可以进而普及初中教育。小学教育是整个教育的基础。要提高教育质量，提高全民族的科学文化水平，必须从小学抓起。”该决定还对小学教育的学制、经费筹措、管理体制、师资培养和教师地位等进行了详细的政策安排。按照邓小平同志“办教育要两条腿走路，既注意普及，又注意提高，要办重点小学、重点中学、重点大学。要经过严格考试，把最优秀的人集中到重点中学和重点大学”的要求①，在促进小学教育普及的同时，教育部1978年颁发了《关于办好一批重点中小学试行办法》。这些政策对于促进教育走向正规化和规范化，并在教育资源匮乏情况下加快人才培养起到促进作用。

1982年1月，教育部发出《关于当前中小学教育几个问题的通知》，提出“中小学是基础教育”这一命题。此后在一系列教育政策上，小学教育与中学教育一道

① 何东昌. 中华人民共和国重要教育文献(1976—1990)［M］. 海口：海南出版社，1998：1573.

作为“基础教育”，实行统一规划与发展。同时明确指出，基础教育要改变单纯追求升学率的错误做法，必须坚持“三好”标准，面向全体学生，使他们在德、智、体几方面都得到积极健康的发展。强调在继续办好重点中小学的同时，处理好重点与非重点的关系，保证重点，兼顾一般；重点小学一律实行就近入学。但事实上，这一政策在具体实施过程中出现不同程度的失真现象，小学生课业负担过重和中小学片面追求升学率的现象有增无减。

（四）调节多重矛盾阶段（1985—2000）

调节多重矛盾阶段的相关政策

1985年5月全国教育工作会议召开，邓小平同志指出：“现在小学一年级的娃娃，经过十几年的学校教育，将成为开创二十一世纪大业的生力军。中央提出要以极大的努力抓教育，并且从中小学抓起，这是有战略眼光的一着。”①此后中共中央颁发的《关于教育体制改革的决定》提出，有步骤地实行九年义务教育。在实现这一发展目标的过程中，国家和教育主管部门在教育政策上进行了一系列重大调整。在这些政策实施过程中出现一系列新的矛盾和问题，进而又通过新的政策来调节基础教育和义务教育改革与发展中出现的新矛盾、新问题。

1. 基础教育地方负责与均衡发展之间的矛盾与调节

《关于教育体制改革的决定》提出，“实行基础教育由地方负责、分级管理的原则”，以调动地方以及各方面发展教育的积极性。具体而言，把发展基础教育的责任交给地方。在经费上，“除国家拨款以外，地方机动财力中应有适当比例用于教育，乡财政收入主要用于教育。地方可以征收教育费附加”。这一政策的实施极大地调动了地方和社会各方面的积极性，历史性地促进了我国基础教育的发展，实现“穷国办大教育”，能够在15年左右的时间，基本实现了普及九年义务教育和基本扫除青壮年文盲的目标。据统计，从1990年至1999年的10年间，人民群众上缴的教育税费达1 717亿元，社会捐集资1 394亿元，合计3 111亿元，其中大部分用于义务教育。

但由于我国城乡二元社会的结构特点，东、中、西部发展的不平衡，这一政策的实施加剧了义务教育发展不均衡的现象，尤其是很多地方的乡镇根本没有财政能力，造成教师工资拖欠和农民负担过重。据研究，在义务教育阶段学生平均按时毕业率，西部比东部整整落后21个百分点。首先，是生均经费差距大。2000年，我国普通小学和初中生平均预算内事业拨款分别是479.28元和668.08元，但最高的上海市生均经费小学为2 756.71元，初中为2 725.60元；而最低的河南省生均经费小学为251.45元，初中为409.19元。东部地区小学生均经费最高的地区与中、西部最低地区相差10倍多。其次，是城乡收入比从1980年的2.8：1逐步扩大到1988年的3.1：1

① 邓小平．邓小平文选：第3卷［M］．北京：人民出版社，1993：120.

和2002年的5：1。再次，是学校之间的差距增大，重点学校政策使优质教育资源相对集中，一些学校盲目追求硬件发展，奢华之风盛行，而与此形成鲜明对比的是许多薄弱学校出现。最后，是群体之间的差距增大，弱势群体的利益得不到保证。①

就小学教育而言，虽然适龄儿童有更加平等的就学机会，但区域、学校和城乡教育不均衡，造成小学教育质量以及儿童在进一步升学和发展的机会上的严重不平等、不均衡。虽然，国家规定在普及初中教育的地区，取消小学升初中考试，实行免试就近入学。但这种教育发展的不均衡，导致家长盲目择校和部分学校乱收费的现象。

2. 扩大义务教育机会与片面追求升学率之间的矛盾与调节

为了促进中小学基础教育的普及和发展，1986年4月12日第六届全国人大第四次会议通过《义务教育法》，其中规定："国家实行九年义务教育。""凡年满6岁的儿童，不分性别、民族、种族，应当入学接受规定年限的义务教育。"1990年，中国政府参加在泰国举行的"世界全民教育大会"。1993年9月，中国政府在河南郑州召开国家级全民教育大会，通过《中国全民教育行动纲领》，进一步明确提出在20世纪末基本普及九年义务教育和基本扫除青壮年文盲的政策目标。此后，小学教育既作为义务教育，又作为基础教育和全民教育，政策重点是加强普及与发展，实现规模和数量的扩展。

随着义务教育发展和基础教育规模的扩大，小学教育与中学教育、基础教育与高等教育之间的规模与结构性矛盾愈加尖锐和突出，片面追求升学率现象愈演愈烈。为此，国家和教育主管部门先后出台了一系列的具体政策，如1988年12月教育部颁发《关于减轻小学生课业负担过重问题的若干决定》，提出一系列减负措施，首次提出在已普及初中教育的地方不再进行小学升初中考试。但是，随着义务教育的不断普及，基础教育阶段学生就业与升学之间的矛盾变得十分激烈，由此导致出现中小学片面追求升学率的严重问题，学生学业负担越来越重，教育竞争异常激烈，并带来学生发展和教育上的一系列严重后果。教育部先后下达数十道"减负令"，但效果甚微。

1993年《中国教育改革和发展纲要》进一步勾画出我国面向21世纪的教育发展蓝图，提出以普及九年义务教育为基础，大力加强基础教育，积极发展职业技术教育、成人教育和高等教育。基础教育改革要实现"由'应试教育'转向全面提高国民素质的轨道"，此后，素质教育不仅作为一种教育理论、思想和具体的教育途径与模式，而且逐步发展成为一项基础教育政策。素质教育作为基础教育的一项政策，是要努力解决随着义务教育的普及、基础教育数量扩充与质量提高之间的尖锐矛盾，面向全体学生，促进学生的全面发展。

同时，按照国家政策的要求，在已普及初中教育的地区，取消小学升初中考

---

① 黄忠敬．走向均衡：我国基础教育政策重心的转移［J］．教育科学，2004（6）：20.

试，实行免试就近入学。但这些政策并不能使小学教育摆脱应试教育的漩涡，真正实施素质教育。相反，小学生学业负担过重和“小升初”择校现象，仍然是困扰教育主管部门、学校、家长和社会的一道政策难题。

3. 培养、选拔人才与提高民族素质之间的矛盾与调节

我国现代学制从一开始就是建立在单轨制基础上的。尤其是新中国成立以来，教育更是坚持了“为工农服务”的基本宗旨，提倡教育权和受教育机会的平等。小学教育的重要使命，是提高每个公民素质进而提高整个民族的科学文化和思想道德素质，同时又要为培养和选拔各级各类专门人才打基础。但就小学教育的政策取向而言，两者一直存在矛盾和冲突。一方面，从改革开放之初，为适应社会主义现代化建设需要，国家制定了重点小学和重点中学政策，旨在多出人才和快出人才。教育主管部门提出普通教育调整整顿的方针是“充实加强小学，整顿提高初中，压缩普通高中，发展职业技术教育，集中力量办好重点学校”。此后，重点小学、重点中学成为人才培养和选拔的重要基地。但这种政策导向的负面结果是导致学校、家庭和社会片面追求升学率和精英化教育，学校思想道德教育薄弱，学生学业负担过重、身体素质及综合素质下降。因此，中共中央《关于教育体制改革的决定》明确提出：“改革的根本目的是提高民族素质，多出人才、出好人才。”这一政策目标试图将提高民族素质与培养人才统一和兼得。1986年《义务教育法》进一步规定：“义务教育必须贯彻国家的教育方针，实施素质教育，提高教育质量，使适龄儿童、少年在品德、智力、体质等方面全面发展，为培养有理想、有道德、有文化、有纪律的社会主义建设者和接班人奠定基础。”

然而，在教育政策实施过程中，培养和选拔人才与提高民族素质之间的矛盾依然突出。1993年《中国教育改革和发展纲要》进一步提出：“基础教育是提高民族素质的奠基工程，必须大力加强。”“中小学要由‘应试教育’转向全面提高国民素质的轨道，面向全体学生，全面提高学生的思想道德、文化科学、劳动技能和身体心理素质，促进学生生动活泼地发展，办出各自的特色。”这一政策进一步突出了小学教育乃至整个基础教育，应当坚持以提高民族素质为主旨，通过“转轨”来缓解升学竞争的巨大压力，改变单纯为高一级学校培养和输送人才而忽视全体学生素质提高和就业出路的应试教育倾向。但在现实教育中，这种“转轨”不仅遇到思想认识上的争论，而且在实践中也障碍重重、步履艰难。

4. 适应社会发展要求与促进人的发展之间的矛盾与调节

20世纪60年代以来，我国小学教育一直努力实现“双重任务”——为社会主义建设事业培养劳动后备力量和为高一级学校培养合格的新生。这是由于，当时初中教育不普及，大部分小学毕业生面临就业或为就业做准备的现状，只有一小部分人能通过升学考试继续接受高一级教育。80年代至90年代，随着初中教育的普及，小学教育的选拔和分流功能逐步淡化，培养功能和发展功能进一步强化，学生毕业后可以免试直接升入初中继续学习。1996年颁布的《小学管理规程》规定：“小学教

育要同学前教育和初中阶段教育互相衔接，应在学前教育的基础上，通过实施教育教学活动，使受教育者生动活泼、主动地发展，为初中阶段教育奠定基础。”这一规定首次确立了我国小学教育由一直以来的“旧双重任务”向“新双重任务”转变。换言之，新时期小学教育不再承担为就业做准备的任务，而是主要为高一级教育奠定基础。这是我国小学教育性质和职能的深刻转变和提升，它意味着小学教育不再是高一级教育的附依，进而凸显一种本体功能——促进儿童生动活泼、主动地发展。

为此，国家出台了一系列限制性政策和鼓励性政策，对小学教育进行导向和调控。在限制性政策上，出台了《关于减轻小学生课业负担过重问题的若干规定》(1988年)、《禁止使用童工规定》(1991年)、《关于减轻义务教育阶段学生过重课业负担，全面提高教育质量的指示》(1993年)等。1996年国家教委颁布的《关于规范当前义务教育阶段办学行为的若干原则意见》明确规定：用三年左右时间，在全国范围内使义务教育阶段免试、就近入学和不招“择校生”及变相“择校生”的原则能够全面贯彻落实。义务教育阶段不设重点校、重点班、快慢班，除省级教育行政部门批准的教改试（实）验班外，一般不设试（实）验班。与此同时，一系列鼓励性和导向性政策相继颁发。如，为加强新时期小学教育教学工作，促进小学生健康发展，国家教委1988年颁布《小学德育纲要(试行草案)》《小学生日常行为规范》，1988年中共中央颁布《关于改革和加强中小学德育工作的通知》，国家教委1990年印发《关于进一步加强中小学德育工作的几点意见》，中共中央1993年印发《爱国主义教育实施纲要》，国家教委1993年正式颁布《小学德育纲要》。在教学工作方面，国家教委1988年颁发《义务教育全日制小学、初级中学教学计划（试行草案）》，1992年在改革的基础上进一步颁发《九年义务教育全日制小学、初级中学课程方案(试行)》。这些政策对提高民族素质和培养人才都起到了积极的促进和保障作用。

但也应当看到，这一时期的小学教育政策，主要还是围绕社会需要来制定的。而且，在具体执行过程中，小学教育更多的是作为初中教育以及人才培养和选拔的预备与基础，在促进儿童生动活泼、主动地发展方面的作用有限。

（五）均衡发展与质量提高阶段 (2000 年至今)

均衡发展与质量提高阶段的相关政策

从第三次全国教育工作会议以来，包括小学教育在内的义务教育进入一个崭新的政策发展阶段，一方面将促进均衡发展作为“重中之重”；另一方面，还提出全面贯彻教育方针、全面实施素质教育，着力提高教育质量。

1. 促进义务教育均衡发展

2002年教育部《关于加强基础教育办学管理若干问题的通知》首次提出：“积极推进义务教育阶段学校均衡发展。”2003年《关于进一步加强农村教育工作的决定》进一步提出：力争五年时间完成西部地区“两基”攻坚；已经实现“两基”目标的地区特别是中部和西部地区，要巩固成果、提高质量。落实“在国务院领导下，由地方政府负责、分级管理、以县为主”（简称“以县为主”）的农村义务教育管理体制。

2005年教育部在《关于进一步推进义务教育均衡发展的若干意见》中指出：充分认识推进义务教育均衡发展在构建社会主义和谐社会中的重要作用，把这项工作作为实现“两基”之后义务教育发展的一项重要任务。把义务教育工作重心进一步落实到办好每一所学校和关注每一个孩子健康成长上来，有效遏制城乡之间、地区之间和学校之间教育差距扩大的势头，积极改善农村学校和城镇薄弱学校的办学条件，逐步实现义务教育的均衡发展。2006年修订的《义务教育法》将促进义务教育均衡发展上升到法律层面。

2010年，教育部在《关于贯彻落实科学发展观　进一步推进义务教育均衡发展的意见》中指出：从贯彻落实科学发展观，建设社会主义和谐社会、促进教育公平的高度，把义务教育作为教育改革与发展的重中之重，把均衡发展作为义务教育的重中之重。经过努力，力争在2012年实现区域内义务教育初步均衡，到2020年实现区域内义务教育基本均衡。同时，以适龄儿童少年接受更加公平更高质量的义务教育为目标，以整体提高教育质量、促进内涵发展为重点，推进义务教育均衡发展。

2010年的《教育规划纲要》进一步把促进教育公平作为国家教育的基本政策，把提高质量作为教育改革发展的核心任务。提出要巩固提高九年义务教育水平，将义务教育作为教育工作的重中之重，将均衡发展作为义务教育的战略性任务。到2020年，全面提高普及水平，全面提高教育质量，基本实现区域内均衡发展，确保适龄儿童少年接受良好义务教育。

2013年，党的十八届三中全会审议通过的《关于全面深化改革若干重大问题的决定》提出，要全面深化教育领域综合改革，大力促进教育公平，健全家庭经济困难学生资助体系，构建利用信息化手段扩大优质教育资源覆盖面的有效机制，逐步缩小区域、城乡、校际差距；统筹城乡义务教育资源均衡配置，实行公办学校标准化建设和校长教师交流轮岗，不设重点学校重点班，破解择校难题，标本兼治减轻学生课业负担。

2016年，国务院出台《关于统筹推进县域内城乡义务教育一体化改革发展的若干意见》进一步指出，义务教育是教育工作的重中之重，是国家必须保障的公益性事业，是必须优先发展的基本公共事业，是脱贫攻坚的基础性事业。该意见还提出：统筹推进县域内城乡义务教育一体化改革发展。适应全面建设小康社会需要，合理规划城乡义务教育学校布局建设，完善城乡义务教育经费保障机制，统筹城乡教育资源配置，向乡村和城乡结合部倾斜，大力提高乡村教育质量……巩固和均衡发展九年义务教育，加快缩小县域内城乡教育差距。

这一时期促进义务教育均衡发展的政策措施主要包括：

第一，明确义务教育均衡发展的基本目标。到2020年，推进义务教育均衡发展的基本目标是：每一所学校符合国家办学标准，办学经费得到保障；教育资源满足学校教育教学需要，开齐国家规定课程；教师配置更加合理，提高教师整体素质；学校班额符合国家规定标准，消除“大班额”现象；率先在县域内实现义务教育基本均衡发展，县域内学校之间差距明显缩小；到2020年，全国义务教育巩固率达到95%，实现基本均衡的县（市、区）比例达到95%。

第二，要建立健全义务教育均衡发展保障机制。现阶段，就是要贯彻落实国务院《关于进一步完善城乡义务教育经费保障机制的通知》，整合农村义务教育经费保障机制和城市义务教育奖补政策，建立统一的中央和地方分项目、按比例分担的城乡义务教育经费保障机制，包括统一城乡义务教育“两免一补”政策，统一城乡义务教育学校生均公用经费基准定额，巩固完善农村地区义务教育学校校舍安全保障长效机制，巩固落实城乡义务教育教师工资政策。其中，实现“两免一补”和生均公用经费基准定额资金随学生流动可携带。同时，进一步均衡配置教师、设备、图书、校舍等资源，推进义务教育学校标准化建设。

第三，努力缩小义务教育的校际、城乡、区域差距。按照国家“十三五”规划目标要求，应基本实现县域校际资源均衡配置：一是切实缩小校际差距，加快薄弱学校改造，促进县（区）域内教师、校长交流，实行优质普通高中和优质中等职业学校招生名额合理分配到区域内初中，实行县（区）域内教师、校长交流制度，着力解决择校问题；二是加快缩小城乡差距。建立城乡统一、重在农村的义务教育经费保障机制，在财政拨款、学校建设、教师配置等方面向农村倾斜，从而率先在县（区）域内实现城乡均衡发展，逐步在更大范围内推进；三是努力缩小区域差距。加大对革命老区、民族地区、边疆地区、贫困地区义务教育的转移支付力度，鼓励发达地区支援欠发达地区。

小资料

2015年中央财政支持城乡义务教育发展情况

2015年，中央财政按照“保基本、补短板、提质量、促公平”的思路，进一步加大投入力度，推动义务教育均衡发展，提高教育教学质量。

一是注重“保基本”，落实义务教育经费保障政策。安排1 051亿元，支持落实农村义务教育经费保障机制和城市学生免除学杂费政策。进一步巩固完善农村中小学校舍安全保障长效机制，将校舍单位面积维修改造补助标准统一提高200元，达到中部地区每平方米800元、西部地区每平方米900元，在此基础上继续提高北方取暖地区学校补助标准。全国约1.1亿名农村学生全部享受免学杂费和免费教科书政策，小学一年级新生可以获得正版字典，中西部地区约1 240万名家庭经济困难寄宿生获得生活费补助；全国约2 944万名城市学生享受免学杂费政策或相应补助。

二是注重“补短板”，着力支持解决突出问题。安排330亿元，支持全面改善贫困地区义务教育薄弱学校基本办学条件。安排200.6亿元，继续实施农村义务教育学生营养改善计划，惠及学生约3 320万名。

三是注重“提质量”，加强农村教师队伍建设。安排57.3亿元，将农村义务教育阶段学校教师特设岗位计划实施范围扩大到省级扶贫开发工作重点县，重点支持中西部老少边穷岛扩充乡村教师队伍，并提高工资性补助标准为4 000元，达到西部地区年人均3.1万元、中部地区年人均2.8万元。安排20亿元，继续实施国培计划，重点聚焦中西部地区乡村教师校长培训。安排3.34亿元，继续支持各地选派优秀义务教育阶段教师到边远贫困地区、边疆民族地区和革命老区支教。落实好连片特困地区乡村教师生活补助政策。

四是注重“促公平”，保障特殊群体平等接受义务教育。安排114.49亿元，支持地方解决进城务工人员随迁子女接受义务教育问题。安排6.7亿元，单列农村义务教育阶段特殊教育学校和随班就读残疾学生公用经费补助，标准达到每年生均4 000元。安排4.1亿元，用于特殊教育学校配备基本的教学和康复设备、设立特殊教育资源（中心）教室、开展“医教结合”区域实验试点等。

（资料来源：中华人民共和国财政部网站，2016-12-31）

2. 提高义务教育质量

为进一步落实科教兴国战略，全面推进教育改革和发展，国务院于1999年1月批转了教育部《面向21世纪教育振兴行动计划》，提出“跨世纪素质教育工程”及“跨世纪园丁工程”。1999年6月中共中央、国务院召开第三次全国教育工作会议，颁布《关于深化教育改革　全面推进素质教育的决定》，进一步将素质教育上升为党和国家最高教育政策目标，并将素质教育扩展到教育各个阶段和学校、家庭、社会各个方面；同时提出继续把“两基”作为教育的“重中之重”、扩大高中教育和高等教育、改革教育体制、改革课程体系和加快招生考试和评价制度改革，努力为素质教育的实施创造条件。这两个重要文件成为我国新世纪教育改革和发展政策取向的纲领性文献。

为了深入贯彻这两个重要文件精神，结合“普九”以后教育出现的新情况、新问题，国务院于2001年5月颁布《关于基础教育改革与发展的决定》和2003年9月颁布的《关于进一步加强农村教育工作的决定》，进一步提出新世纪基础教育和量大面广的农村教育改革与发展的新目标、新战略。

2001年6月，教育部印发《基础教育课程改革纲要（试行）》，提出：大力推进基础教育课程改革，调整和改革基础教育的课程体系、结构、内容，构建符合素质教育要求的新的基础教育课程体系，努力推进素质教育，提高教育质量。该《纲要》还提出：改变课程目标过于注重知识传授的倾向，强调形成积极主动的学习态度，使获得基础知识与基本技能的过程同时成为学会学习和形成正确价值观的过程；改变课程结构过于强调学科本位、科目过多和缺乏整合的现状，整体设置九年一贯的课程门类和课时比例，并设置综合课程，以适应不同地区和学生发展的需求，体现课程结构的均衡性、综合性和选择性；改变课程内容“难、繁、偏、旧”和过于注重书本知识的现状，加强课程内容与学生生活以及现代社会和科技发展的联系，关注学生的学习兴趣和经验，精选终身学习必备的基础知识和技能；改变课程实施过于强调接受学习、死记硬背、机械训练的现状，倡导学生主动参与、乐于探究、勤于动手，培养学生搜集和处理信息的能力、获取新知识的能力、分析和解决问题的能力以及交流与合作的能力；改变课程评价过分强调甄别与选拔的功能，发挥评价促进学生发展、教师提高和改进教学实践的功能；改变课程管理过于集中的状况，实行国家、地方、学校三级课程管理，增强课程对地方、学校及学生的适应性。

《教育规划纲要》提出在新的发展阶段，巩固提高教育质量包括四个方面内容：一是要严格执行义务教育国家课程标准、教师资格标准；二是深化课程与教学方法改革，推行小班教学；三是配齐音乐、体育、美术等学科教师，开足、开好规定课程；四是建立国家义务教育质量基本标准和监测制度。另外，纲要还提出要大力开展“阳光体育”运动，保证学生每天锻炼1小时，不断提高学生体质健康水平；减轻过重课业负担，率先实现小学生减负。

3. 发挥教育信息化对均衡发展和提高质量的支撑引领作用

2016年6月，教育部研究制定了《教育信息化“十三五”规划》，提出到2020年，基本建成“人人皆学、处处能学、时时可学”、与国家教育现代化发展目标相适应的教育信息化体系；基本实现教育信息化对学生全面发展的促进作用、对深化教育领域综合改革的支撑作用和对教育创新发展、均衡发展、优质发展的提升作用。要求基本实现各级各类学校宽带网络全覆盖与网络教学环境全覆盖，优质数字教育资源服务基本满足信息化教学需求和个性化学习需求，网络学习空间应用普及，实现“一生一空间、生生有特色”；信息技术与教育教学融合进一步深入，教师信息化教学能力、学生信息素养显著提升。在具体措施上，提出要加快推进“宽带网络校校通”，基本实现各级各类学校宽带网络的全面覆盖，具备条件的教学点实现宽带网络接入；有效提升各类学校和教学点出口带宽；推进“无线校园”建设，将学校网络教学环境和备课环境建设纳入义务教育学校建设标准，鼓励具备条件的学校配备师生用教学终端；不断扩大优质教育资源覆盖面，优先提升教育信息化促进教育公平、提高教育质量的能力。深入推进三个课堂建设，积极推动“专递课堂”建设，巩固深化“教学点数字教育资源全覆盖”项目成果，进一步提高教学点开课率，提高教学点、薄弱校教学质量；推广“一校带多点、一校带多校”的教学和教研组织模式，逐步使依托信息技术的“优质学校带薄弱学校、优秀教师带普通教师”模式制度化，推动形成“课堂用、经常用、普遍用”的信息化教学新常态。

第二节 如何理解小学教育政策体系

教育政策各种层次、类型之间往往构成一定的关系，进而在不断发展和完善过程中形成一定的体系结构。这种体系结构使得教育政策有着各自不同的性质和功能，具有各自的政策权力和相互间的从属关系。如果这种政策体系不合理、不完备、不统一，就有可能出现政策之间的空白、漏洞，以及政策之间的矛盾和冲突。这会给政策实施带来一定的困难和麻烦，进而造成教育工作上的混乱和问题。因此，弄清教育政策体系结构及其特征，有利于制定和实施小学教育政策。

教育政策的体系结构，可以从层次、类型和形式三个维度来理解和把握。

一、教育政策的层次结构

根据层次和从属关系，教育政策分为纲领性政策、基本政策和具体政策。

（一）教育纲领性政策

教育纲领性政策指导整个教育事业，在宏观上调控整个教育事业及其在国民经济建设和社会发展中总的利益关系，是一个时期党和国家教育的总方针、总政策。纲领性政策既是党和国家总的政策在教育方面的体现和具体化，又是制定教育基本政策和具体政策的依据。我国教育的纲领性政策主要体现在党和国家关于教育的重要报告、决定、决议、纲要当中，有的还被进一步法律化为《宪法》及《教育法》条文。反过来，一些经过一定法律程序被法律化为《宪法》和教育基本法的教育法律原则，往往也会反映到党和国家关于教育的重要报告、决定、决议和纲要中来，成为教育的纲领性政策。这两者是相通和统一的，共同代表党和国家的最高意志与人民群众的根本利益。

我国教育的纲领性政策主要包括教育性质、教育方针、受教育权、教育地位、教育基本原则、教育基本制度、教育基本内容和公民素质要求等，反映在新时期以来党和国家最高领导机构颁布的《关于教育体制改革的决定》《中国教育改革和发展纲要》《关于深化教育改革　全面推进素质教育的决定》《教育规划纲要》中，有的还进一步法律化为《宪法》《教育法》《义务教育法》等教育法律法规的内容。

1. 教育性质

《宪法》第十九条第一款规定："国家发展社会主义的教育事业，提高全国人民的科学文化水平。"《教育法》第三条规定："国家坚持以马克思列宁主义、毛泽东思想和建设有中国特色社会主义理论为指导，遵循《宪法》确定的基本原则，发展社会主义教育事业。"

2. 教育方针

1957年在生产资料所有制的社会主义改造基本完成以后，毛泽东同志在最高国务会议上所作《关于正确处理人民内部矛盾的问题》的讲话中提出："我们的教育方针，应该使受教育者在德育、智育、体育几方面都得到发展，成为有社会主义觉悟的有文化的劳动者。”

1982年第五届全国人民代表大会第五次会议通过的《宪法》总纲第四十六条规定：“国家培养青年、少年、儿童在品德、智力、体质等方面全面发展。”

1983年，邓小平同志提出：“教育要面向现代化，面向世界，面向未来。”[①]

1985年中共中央《关于教育体制改革的决定》指出：“教育必须为社会主义建设服务，社会主义建设必须依靠教育。……所有这些人才，都应该有理想、有道德、有文化、有纪律，热爱社会主义祖国和社会主义事业，具有为国家富强和人民富裕而艰苦奋斗的奉献精神，都应该不断追求新知，具有实事求是、独立思考、勇于创造的科学精神。”

《中国教育改革和发展纲要》

1993年中共中央、国务院在《中国教育改革和发展纲要》中提出：“必须坚持教育为社会主义现代化建设服务，与生产劳动相结合，自觉地服从和服务于经济建设这个中心，促进社会的全面进步。”1995年颁布的《教育法》在法律上确认了这一教育方针。

《关于深化教育改革 全面推进素质教育的决定》

1999年中共中央、国务院《关于深化教育改革 全面推进素质教育的决定》提出：“实施素质教育，就是全面贯彻党的教育方针，以提高国民素质为根本宗旨，以培养学生的创新精神和实践能力为重点，造就‘有理想、有道德、有文化、有纪律’的、德智体美等全面发展的社会主义建设者和接班人。”“全面推进素质教育，要面向现代化、面向世界、面向未来，使受教育者坚持学习科学文化与加强思想修养的统一，坚持学习书本知识与投身社会实践的统一，坚持实现自身价值与服务祖国人民的统一，坚持树立远大理想与进行艰苦奋斗的统一。全面推进素质教育，要坚持面向全体学生，为学生的全面发展创造相应的条件，依法保障适龄儿童和青少年的基本权利，尊重学生身心发展特点和教育规律，使学生生动活泼、积极主动地得到发展。”

《关于基础教育改革与发展的决定》

2001年，国务院《关于基础教育改革与发展的决定》提出，党的十六大进一步确立党和国家的教育方针是：“坚持教育必须为社会主义现代化服务，为人民服务，必须与生产劳动和社会实践相结合，培养德智体美等全面发展的社会主义建设者和接班人。”十七大、十八大在这一教育方针表述的基础上，进一步发展和完善，突出了立德树人和育人为本，提出提高教育现代化水平，办好人民满意的教育。

---

① 邓小平．邓小平文选：第3卷［M］．北京：人民出版社，1993：35.

2015年新修的《教育法》确立了“教育必须为社会主义现代化建设服务、为人民服务，必须与生产劳动和社会实践相结合，培养德、智、体、美等方面全面发展的社会主义建设者和接班人”的教育方针。

3. 受教育权

《宪法》第二章“公民的基本权利和义务”规定：

第三十六条　第三款　国家保护正常的宗教活动。任何人不得利用宗教进行破坏社会秩序、损害公民身体健康、妨碍国家教育制度的活动。

第四十五条　第三款　国家和社会帮助安排盲、聋、哑和其他有残疾的公民的劳动、生活和教育。

第四十六条　中华人民共和国公民有受教育的权利和义务。

第四十七条　中华人民共和国公民有进行科学研究、文学艺术创作和其他文化活动的自由。国家对于从事教育、科学、文学、艺术和其他文化事业的公民的有益于人民的创造性工作，给以鼓励和帮助。

《教育法》第九条规定：“中华人民共和国公民有受教育的权利和义务。公民不分民族、种族、性别、职业、财产状况、宗教信仰等，依法享有平等的受教育机会。”

第十条规定：“国家根据各少数民族的特点和需要，帮助各少数民族地区发展教育事业。国家扶持边远贫困地区发展教育事业。国家扶持和发展残疾人教育事业。”

《义务教育法》第一条规定：“为了保障适龄儿童、少年接受义务教育的权利，保证义务教育的实施，提高全民族素质，根据宪法和教育法，制定本法。”第四条“凡具有中华人民共和国国籍的适龄儿童、少年，不分性别、民族、种族、家庭财产状况、宗教信仰等，依法享有平等接受义务教育的权利，并履行接受义务教育的义务。”较1986年增加了“不分家庭财产状况、宗教信仰等”，将原先“应当入学接受规定年限的义务教育”修改为“依法享有平等接受义务教育的权利，并履行接受义务教育的义务”，进一步突出了儿童、少年平等接受义务教育的权义统一性；取消了“第七条　义务教育可以分为初等教育和初级中等教育两个阶段。在普及初等教育基础上普及初级中等教育”，以确保儿童、少年接受义务教育的完整性和一贯性。另外，增加第五条第一款“各级人民政府及其有关部门应当履行本法规定的各项职责，保障适龄儿童、少年接受义务教育的权利”，突出了政府在保障适龄儿童、少年接受义务教育权利上的法律责任。

4. 教育地位

《宪法》第十九条第三款规定：“国家发展各种教育设施，扫除文盲，对工人、农民、国家工作人员和其他劳动者进行政治、文化、科学、技术、业务的教育，鼓励自学成才。”

《教育法》第四条规定：“教育是社会主义现代化建设的基础，国家保障教育事业优先发展。全社会应当关心和支持教育事业的发展。全社会应当尊重教师。”

中共中央《关于教育体制改革的决定》指出：“教育必须为社会主义建设服务，社会主义建设必须依靠教育。”

《中国教育改革和发展纲要》根据党的十四大报告指出的“必须把教育摆在优先发展的战略地位，努力提高全民族的思想道德和科学文化水平，这是实现我国现代化的根本大计”，进一步提出：“各级政府、广大教育工作者和全社会，必须对教育的改革和发展具有紧迫感，真正树立社会主义建设必须依靠教育和‘百年大计，教育为本’的思想，采取切实有力的措施，落实教育的战略地位，加速教育的改革和发展，开创教育事业的新局面。”

党的十五大报告指出：“培养同现代化要求相适应的数以亿计高素质的劳动者和数以千万计的专门人才，发挥我国巨大人力资源的优势，关系二十一世纪社会主义事业的全局。要切实把教育摆在优先发展的战略地位。”

党的十六大报告指出：“教育是发展科学技术和培养人才的基础，在现代化建设中具有先导性、全局性作用，必须摆在优先发展的战略地位。”

党的十七大报告指出：“优先发展教育，建设人力资源强国。教育是民族振兴的基石，教育公平是社会公平的重要基础。”

党的十八大报告指出：“教育是民族振兴和社会进步的基石。要坚持教育优先发展。”

2010—2020年的《教育规划纲要》指出：“百年大计，教育为本。教育是民族振兴、社会进步的基石，是提高国民素质、促进人的全面发展的根本途径，寄托着亿万家庭对美好生活的期盼。强国必先强教。优先发展教育、提高教育现代化水平，对实现全面建设小康社会奋斗目标、建设富强民主文明和谐的社会主义现代化国家具有决定性意义。”“国运兴衰，系于教育；教育振兴，全民有责。在党和国家工作全局中，必须始终坚持把教育摆在优先发展的位置。”在落实教育优先发展战略上，明确提出了“三个优先”：各级党委和政府要把优先发展教育作为贯彻落实科学发展观的一项基本要求，切实保证经济社会发展规划优先安排教育发展，财政资金优先保障教育投入，公共资源优先满足教育和人力资源开发需要。

5. 教育基本制度

《宪法》第十九条第二款规定：“国家举办各种学校，普及初等义务教育，发展中等教育、职业教育和高等教育，并且发展学前教育。”第四十二条第四款规定：“国家对就业前的公民进行必要的劳动就业训练。”修订后的《教育法》在第二章规定了我国教育基本制度，在原来基础上增加了“第十八条 国家制定学前教育标准，加快普及学前教育，构建覆盖城乡，特别是农村的学前教育公共服务体系”。第二十条将原先的“成人教育”改为“继续教育”；并增加“促进不同类型学习成果的互认和衔接，推动全民终身学习”，突出了终身学习及其路径，使我国整个教育基本制度更加完善、全面覆盖。

6. 教育基本内容和公民素质要求

小资料
我国教育基本制度

《宪法》第二十四条规定："国家通过普及理想教育、道德教育、文化教育、纪律和法制教育，通过在城乡不同范围的群众中制定和执行各种守则、公约，加强社会主义精神文明的建设。国家提倡爱祖国、爱人民、爱劳动、爱科学、爱社会主义的公德，在人民中进行爱国主义、集体主义和国际主义、共产主义的教育，进行辩证唯物主义和历史唯物主义教育，反对资本主义的、封建主义的和其他的腐朽思想。"修订后的《教育法》第六条规定："教育应当坚持立德树人，对受教育者加强社会主义核心价值观教育，增强受教育者的社会责任感、创新精神和实践能力。国家在受教育者中进行爱国主义、集体主义、中国特色社会主义的教育，进行理想、道德、纪律、法治、国防和民族团结的教育。"其中，增加"中国特色社会主义的教育"，将"法制"教育改为"法治"教育。第七条规定："教育应当继承和弘扬中华民族优秀的历史文化传统，吸收人类文明发展的一切优秀成果。"

（二）教育基本政策

教育基本政策是对教育工作具有普遍指导意义、为解决教育改革和发展的基本问题而制定的教育政策。按照我国学者研究的观点，教育基本政策包括教育质量政策、教育体制政策、教育经费政策和教师政策。①这四大政策构成一个国家教育改革和发展所需要的基本政策，是一个国家教育政策的基本架构，也是各级各类教育政策的重要支柱。《教育规划纲要》提出把促进公平作为国家基本教育政策，"教育公平的关键是机会公平，基本要求是保障公民依法享有受教育的权利，重点是促进义务教育均衡发展和扶持困难群体，根本措施是合理配置教育资源，向农村地区、边远贫困地区和民族地区倾斜，加快缩小教育差距。教育公平的主要责任在政府，全社会要共同促进教育公平"。

教育质量政策是解决人才培养的质量标准、实施过程和评价问题的政策规定。《教育规划纲要》提出把提高质量作为教育改革发展的核心任务。要求树立科学的质量观，把促进人的全面发展、适应社会需要作为衡量教育质量的根本标准；建立以提高教育质量为导向的管理制度和工作机制，把教育资源配置和学校工作重点集中到强化教学环节、提高教育质量上来。制定教育质量国家标准，建立健全教育质量保障体系。具体地，教育质量政策又包括一个国家教育的培养目标、课程政策、教学政策、德育政策、教育评价、督导政策、考试政策等。

教育体制政策指各级各类教育发展和运行的政策规定，以协调各级各类教育之间的关系和各级教育管理之间的关系。《教育规划纲要》指出，深化教育体制改革，关键是更新教育观念，核心是改革人才培养体制。围绕这一核心，制定一系列

① 孙绵涛．关于国家教育政策体系的探讨［J］．教育研究，2001（3）：8.

体现改革精神的教育体制政策：以考试招生制度改革为突破口，克服一考定终身的弊端，推进素质教育实施和创新人才培养；推进政校分开、管办分离，建设依法办学、自主管理、民主监督、社会参与的现代学校制度；健全政府主导、社会参与、办学主体多元、办学形式多样、充满生机活力的办学体制，形成以政府办学为主体、全社会积极参与、公办教育和民办教育共同发展的格局；明确各级政府责任，规范学校办学行为，促进管办评分离，形成政事分开、权责明确、统筹协调、规范有序的教育管理体制，在中央政府统一领导和管理国家教育事业的同时，加强省级政府对区域内各级各类教育统筹。扩大教育开放，加强国际交流与合作，引进优质教育资源，提高交流合作水平。

教育经费政策是解决教育经费来源、筹措、分配、管理和使用等问题的政策规定。如，在教育经费的来源和筹措上，如何处理政府、社会、学生家庭以及学校等方面在教育经费上的分担比例，以及中央政府与地方政府在基础教育经费上的投入关系；如何进行各级各类教育经费政策的分配；如何进行各项教育经费的切块与管理等。《教育规划纲要》提出，将教育投入作为支撑国家长远发展的基础性、战略性投资，作为教育事业的物质基础和公共财政的重要职能。要健全以政府投入为主、多渠道筹集教育经费的体制，大幅度增加教育投入，把教育作为财政支出重点领域予以优先保障。提高国家财政性教育经费支出占国内生产总值比例，2012年达到4%。明确将义务教育全面纳入财政保障范围，实行国务院和地方各级人民政府根据职责共同负担，省、自治区、直辖市人民政府负责统筹落实的投入体制。加强经费管理，坚持依法理财，建立科学化、精细化预算管理机制，科学编制预算，提高预算执行效率。完善学校收费管理办法，规范学校收费行为和收费资金使用管理。坚持勤俭办学，严禁铺张浪费，建设节约型学校。

教师政策旨在解决如何培养和建设一支数量充足、结构合理、水平优良的教师队伍的问题。为此，应通过制度和措施对教师培养、教师选拔和准入、教师人力资源管理与开发、教师编制与录用、教师培训与晋升、教师工资与福利等，作出相应的政策规范。为贯彻落实《教育规划纲要》对于教师队伍建设的政策要求，2012年8月国务院《关于加强教师队伍建设的意见》制定出台了新时期教师工作基本政策，提出要遵循教育规律和教师成长发展规律，把促进学生健康成长作为教师工作的出发点和落脚点，围绕促进教育公平、提高教育质量的要求，加强教师工作薄弱环节，创新教师管理体制机制，以提高师德素养和业务能力为核心，全面加强教师队伍建设，为教育事业改革发展提供有力支撑。到2020年，形成一支师德高尚、业务精湛、结构合理、充满活力的高素质、专业化教师队伍。

（三）教育具体政策

教育具体政策是根据教育纲领性政策和基本政策，对教育事业和教育活动中具体的利益关系和政策问题进行处理和安排的一系列教育政策文件、规定、条理等。如《关于规范农村义务教育学校布局调整的意见》《中小学校园环境管理的暂行规定》《流动儿童少年就学暂行规定》《基础教育课程改革纲要（试行）》《中小学财务制度》《农村义务教育学生营养改善计划专项资金管理暂行办法》《关于做好进城务工人员随迁子女接受义务教育后在当地参加升学考试工作的意见》《乡村教师支持计划（2015—2020年）》等，这些教育政策具有很强的操作性和指向性。

二、教育政策的类型结构

我国学者研究认为，从空间上，可以把教育政策分为全国性教育政策、地区性教育政策和学区性教育政策；从层次上，可以把教育政策分为学前教育政策、初等教育（小学教育）政策、中等教育政策、高等教育政策；从影响范围上，可以分为对部分教育活动产生影响的教育政策和对所有教育活动产生影响的教育政策。[①]这里介绍根据政策目标和调控对象及其所发挥的作用与功能，对教育政策进行的分类。

（一）鼓励性教育政策

鼓励性教育政策是发挥教育政策的导向功能，通过一定的政策手段对政策调控对象进行激励和引导，以达到一定的政策目标。它往往是引导政策调控对象的积极作为，以加强某一方面的教育工作，促进教育增长和发展，提高教育质量和水平。如《爱国主义教育实施纲要》《教师和教育工作者奖励规定》《教学成果奖励条例》《乡村教师支持计划（2015—2020年）》等。

鼓励性教育政策

（二）规范性教育政策

规范性教育政策是对一定的教育利益关系、教育活动的运行和管理进行一系列政策规定和制约，协调教育事业和具体教育活动内外关系的行动依据和准则。这种规范既不是鼓励性的，也不是限制和抑制性的，而是对教育政策调控对象进行一种规约，以兼顾和协调各方面利益和关系，通常以规定、规则、要求、规程、办法等形式下发。如《小学管理规程》《中小学教师职业道德规范（2008年修订）》《中小学图书馆（室）规程》《小学生日常行为规范（修订）》《中小学教师继续教育规定》《关于推进县（区）域内义务教育学校校长教师交流轮岗的意见》《关于建立健全中小学师德建设长效机制的意见》《关于加强师范生教育实践的意见》等。

规范性教育政策

（三）限制性教育政策

限制性教育政策是对教育领域的活动和教育政策实施主体行为进行一定的控制，使教育利益主体以一

限制性教育政策

① 袁振国．全面建设小康社会时期的教育政策［J］．教育研究，2003(6)：15.

种不作为的方式，避免、制止、杜绝那些有损于政策利益主体利益的行为。如《教育行政处罚实施办法》《关于减轻小学生课业负担过重问题的若干决定》《中小学教师违反职业道德行为处理方法》等。

三、教育政策的形式结构

教育政策的决策主体是有特定范围和资格限定的。我国教育政策的决策主体主要包括中央和地方党委、各级人民代表大会（主要是其中的教科文卫委员会）、政府（主要是其中的各级教育行政主管部门）。[①]由于决策主体的不同，我国教育政策主要包括以下一些形式。

（一）党的政策文件

我国实行中国共产党领导下的多党合作制，党的方针、政策和路线是各种政策制定和执行的最高依据和纲领。党的政策文件一般包括：

1.《中国共产党章程》

党章规定了我们党最基本的政治纲领、组织纲领。党章的许多规定尽管不是直接和专门针对教育的，却是我们制定和执行教育政策的根本依据。

2. 中国共产党全国代表大会的决议

中国共产党中央委员会及其全国代表大会一直关心和关注教育问题。在历次全国代表大会的决议和报告中，都对教育提出一些重要的政策主张。尤其是改革开放以来的每一次党的全国代表大会都对教育的地位、任务、方针、发展等根本问题提出科学的论断，指导各个时期我国教育的改革和发展。

3. 党中央制定和批准的文件

在党的全国代表大会闭会期间，由中央委员会执行全国代表大会的决议。党的中央委员会为贯彻执行党的全国代表大会决议所制定的有关教育方面的文件，是党的重要的教育政策。此外，党的地方各级领导机关、党中央的各部门也根据不同情况和需要，制定和批准有关的教育政策性文件。

（二）全国人民代表大会制定和批准的教育政策性文件

全国人民代表大会及其常委会、各级地方人民代表大会及其常委会作为国家和地方的权力机关，在制定和批准教育方面的法律、法规，进而指导和制约教育政策制定的同时，也通过其所批准的政府工作报告等形式和途径，制定和出台有关教育的政策性文件，有的进一步被法律化，成为教育法律和法规条文和规定。

（三）中共中央、国务院颁布的教育政策文件

中共中央、国务院共同发布的决议、指示、决定，具有法规性和政策性的双重作用。如，中共中央、国务院颁布的《教育规划纲要》，是21世纪我国第一个中长期教

① 张新平．教育政策概念的规范化问题［J］．湖北大学学报（哲学社会科学版），1999（1）：26.

育规划纲要、一项纲领性教育政策。《关于基础教育改革与发展的决定》《关于深入推进义务教育均衡发展的意见》《关于加强教师队伍建设的意见》等，是国务院为推进义务教育均衡发展和加强教师队伍建设出台的教育政策。此外，党中央的各部门与国务院所属部门，也往往根据工作的需要联合制定和下发有关教育的政策性文件。

（四）国家行政机关制定和下发的教育政策文件

1. 国务院所属部委制定和批准下发的有关教育的政策文件

国务院所属部委有关教育的政策性文件，主要是由教育部作为教育的行政主管部门制定和批准的。如教育部《关于实施卓越教师培养计划的意见》。同时，国务院相关部委也经常联合制定和批准有关教育方面的政策文件。由国务院所属部委制定、经国务院批准下发或由国务院转发的教育政策文件，其效力高于国务院所属部委自身制定和下发的文件。如教育部、发改委、公安部、人力资源社会保障部联合下发的《关于做好进城务工人员随迁子女接受义务教育后在当地参加升学考试工作的意见》。

2. 地方政府及教育主管部门依照法律或上级文件规定的权限制定的有关教育的政策文件

地方政府及教育主管部门依照法律或上级文件规定的权限，结合本区域及部门现实实际和教育发展需要，制定有关贯彻落实国家及上级教育主管部门的相关教育政策的实施意见、方案，或经过一定的程序制定本地或本部门的教育政策、文件。

案例库

十条“师德红线”　违反者或被开除

2015年3月16日，长沙市教育局印发《长沙市中小学教师违反职业道德行为处理实施细则(试行)》(以下简称《细则》)。《细则》将教师体罚、性骚扰学生或组织学生有偿补课等10种违反职业道德行为列为“师德红线”，并明确相应的处理办法。

据了解，《细则》的适用对象包括本市范围内幼儿园、特殊教育机构、普通中小学、中等职业学校、少年宫以及各级教研室、电化教育等机构的教师，也包括民办学校。

值得一提的是，《细则》明确划定了十条“师德红线”，包括：在教育教学活动中有违背党和国家方针政策言行；在教育教学活动中遇突发事件时，不履行保护学生人身安全职责；在教育教学活动和学生管理、评价中，不公平公正对待学生；在招生、考试、考核评价、职务评审、教研科研中，弄虚作假，营私舞弊；体罚学生或以侮辱、歧视等方式变相体罚学生；对学生实施性骚扰或者与学生发生不正当关系；索要或者违反规定收受家长、学生财物；组织或者参与针对学生的经营性活动，或者强制学生订购教辅资料、报刊等谋取利益；组织、要求学生参加校内外有偿补课，或者组织、参与校外培训机构对学生进行有偿补课；实施其他严重违反教育部《中小学教师职业道德规范（2008年修订）》的行为。

根据《细则》内容，对教师给予处分包括警告、记过、降低专业技术职务等级、撤销专业技术职务或者行政职务、开除。其中，警告期限为6个月，记过期限为12个月，降低专业技术职务等级、撤销专业技术职务或者行政职务期限为24个月。教师受到开除处分的，解除聘用合同。

（资料来源：搜狐教育，2016-12-31）

以上两种类型的教育政策，以及不同政策主体所制定、批准的教育政策性文件，其作用和效力是不同的。一般说来，教育的基本政策指导和制约具体政策的制定与执行，上一级制定和批准的教育的政策性文件指导和制约下一级教育政策的制定与执行。

四、小学教育政策在教育政策体系中的定位

从以上关于教育政策的层次、类型和形式结构分析中，我们在对教育政策体系有了整体把握后，应当进一步理解和确立小学教育政策在整个教育政策体系中的定位。

（一）小学教育政策体系的政策依据与基础

1. 教育纲领性政策和基本政策

小学教育政策应当充分体现和贯彻我国教育的纲领性政策，并在各项教育基本政策的指导和制约下进行政策活动。小学教育政策不可能脱离和违背教育纲领性政策和基本政策而另搞一套政策，或与这些总的政策相抵触、相违背。

2. 与小学教育关联的上位教育政策

小学教育是义务教育的初级阶段，小学教育政策必须遵循义务教育相关的法律和政策，体现义务教育的性质和目标，适用于义务教育的教育对象和活动，同时也享有义务教育的相关权利和法律保护。尤其是义务教育是国家统一实施的所有适龄儿童、少年必须接受的教育，是国家必须予以保障的公益性事业，遵守义务教育学校的教育教学要求，实现义务教育的目标和标准。在这一点上，小学教育政策应当与学前教育、中等教育的高中阶段以及高等教育政策有质的不同。凡是义务教育方面的政策与法规要求，基本上都适用于小学教育政策。但这不等于说，对初中的政策要求也都适用于小学。如在小学毕业后，初中阶段纳入义务教育，可以实现一定的分流，开展职业技术教育。即初中义务教育可以通过初级职业技术教育来完成，而小学教育则是一种普通教育。

需要注意的是，随着义务教育的发展，小学教育与初级中等教育进一步衔接并逐步走向九年一贯制，小学教育与初中阶段教育在很多政策上趋于一致。

（二）小学教育政策的自身体系

小学教育政策在遵循、执行上述一系列教育纲领性政策、基本政策和相关上位

政策的同时，由于小学教育自身学制体系的特殊性质和地位，在调节一些特有利益关系和调控一些特定的教育活动时，应有自身相对特殊的政策要求。

《宪法》第十九条第二款明确规定："国家举办各种学校，普及初等义务教育……"这在国家根本大法的高度，给小学教育政策的制定和实施提供了法律依据和政策空间。它意味着小学教育在遵循和执行一般教育政策的同时，应当而且也有权利和必要形成小学教育自身的政策体系。《教育法》也规定："国家实行学前教育、初等教育、中等教育、高等教育的学校教育制度。"这意味着，小学教育是与学前教育、中等教育、高等教育相互衔接又相对独立的一种学校教育制度。此外，国家层面一些具体的教育法律、法规和教育政策也为小学教育政策体系的建立和形成提供了法律和政策条件。如中共中央、国务院《关于深化教育改革　全面推进素质教育的决定》指出："在普及九年义务教育的地区，实行小学毕业生免试就近升学的办法。"国务院《关于基础教育改革与发展的决定》对小学教育在课程结构和成绩评定上，明确提出与中等教育不同的政策要求。《教育规划纲要》把减轻课业负担落实到中小学教育全过程的同时，要求"率先实现小学生减负"。

第三节　小学教育阶段有哪些基本政策

本节将根据我国现有的教育政策，梳理并形成小学教育政策体系，我们能从中发现小学教育政策体系的结构特点和一些薄弱环节。这些，应当成为小学教育政策制定和研究的重要课题。

一、小学教育任务和培养目标政策

小学教育任务和培养目标是小学教育政策的核心和出发点，它是上位教育政策的统一精神要求与小学教育自身特点和规律的集中体现。在不同历史时期和条件下，小学教育任务和培养目标是不断变化和发展的。1952年教育部在《小学暂行规程（草案）》中指出：小学教育的宗旨是"根据新民主主义的教育方针和理论与实际一致的教育方法，给儿童全面的基础教育，使他们成为新民主主义社会热爱祖国和人民的、自觉的、积极的成员"。1953年政务院《关于整顿和改进小学教育的指示》指出："小学教育是整个教育建设的基础，担负着教育新生代使之成为新中国的健全的公民的重任，要切实整顿和改进。"1963年"小学四十条"进一步要求小学教育应当"贯彻教育为无产阶级政治服务，与生产劳动相结合"的方针，任务是"为社会主义建设事业培养劳动后备力量，和为高一级学校培养合格的新生"。培养目标是：

"使学生具有爱祖国、爱人民、爱劳动、爱科学、爱护公共财物等品德，拥护社会主义，拥护共产党。

使学生具有初步的阅读、写作和计算的能力，具有初步的自然常识和社会常识，培养良好的学习习惯。

使学生的身心得到正常的发展，具有健康的体质，培养良好的生活习惯和劳动习惯。”

1986年《义务教育法》对九年义务教育的培养目标做了总体规定：“义务教育必须贯彻国家的教育方针，努力提高教育质量。使儿童和少年在品德、智力、体质等方面全面发展，为提高全民族素质，培养有理想、有道德、有文化、有纪律的社会主义建设人才奠定基础。”根据这一总体要求，1992年《九年义务教育全日制小学、初级中学课程计划》提出小学阶段的培养目标：

“初步具有爱祖国、爱人民、爱劳动、爱科学、爱社会主义的思想感情，初步养成关心他人、关心集体、认真负责、诚实、勤俭、勇敢、正直、合群、活泼向上等良好品德和个性品质，养成讲文明、讲礼貌、守纪律的行为习惯，初步具有自我管理以及分辨是非的能力。

具有阅读、书写、表达、计算的基本知识和基本技能，了解一些生活、自然和社会常识，初步具有基本的观察、思维、动手操作和自学的能力，并养成良好的学习习惯。

初步养成锻炼身体和讲究卫生的习惯，具有健康的身体。具有较广泛的兴趣和健康的爱美的情趣。

初步学会生活自理，会使用简单的劳动工具，养成爱劳动的习惯。”

比较而言，在作为九年义务教育初级阶段以后，小学教育担负的任务和培养目标与20世纪60年代相比有很大的完善和提升。

《小学管理规程》

新时期以来，随着普及九年义务教育的逐步实现，“小升初”升学考试取消，小学教育与中等教育进一步衔接起来，并凸显出反对“应试教育”、提高学生素质的新目标。1996年颁布的《小学管理规程》规定：“小学教育要同学前教育和初中阶段教育互相衔接，应在学前教育的基础上，通过实施教育教学活动，使受教育者生动活泼、主动地发展，为初中阶段教育奠定基础。”基于此，《小学管理规程》还规定了新时期小学教育培养目标：

“初步具有爱祖国、爱人民、爱劳动、爱科学、爱社会主义的思想感情；遵守社会公德的意识、集体意识和文明行为习惯；良好的意志、品格和活泼开朗的性格；自我管理、分辨是非的能力。

具有阅读、书写、表达、计算的基本知识和基本技能，了解一些生活、自然和社会常识，具有初步的观察、思维、动手操作和学习的能力，养成良好的学习习惯。学习合理锻炼、养护身体的方法，养成讲究卫生的习惯，具有健康的身体和初步的环境适应能力。具有广泛的兴趣和健康的爱美情趣。”

20世纪90年代以来，素质教育进一步成为国家积极推行的一项基本教育政策，这对小学教育改革和发展起了重要的推动作用。面对终身教育和学习化社会，面对知识经济的机遇与挑战，新世纪以来我国基础教育进一步迈开改革和发展的重大步伐。2001年国务院《关于基础教育改革与发展的决定》提出，大力推进基础教育课程改革，构建符合素质教育要求的基础教育课程体系。此后颁发的《基础教育课程改革纲要（试行）》明确提出："新课程的培养目标应体现时代要求。要使学生具有爱国主义、集体主义精神，热爱社会主义，继承和发扬中华民族的优秀传统和革命传统；具有社会主义民主法制意识，遵守国家法律和社会公德；逐步形成正确的世界观、人生观、价值观；具有社会责任感，努力为人民服务；具有初步的创新精神、实践能力、科学和人文素养以及环境意识；具有适应终身学习的基础知识、基本技能和方法；具有健壮的体魄和良好的心理素质，养成健康的审美情趣和生活方式，成为有理想、有道德、有文化、有纪律的一代新人。"

《义务教育法》第三条规定："义务教育必须贯彻国家的教育方针，实施素质教育，提高教育质量，使适龄儿童、少年在品德、智力、体质等方面全面发展，为培养有理想、有道德、有文化、有纪律的社会主义建设者和接班人奠定基础。"第三十四条规定："教育教学工作应当符合教育规律和学生身心发展特点，面向全体学生，教书育人，将德育、智育、体育、美育等有机统一在教育教学活动中，注重培养学生独立思考能力、创新能力和实践能力，促进学生全面发展。"

2010年发布的《教育规划纲要》指出：坚持以人为本、全面实施素质教育是教育改革发展的战略主题，是贯彻党的教育方针的时代要求，其核心是解决好培养什么人、怎样培养人的重大问题，重点是面向全体学生、促进学生全面发展，着力提高学生服务国家服务人民的社会责任感、勇于探索的创新精神和善于解决问题的实践能力。以此为核心，要求教育工作坚持德育为先，立德树人，把社会主义核心价值体系融入国民教育全过程，构建大、中、小学有效衔接的德育体系；坚持能力为重，优化知识结构，丰富社会实践，强化能力培养，着力提高学生的学习能力、实践能力、创新能力，教育学生学会知识技能，学会动手动脑，学会生存生活，学会做人做事；坚持全面发展，促进德育、智育、体育、美育有机融合，提高学生综合素质。

二、小学教育质量政策

（一）小学德育政策

德育是全面发展教育中的重要组成部分。为确保德育在小学教育中的地位及其工作开展，加强德育工作领导，提高小学德育质量和水平，党和国家及教育主管部门制定了一系列德育政策（图3-1）。如教育部《关于学习贯彻〈中共中央　国务院关于进一步加强和改进未成年人思想道德建设的若干意见〉的实施意见》《关于整体规划大中小学德育体系的意见》《关于培育和践行社会主义核心价值观　进一步加强中小学德育工作的意见》《小学管理规程》《中小学德育工作规程》《小学德育纲要》《中

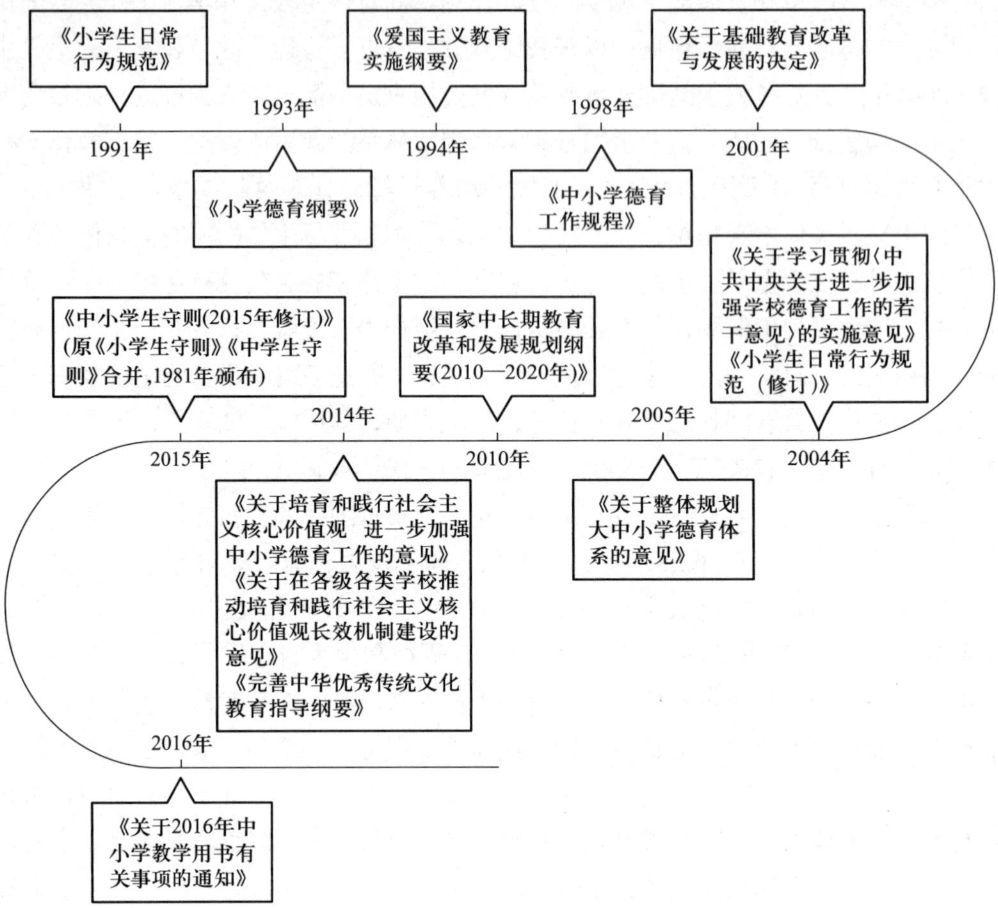

图 3–1 小学德育政策轨迹图

小学生守则（2015年修订）》《小学生日常行为规范（修订）》以及其他重要的教育政策文件中对德育方面的政策规定。其中,《小学管理规程》第二十一条至二十三条集中体现了小学德育的基本政策。

小学德育基本政策

综合党和国家及教育主管部门有关政策文件的规定，小学德育政策主要包括如下内容。

1. 小学德育的地位

按照《中小学德育工作规程》和《小学德育纲要》，德育是对学生进行政治、思想、道德和心理品质教育，是中小学素质教育的重要组成部分，对青少年学生健康成长和学校工作起着导向、动力、保证作用。小学德育属于共产主义思想道德教育体系，是社会主义精神文明建设的奠基工程，是我国学校社会主义性质的一个标志。它贯穿学校教育教学的全过程，渗透在智育、体育、美育和劳动教育之中，与其他各育相互促进、相辅相成，对促进学生的全面发展，保证人才培养的正确方向，起着主导作用。

2. 小学德育的方向和指导思想

按照《中小学德育工作规程》，中小学德育工作必须坚持以马列主义、毛泽东思想和邓小平理论为指导，把坚定正确的政治方向放在第一位。要坚持从本地区实际和青少年儿童的实际出发，遵循中小学生品德形成的规律和社会发展的要求，整体规划中小学德育体系。

3. 小学德育的培养目标

《小学德育纲要》规定小学德育的培养目标是："培养学生初步具有爱祖国、爱人民、爱劳动、爱科学、爱社会主义的思想感情和良好品德；遵守社会公德的意识和文明行为习惯；良好的意志、品格和活泼开朗的性格；自己管理自己、帮助别人、为集体服务和辨别是非的能力，为使他们成为德、智、体全面发展的社会主义事业的建设者和接班人，打下初步的思想品德基础。"

2005年教育部《关于整体规划大中小学德育体系的意见》指出，小学教育阶段德育目标是：教育帮助小学生初步培养起爱祖国、爱人民、爱劳动、爱科学、爱社会主义的情感；树立基本的是非观念、法律意识和集体意识；初步养成孝敬父母、团结同学，讲究卫生、勤俭节约、遵守纪律、文明礼貌的良好行为习惯，逐步培养起良好的意志品格和乐观向上的性格。

4. 小学德育的基本内容和要求

按照《小学德育纲要》，小学德育主要是向学生进行以"爱祖国、爱人民、爱劳动、爱科学、爱社会主义"为基本内容的社会公德教育和有关的社会常识教育（包括必要的生活常识、浅显的政治常识以及同小学生有关的法律常识），着重培养学生具有良好的道德品德和文明行为习惯，教育学生心中有他人，心中有集体，心中有人民，心中有祖国。小学德育基本内容包括：热爱祖国的教育；热爱中国共产党的教育；热爱人民的教育；热爱集体的教育；热爱劳动、艰苦奋斗的教育；努力学习、热爱科学的教育；文明礼貌、遵守纪律的教育；民主与法制观念的启蒙教育；良好的意志、品格教育；辩证唯物主义观点的启蒙教育。此外，《中小学德育工作规程》规定："中小学德育的基本内容和基本要求应当在保持相对稳定的基础上，根据形势的发展不断充实和完善。"国务院《关于基础教育改革与发展的决定》指出："小学从行为习惯养成入手，重点进行社会公德教育，进行爱祖国、爱人民、爱劳动、爱科学、爱社会主义教育，联系实际对学生进行热爱家乡、热爱集体以及社会、生活常识教育。"

2005年，教育部《关于整体规划大中小学德育体系的意见》指出，小学教育阶段德育的主要内容是：开展热爱学习、立志成才教育，开展孝亲敬长、爱集体、爱家乡教育，开展做人、做事基本道理和文明行为习惯养成教育，廾展热爱劳动和爱护环境教育，开展尊重国旗、国徽，热爱祖国文化的爱祖国教育，开展社会生活基本常识和安全教育。

2010年，《教育规划纲要》提出：要坚持立德树人，把社会主义核心价值体系融入国民教育全过程。“加强马克思主义中国化最新成果教育，引导学生形成正确的世界观、人生观、价值观；加强理想信念教育和道德教育，坚定学生对中国共产党领导、社会主义制度的信念和信心；加强以爱国主义为核心的民族精神和以改革创新为核心的时代精神教育；加强社会主义荣辱观教育，培养学生团结互助、诚实守信、遵纪守法、艰苦奋斗的良好品质。加强公民意识教育，树立社会主义民主法治、自由平等、公平正义理念，培养社会主义合格公民。加强中华民族优秀文化传统教育和革命传统教育。”

2014年，教育部印发的《关于培育和践行社会主义核心价值观 进一步加强中小学德育工作》提出：切实把立德树人作为教育的根本任务，培育和践行社会主义核心价值观，要求加强中小学德育的薄弱环节，包括加强中华优秀传统文化教育、公民意识教育、生态文明教育、心理健康教育，加强网络环境下的德育工作。

同年，教育部印发《完善中华优秀传统文化教育指导纲要》，提出：重点开展以天下兴亡、匹夫有责为重点的家国情怀教育，开展以仁爱共济、立己达人为重点的社会关爱教育，开展以正心笃志、崇德弘毅为重点的人格修养教育。要求小学低年级，以培育学生对中华优秀传统文化的亲切感为重点，开展启蒙教育，培养学生热爱中华优秀传统文化的感情。小学高年级以提高学生对中华优秀传统文化的感受力为重点，开展认知教育，了解中华优秀传统文化的丰富多彩。

2016年4月，教育部《关于2016年中小学教学用书有关事项的通知》提出：为贯彻落实党的十八届四中全会关于在中小学设立法治知识课程的要求，从2016年起，将义务教育小学和初中起始年级《品德与生活》《思想品德》教材名称统一更改为《道德与法治》。这意味着中小学德育的目标、内容和要求实现了一次新的重要变革。

5. 小学德育的实施途径

根据《中小学德育管理规程》，德育实施途径包括：思想品德课和各科教学，校级、班级工作的各种教育活动，少先队教育，家庭教育和校外教育。其中，思想品德课和各科教学是向学生进行思想品德教育最经常的途径；此外，《中小学德育管理规程》还规定了中小学应当坚持开展的各项“常规教育”，如升降国旗制度，国家的重要节日、纪念日和各民族传统节日教育活动制度，校会、班会、团队会和社会实践活动制度；贯彻落实《中小学生守则（2015年修订）》《小学生日常行为规范（修订）》，形成良好校风；定期评定品德行为和评选“三好”学生、优秀班集体的制度；学生违反校规校纪的处分制度。国务院《关于基础教育改革与发展的决定》指出：“丰富多彩的教育活动和社会实践活动是中小学德育的重要载体。小学以生动活泼的课内外教育教学活动为主。”在加强校园文化建设、优化校内育人环境的同时，有关部门应建立健全各级青少年学生校外教育联席会制度或相应机构，将青少年校外活动场所纳入社区建设规划，建立青少年学生活动场所和社会实践基地。

教育部《关于整体规划大中小学德育体系的意见》指出：要挖掘各类课程的德育资源，把德育渗透到学生学习的各个环节；明确全员育人的要求，把德育落实到教学、管理、服务的各个方面；积极开展丰富多彩的德育活动，在活动中增强德育效果；推进教育、管理、服务相结合，在关心人、帮助人中教育人、引导人；构建学校、家庭、社会紧密配合的德育网络，使德育工作由学校、向家庭辐射，向社会延伸；积极开展党团活动，充分发挥党团组织和学生组织在德育中的重要作用。

《教育规划纲要》提出：要把德育渗透于教育教学的各个环节，贯穿于学校教育、家庭教育和社会教育的各个方面，构建大中小学有效衔接的德育体系，创新德育形式，不断提高德育工作的吸引力和感染力，增强德育工作的针对性和实效性。教育部《关于培育和践行社会主义核心价值观 进一步加强中小学德育工作的意见》提出：要准确把握规律性，改进中小学德育的关键载体。一是改进课程育人，要充分发挥课程的德育功能，将社会主义核心价值观的内容和要求细化落实到各学科课程的德育目标之中。推动学科统筹，特别是加强德育、语文、历史、体育、艺术等课程教学的管理和评价，提升综合育人效果。各学科教师依据课程标准和学生实际情况，设计相应的教学活动，在传授知识和培养能力的同时，将积极的情感、端正的态度、正确的价值观自然融入课程教学全过程。二是改进实践育人，广泛开展社会实践活动，将社会主义核心价值观细化为贴近学生的具体要求，转化为实实在在的行动；把学生参加社会实践活动的情况和成效，纳入中小学教育质量综合评价和学生综合素质评价。三是改进文化育人，挖掘地域历史文化传统，因地制宜开展校园文化建设，将社会主义核心价值观融入校园物质文化、精神文化、制度文化、行为文化之中。四是改进管理育人，积极推进学校治理现代化，将社会主义核心价值观的要求贯穿于学校管理制度的每一个细节之中。

6. 小学德育的基本原则

《小学德育纲要》提出小学德育的基本原则是：坚持正确的政治方向原则；热爱学生、了解学生的原则；加强针对性的原则；坚持正面教育的原则；提高道德认识和行为训练相结合的原则；集体教育与个别教育相结合的原则；言传身教、为人师表的原则；保持教育的连续性与一致性原则。

教育部《关于整体规划大中小学德育体系的意见》指出：坚持把邓小平理论和“三个代表”重要思想作为根本指针，始终坚持学校德育的正确方向；坚持把培养有理想、有道德、有文化、有纪律的“四有”公民作为根本目标，努力培育社会主义事业的合格建设者和可靠接班人；坚持把帮助青少年学生树立正确的世界观、人生观、价值观作为根本任务，不断促进他们形成正确的思想道德观念；坚持把课堂教学和社会实践作为根本途径，不断提高学校德育的实效；坚持把有效衔接、分层实施、循序渐进、整体推进作为根本要求，始终保持学校德育的生机与活力；坚持把学校、家庭、社会共同参与、相互配合作为根本举措，切实增强德育工作的合力。

教育部在《完善中华优秀传统文化教育指导纲要》中提出，开展中华优秀传统文化教育，要坚持以下原则：中华优秀传统文化教育与培育和践行社会主义核心价值观相结合，中华优秀传统文化教育与时代精神教育和革命传统教育相结合，弘扬中华优秀传统文化与学习借鉴国外优秀文化成果相结合，课堂教育与实践教育相结合，学校教育、家庭教育、社会教育相结合，针对性与系统性相结合。

7. 小学生品德评定

品德评定包括操行评定和思想品德课考核两个方面。操行评定要求每学期进行一次，根据《小学德育纲要》《小学生日常行为规范（修订）》和《中小学生守则（2015年修订）》的要求，经过学生个人、集体和教师(包括班主任和各科教师)评定(含校外表现)，最后由班主任写出评语，记入学生成绩册，通知本人和家长，并作为评选“三好学生”、升级、升学的依据之一。思想品德课的考核应依据教学大纲和教材，着重考查学生的道德认识，考核成绩列入成绩册。

8. 小学德育管理与队伍建设

按照《小学德育纲要》《关于整体规划大中小学德育体系的意见》《中小学班主任工作规定》等，小学德育工作由国家教育行政主管部门制定方针政策和基本规章、进行宏观指导，各级教育督导部门定期进行德育专项检查和督导评估。小学德育工作实行校长负责制。校长要全面贯彻教育方针，主持制定切实可行的德育工作计划，组织开展小学的德育工作，充分发挥德育骨干的作用，领导、协调校内外各条教育途径的工作，指导全体教职工言传身教、教书育人；指导家庭教育，争取社会有关力量的支持。小学全体教职员工都是德育工作者，学校要把教书育人、管理育人、服务育人分别列入教职员工的岗位职责范围，作为教师工作评估、评聘教师职务和表彰奖励的重要依据。小学党支部书记、主管德育的校长、教导主任、少先队辅导员、思想品德课教师和班主任是小学德育工作的骨干力量。

9. 小学德育的物质保证和社会支持

《中小学德育工作规程》规定，各级教育主管部门和中小学要为德育工作的开展提供经费保证、场地、设施、德育资料库，建立德育实践基地。学校要通过建立家长委员会、开办家长学校、家长会、家访等方式，提高小学生的家庭教育水平。各级教育主管部门和学校要积极争取和鼓励社会各界、各方面人士对学校德育工作的支持，共同为小学生的健康成长提供良好的育人环境。

小资料
加强中小学诚信教育

（二）小学课程政策

课程政策指国家教育行政主管部门为了调整课程权力、课程运行方式而制定的行动纲领和准则。它着重解决“由谁来决定我们的课程”即课程权力的分配问题，包括：课程政策目标——反映课程政策问题及课程政策的方向、目的；课程政策载体——课程计划或方案、课程标准(教学大纲)以及教科书，即承载课程政策信息的文本；课程政策主体——课程政策的制定者与实施者。小学课程政策轨迹，见图3-2。

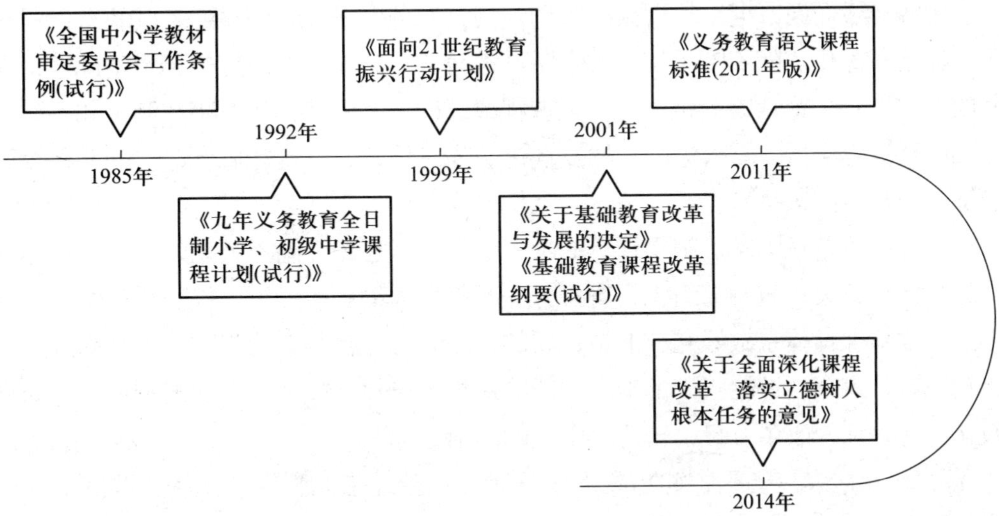

图 3–2　小学课程政策轨迹图

新中国成立以来，我国课程政策历经变革。新中国成立之初，中小学课程教材由国家制定，全国统一使用。1958年8月中共中央和国务院发布《关于教育事业管理权下放问题的规定》，指出教育部“组织编写通用的基本教材、教科书”，“各地方根据因地制宜、因校制宜的原则，可以对教育部和中央各主管部门颁发的各级各类学校的指导性教学计划、教学大纲和通用的教材、教科书，领导学校进行修订补充，也可以自编教材和教科书”。放权后，各地所编写的教材出现了内容“政治化”“政治贴标签”现象和内容超出学生理解水平、系统性差、难教难学等问题。为此，1959年1月中央决定对学制、课程设置和课本等统管起来，指出中小学教材应保证全国必要的统一性和应有水平，由教育部组织编写普通中小学和师范学校的通用教材。1963年中央颁布“小学四十条”，教育部颁布中小学教学计划并编写出统一的教材。这套教学大纲和教材重视基础知识和基本技能训练，注重知识的系统性，受到各方面好评。

“文化大革命”时期，中小学教学计划、教学大纲和教材处于无政府状态，大幅度削减基础知识，教育质量严重降低。“文化大革命”结束后，教育事业百废待兴，国家采取了统一教学大纲、统一编写和使用教材的课程政策。随着改革开放和教育发展，这种高度集中统一的课程政策已经不适应实际需要，改革势在必行。1985年1月，教育部颁布了《全国中小学教材审定委员会工作条例（试行）》，指出：今后中小学教材的建设，要将编写和审查分开。经过一段时间的研究和试验，1992年8月，国家教委正式颁发《九年义务教育全日制小学、初级中学课程计划（试行）》，这次课程改革将“教学计划”改为“课程计划”，首次提出“国家安排课程”和“地方安排课程”，实现了新中国成立以来课程管理政策的较大突破；调整了各学科比例，增强了课程的灵活性和多样性，成为当时编写义务教育教学大纲的依据；教材使用“一纲多本”“多纲多本”，由国定制转变为审定制和编审分开。

1999年《面向21世纪教育振兴行动计划》实施以来，新一轮的基础教育课程改革正在不断深化。随着国务院《关于基础教育改革与发展的决定》和《基础教育课程改革纲要（试行）》的颁布，新一轮课程改革的一系列课程政策相继制定和实施。

1. 新课程实行“积极进取、稳妥推进、先立后破、先实验后推广”的课程改革方针

新课程改革在国家宏观指导下的地方责任制；在条件尚不具备的地区，仍然实行先行课程方案；教育部组织力量修订先行教学大纲和教材，积极进行教学改革，为过渡到新课程体系做好充分准备；新的课程教材，在实验的基础上加以修改，在比较完善、审查通过的基础上推广；新的课程教材建立起来后，逐渐废止先行课程教材。这一课程改革方针，较适合中国的国情实际。

2. 新课程确立国家、地方和学校三级课程管理主体和管理体制，课程决策和课程开发走向决策分享和民主化

新课程的重大突破和显著特色，是从中央集中统一管理的课程管理体制，向中央、地方和学校三级权利分享的转变，建立国家课程、地方课程和校本课程相结合的课程管理与开发体制。

在三级课程管理中，首先，要保证国家课程和地方课程的有效实施，以体现国家的意志和要求，达到国家为培养合格公民而设计的、体现公民素质的基本要求。其次，地方课程是在国家规定的各个教育阶段的课程计划内，由省级教育行政部门或其授权的教育部门依据当地的政治、经济、文化、民族等发展需要所开发的课程。最后，学校要根据国家的课程政策，确保国家课程和地方课程的严肃性，并结合学校实际，协调各方面关系，充分开发利用社区和学校自身的课程资源，合理组织课程内容，改进教学手段和方法，提高国家及地方课程实施的质量和效率。与此同时，学校应根据本校的办学理念和办学特色，了解学生的实际和发展需求，调动教师参与课程开发和专业发展的积极性与创造性，吸收家长社会人士参加，兼顾社区发展的需要，组织校本课程研制和开发。在这一过程中，教师和教研组是校本课程开发的重要主体。教师应在深入学习和正确实施各学科课程标准，提高国家课程和地方课程教学质量的同时，积极参与校本课程的研制和开发，并在这一过程中不断实现自身的专业发展。

此外，新课程也改革了教材编写、审定和选用制度，改传统的国定制为审定制，实行国家要求指导下的教材多样化，实行教材编写资格的核准制度和教材编写的审查制度，教材审查实行编审分离。

3. 新课程整体设置九年一贯的义务教育课程，分段形成适应儿童、少年发展特点的课程结构

新课程充分反映国家对公民素质的基本要求，精选终身学习必备的基础知识和技能。与此同时，体现以人为本的教育理念，根据基础教育不同阶段儿童、少年的发展特点，形成综合性的课程结构。就小学教育阶段而言，新课程确立了以综合课

程为主的基本原则。所谓以综合课程为主，就是打破传统的学科中心主义，从儿童认知特点出发，将相关学科的基础知识与儿童生活经验以及社会科技进步三个方面的联系整合起来。为此，小学课程体系分为两大类：一类是学术类课程，如语文、数学、外语、科学，旨在为学生奠定学力基础、形成终身学习的愿望和能力；另一类是非学术性课程，包括道德与法治、综合实践活动、艺术、体育与健康等，旨在发展学生的个性、形成学生的健全人格和健康体格，培养学生关注生活、关注社会、关注人类的人文精神。它们的共同特点是，加强课程内容的综合性和课程结构的整体性，淡化学科界限，增强课程内容与现实生活和学生经验的联系，为学生将来在中等教育、高等教育以及终身学习中奠定坚实的知识基础、能力基础和人格基础。

4. 新课程突出了教师、学生在课程实施过程中的主体地位和发展权利

《基础教育课程改革纲要（试行）》提出，在课程目标上要改变过于注重知识传授的倾向，强调形成积极主动的学习态度，使学生获得基础知识和基本技能的过程，同时成为学会学习和形成正确价值观的过程。在课程文件上变“教学大纲”为“课程标准”，在确立绝大多数学生应当达到规定的教育教学基本水准和共性要求的同时，教师可以发挥主体作用和创造性，对教材进行一定的处理，以尊重学生个性化的学习需要。在课程实施即教学方式上，改变过于强调接受学习、死记硬背、机械训练的弊端，提倡教师在教学过程中与学生积极互动、共同发展。在课程评价上改变过于强调甄别与选拔的课程评价制度，在建立促进学生全面发展的评价体系的同时，建立以教师自评为主，校长、教师、学生、家长共同参与，以促进学生和教师不断提高的评价体系。

《基础教育课程改革纲要（试行）》

2011年，为贯彻落实《教育规划纲要》，适应新时期全面实施素质教育的要求，深化基础教育课程改革，提高教育质量的要求，2011年，教育部组织专家对义务教育各学科课程标准进行了修订完善，正式印发“义务教育语文等学科课程标准（2011年版）”，于2012年秋季开始执行。修订后的课程标准提出如下要求：一是全面加强学习培训工作，使教师全面理解、深入领会和准确把握修订后课程标准的精神实质和主要变化；二是深入推进教学改革，将课程标准作为教学的主要依据；三是积极推进评价考试制度改革；四是加强课程资源建设，确保义务教育各学科课程标准的全面落实。

2014年，教育部印发《关于全面深化课程改革　落实立德树人根本任务的意见》，提出三大工作目标、五大统筹任务、十大改革举措，深化各学段课程改革，着力解决工作与课程改革相脱节的问题。基本建成高校与中小学各学段贯通、有机衔接、相互协调、科学合理的课程教材体系，努力推动社会主义核心价值观进教材、进课堂、进

《关于全面深化课程改革　落实立德树人根本任务的意见》

头脑，着力培养学生高尚的道德情操、扎实的科学文化素质、健康的身心、良好的审美情趣，具有中华文化底蕴、中国特色社会主义共同理想、国际视野，成为社会主义合格建设者和可靠接班人。

（三）小学教学政策

教学是小学的中心工作。1963年中央颁布的“小学四十条”就明确提出：全日制小学必须贯彻以教学为主的原则，必须根据教育部统一规定的教学计划、教学大纲和教科书进行教学，不得任意修改教学计划、教学大纲和教科书，教学的基本形式是课堂教学。同时，对小学的生产劳动、课外活动、课内外作业、学习竞赛作了原则要求。此后，针对中小学生课业负担过重现象，1964年中共中央、国务院批转教育部临时党组的《关于克服中小学生负担过重现象和提高教学质量的报告》，要求克服轻视生产劳动、片面追求升学率的现象，把思想政治教育放在首位，教育学生热爱劳动，正确对待升学和生产劳动。“文化大革命”期间，学校曾一度搞停课闹革命、开门办学、军训劳动等，教学秩序极为混乱。

自党的十一届三中全会以来，随着高考制度的恢复，各级各类学校的教学秩序不断恢复和建立，在中共中央、国务院《关于普及小学教育若干问题的决定》的推动下，小学教育各项教学政策和制度进一步建立和完善。《小学管理规程》制定了小学教学工作的基本政策。

小学的教学政策

此后，小学的教学政策基本上是围绕减轻小学生过重的课业负担、反对片面追求升学率而制定的各种限制性政策，以及为推行素质教育、促进学生全面发展而制定的引导性政策。《基础教育课程改革纲要（试行）》在系统提出课程改革政策同时，也制定了新的教学政策：

“教师在教学过程中应与学生积极互动、共同发展，要处理好传授知识与培养能力的关系，注重培养学生的独立性和自主性，引导学生质疑、调查、探究，在实践中学习，促进学生在教师指导下主动地、富有个性地学习。教师应尊重学生的人格，关注个体差异，满足不同学生的学习需要，创设能引导学生主动参与的教育环境，激发学生的学习积极性，培养学生掌握和运用知识的态度和能力，使每个学生都得到充分的发展。

大力推进信息技术在教学过程中的普遍应用，促进信息技术与学科课程的整合，逐步实现教学内容的呈现方式、学生的学习方式、教师的教学方式和师生互动方式的变革，充分发挥信息技术的优势，为学生的学习和发展提供丰富多彩的教育环境和有力的学习工具。”

（四）小学教育评价与升学政策

小学教育评价与升学政策既是小学教育的重要环节，也体现出小学教育的性质、功能。新中国成立以来，小学教育在实现普及以前，既具有培养功能和发展功能，又承担着升学与就业的分流功能和选拔功能。因此，小学教育在成绩评定和升学政策上是两者兼顾的。如1953年《中央人民政府政务院关于整顿和改进小学教育的指示》指出："今后在相当长的时期内，小学生毕业后，主要是参加劳动生产，升学的还只能是一部分。因此，在学校平时教育中不应片面强调学生毕业后如何升学，而应强调毕业后如何重视劳动生产，培养学生热爱劳动的思想感情和劳动习惯，克服目前有些学生轻视体力劳动的倾向。同时要把这个道理向人民群众解释清楚。"1963年"小学四十条"进一步明确了小学的考查、考试、升留级和毕业政策："考查和考试主要是了解学生的学习情况，督促学生复习功课，巩固所学的知识；同时便于研究和改进教学工作。必须注意平时课堂提问和作业的考查，发现学生学习上有缺陷，要及时弥补。考试的次数不要过多，语文、算术每学期可以举行一次或两次阶段考试和一次学期考试，其他课程只举行学期考试。不要因为考试而造成学生过分地紧张和劳累。学校应该严格执行升级、留级制度。语文、算术的学年成绩，经过补考还有一科不及格的，不得升级或者毕业。"

自党的十一届三中全会以来，随着教育事业的整体发展，尤其是普及九年义务教育积极推行，小学教育评价和升学政策进一步完善和发展。面对日益严重的"应试教育"和片面追求升学率造成学生学业负担过重的现象，教育部多次制定政策、下达"减负令"，要求中小学由"应试教育"转向面向全体学生、全面提高国民素质的轨道上来。1993年《中国教育改革和发展纲要》提出："要逐步改革和完善升学和考试制度，稳步推进小学毕业生就近入学、初中毕业生升学考试、高中毕业会考和高考制度的改革。"1996年《小学管理规程》提出：小学应从德、智、体等方面全面评价学生。要做好学习困难学生的辅导工作，积极创造条件逐步取消留级制度。现阶段仍实行留级制度的地方，要创造条件，逐步降低学生留级比例和减少留级次数。小学对修完规定课程且成绩合格者，发给毕业证书；不合格者发给结业证书，毕业年级不再留级。对虽未修完小学课程，但修业年限已满当地政府规定的义务教育年限者，发给肄业证书。小学不得开除学生。小学应当按照课程计划和教学大纲的要求，通过多种形式评测教学质量。学期末的考试科目为语文和数学，其他学科通过平时考查评定成绩。小学毕业考试由学校命题(农村地区在县级教育行政部门指导下由乡中心小学命题)，考试科目为语文和数学。学校要建立德、智、体全面评估教育质量的科学标准，不得以考试成绩排列班级、学生名次和以学生名次作为衡量教学质量、评定教师工作的唯一标准。

1999年中共中央、国务院《关于深化教育改革　全面推进素质教育的决定》首次提出："在普及九年义务教育的地区，实行小学毕业生免试就近升学的办法。"这成为此后小学教育基本的升学政策。同时要求："鼓励各地中小学自行组织毕业考试……建立符合素质教育要求的对学校、教师和学生的评价机制。地方各级人民政府不得下达升学指标，不得以升学率作为评价学校工作的标准。鼓励社会各界、家长和学生以适当方式参与对学校工作的评价。"2001年《关于基础教育改革和发展的决定》进一步提出，要改革考试评价和招生选拔制度，探索科学的评价方法，发现和发展学生潜能，帮助学生树立自信心，促进学生积极主动地发展。为此，要求小学的成绩评定应实行等级制；学校和教师不得公布学生考试成绩和按考试结果排队。

为体现上述改革思想和目标，《基础教育课程改革纲要（试行）》根据世界各国教育评价发展的趋势和走向，提出了发展性评价政策和模式，努力建立促进学生全面发展的评价体系。所谓发展性评价，是以学习者的主体作用为基础，强调认知活动中新知与旧知的联系，强调知识和技能的应用、迁移，强调教学方式中的过程和体验，强调教学互动中情感、态度和价值观等指标的重要影响，使评价过程与教学过程相并行，提供信息和指导，以促进学生的发展。与传统的教育评价不同，发展性评价体现这样几个基本的教育理念：一是评价主体互动化，即评价主体(教师、管理者、学生和家长)共同参与交互活动、相互沟通和协商；二是评价内容多元化，注重学生综合素质的考查，尊重学生个体发展的独特性，帮助学生悦纳自己和建立自信；三是评价过程动态化，不仅关心评价的结果，更注重学生的成长过程，促进学生的不断转变和发展。①

建立促进学生全面发展的评价体系，实施发展性评价，应当开展四个方面的工作：一是明确评价内容和评价标准，即根据国家对基础教育阶段总的培养目标，提出学生的一般性发展目标，并结合各科的课程标准确立学科的具体学习目标；二是设计评价工具，即能够反映学生学习过程、学习态度和学习结果的评价表；三是搜集和分析反映学生学习情况的数据和资料；四是在上述评价活动的基础上，明确促进学生发展的改进要点，并制订改进计划。②

发展性评价的建立与实施，不仅需要教育观念和模式的更新，更需要实现教育评价政策与制度的重建。目前实施的小学毕业生就近免试升学的政策，虽然体现了义务教育的性质要求，但在具体实施过程中遇到了教育发展不均衡和择校问题的严重挑战，应进一步进行政策分析、研究和创新，使小学教育评价与升学政策更加科学、民主，让人民群众满意。

2012年国务院《关于深入推进义务教育均衡发展的意见》提出：“建立教育教学质量和学生学业质量评价体系，科学评价学校教育教学质量和办学水平，引导学校按照教育规律和人才成长规律实施教育，引导社会按照正确的教育观念评价教育和学校。”

2013年，教育部印发《关于推进中小学教育质量综合评价改革的通知》提出，基本建立体系素质教育要求、以学生发展为核心、科学多元的中小学教育质量评价制度，切实扭转单纯以学生学业成绩和学校升学率评价中小学教育质量的倾向，促进学生全面发展、健康成长。评价指标体系包括品德发展水平、学业发展水平、身心发展水平、兴趣特长养成、学业负担状况，共5个方面、20项指标，按照小学、初中和高中教育不同性质和特点，形成相应的评价指标框架。

---

① 钟启泉．基础教育课程改革纲要（试行）解读［M］．上海：华东师范大学出版社，2001：303–304.

② 钟启泉．基础教育课程改革纲要（试行）解读［M］．上海：华东师范大学出版社，2001：306–315.

2014年国务院《关于深化考试招生制度改革的实施意见》提出，从2014年启动，2017年全面推进，到2020年基本建立中国特色现代教育考试招生制度，形成分类考试、综合评价、多元录取的考试招生模式，健全促进公平、科学选才、监督有力的体制机制。文件从深化考试招生制度改革的全局要求出发，提出完善中小学招生办法破解择校难题的改革举措，完善义务教育免试就近入学的具体办法，试行学区制和九年一贯对口招生，推进九年义务教育均衡发展。

《关于推进中小学教育质量综合评价改革的通知》

《关于深化考试招生制度改革的实施意见》

三、小学教育体制政策

小学教育质量政策及其具体实施，总是在一定的体制政策规范和制约下。体制政策对小学教育质量政策实施既可能起促进作用，也可能产生阻碍作用。改革开放以来，我国基础教育改革正是从教育体制改革入手，并成功实现历史性发展（图3–3）。

小学教育体制政策包括行政体制、办学体制和学校管理体制等方面的政策内容。我国基础教育体制政策是1985年中共中央《关于教育体制改革的决定》确立下来的，近20年来不断发展和完善。其主要精神被写进《教育法》《义务教育法》《民办教育促进法》以及相关法规条例中。但由于教育法律法规的稳定性和程序性规定，法律颁布后对教育体制进行的政策调整和改革，一般是以颁布文件、决定的形式实施的。

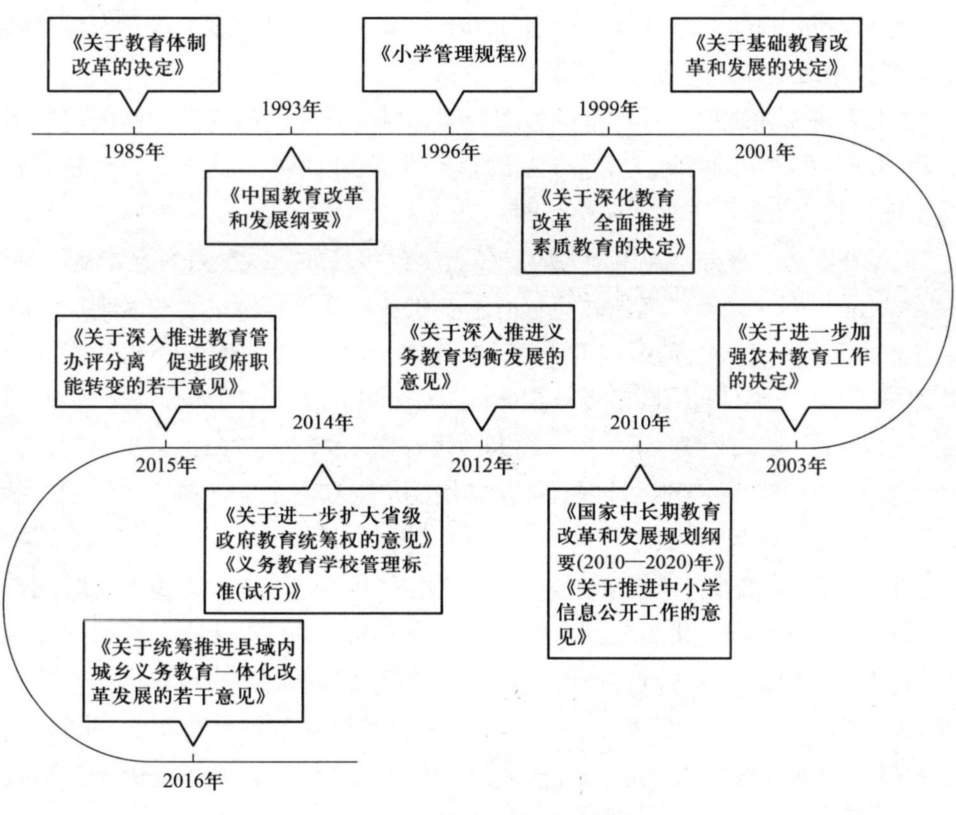

图 3–3　小学教育体制政策轨迹图

（一）小学教育行政体制政策

《关于教育体制改革的决定》

《中国教育改革和发展纲要》

教育行政管理体制是指一个国家教育行政组织系统，即国家对教育的领导管理的组织结构和工作制度的总称，包括教育行政组织机构的设置、各级教育行政机构的隶属关系和职权划分。中共中央《关于教育体制改革的决定》提出：

“实行九年制义务教育，实行基础教育由地方负责、分级管理的原则”“基础教育管理权属于地方。除大政方针和宏观规划由中央决定外，具体政策、制度、计划的制定和实施，以及对学校的领导、管理和检查，责任和权力都交给地方。省、市（地）、县、乡分级管理的职责如何划分，由省、自治区、直辖市决定。为了保证地方发展教育事业，除了国家拨款外，地方机动财力中应有适当比例用于教育，乡财政收入应主要用于教育。地方可以征收教育费附加，此项收入首先用于改善基础教育的教学设施，不得挪作他用”。

《中国教育改革和发展纲要》提出教育体制改革“三个有利于”的要求和方针。即教育体制改革要有利于坚持社会主义方向，培养德、智、体全面发展的建设者和接班人；有利于调动各级政府、全社会和广大师生员工的积极性，提高教育质量、科研水平和办学效益；有利于促进教育更好地为社会主义现代化建设服务。同时还对基础教育分级办学、分级管理作了进一步的强调和明确，并要求推进农村基础教育、职业技术教育和成人教育的统筹和综合改革。

“普九”基本实现后，针对基础教育管理体制尤其是农村基础教育出现的新情况、新问题，2001年国务院在《关于基础教育改革和发展的决定》中，对基础教育行政管理体制政策进行了重大调整，即：

“实行在国务院领导下，由地方政府负责、分级管理、以县为主的体制”，要求“县级人民政府对本地农村义务教育负有主要责任，要抓好中小学的规划、布局调整、建设和管理，统一发放教职工工资，负责中小学校长、教师的管理，指导学校教育教学工作。乡(镇)人民政府要承担相应的农村义务教育的办学责任，根据国家规定筹措教育经费，改善办学条件，提高教师待遇。继续发挥村民自治组织在实施义务教育中的作用。乡(镇)、村都有维护学校的治安和安全、动员适龄儿童入学等责任”。

至此，我国基础教育已初步形成“以县为主”的管理体制，改变一个时期以来“分级办学、分级管理”形成的“县办高中、乡办初中、村办小学”过于分散的体制格局。“以县为主”的管理体制，实质上是从制度和体制上实现农村教育主要由农民负担向由政府负担的转变，同时强化了县级政府对本地教育发展规划、经费使用安排、教师和校长人事等方面统筹管理的责任。这一体制政策进一步明确了发展农村义务教育是各级政府义不容辞的责任。这不仅有利于减轻农民负担，也进一步凸显了基础教育和义务教育的公益性，促进基础教育尤其是农村义务教育均衡发展。

2003年国务院《关于进一步加强农村教育工作的决定》指出，要落实“在国务院领导下，由地方政府负责、分级管理、以县为主”（简称“以县为主”）的农村义务教育管理体制，县级政府要切实担负起对本地教育发展规划、经费安排使用、校长和教师人事等方面进行统筹管理的责任。

2005年12月24日，国务院发出《关于深化农村义务教育经费保障机制改革的通知》提出，构建起农村义务教育经费保障的新机制，经费实行省级统筹，管理以县为主。即由省统筹落实辖区内农村义务教育经费，县级政府作为农村义务教育经费的直接管理者和使用者，地市和乡镇级政府也要按照国务院和省级政府的有关文件规定，履行对农村义务教育的应有职责。深化农村义务教育经费保障机制改革，是我国农村义务教育健康持续发展的必然要求，是建设社会主义新农村的必然要求，是推进公共财政建立、减轻农民负担的重大举措，将为农村义务教育持续健康发展奠定坚实的基础。①

《关于深化农村义务教育经费保障机制改革的通知》

2010年以来，义务教育管理体制进一步加强省级统筹职能，突出管理以县为主。《教育规划纲要》提出：明确各级政府责任，规范学校办学行为，促进管办评分离，形成政事分开、权责明确、统筹协调、规范有序的教育管理体制。中央政府统一领导和管理国家教育事业，制定发展规划、方针政策和基本标准，统筹区域协调发展。省级政府统筹管理义务教育，推进城乡义务教育均衡发展，依法落实发展义务教育的财政责任，完善省对省以下财政转移支付体制，加大对经济欠发达地区的支持力度。

2012年，国务院《关于深入推进义务教育均衡发展的意见》提出，推进义务教育均衡发展，要“加强省级政府统筹，强化以县为主管理，建立健全义务教育均衡发展责任制”。

2014年，国家教育体制改革领导小组办公室印发《关于进一步扩大省级政府教育统筹权的意见》，以推进教育治理体系和治理能力现代化为目标，理顺中央与地方教育管理权限和职责范围，保证国家教育方针政策的贯彻执行。该《意见》要求省级政府切实统筹管理义务教育，把均衡发展义务教育作为重中之重，坚持城乡教育一体化发展；

《关于进一步扩大省级政府教育统筹权的意见》

① 陈至立.分步免除农村义务教育学杂费，提高经费保障水平，构建农村义务教育经费保障新机制：在全国农村义务教育经费保障机制改革工作会议上的讲话（摘要）[EB/OL].（2005-12-26）[2015-12-10].中国政府门户网站，http://www.gov.cn.

教育资源重点向农村、边远、贫困和民族地区倾斜，用3~5年时间使贫困地区义务教育学校教学生活设施满足基本需要，实现每一所学校符合国家办学标准；统筹保障教育经费投入，优化财政支出结构，切实把教育作为财政支出重点领域予以优先保障，落实“三个增长”法律规定，提高义务教育生均公用经费标准；研究确定本地区教育改革重点、难点，努力在破解义务教育择校热难题、减轻中小学生课业负担、推进管办评分离、改革学校评价制度、鼓励社会力量兴办教育、规范办学行为等方面取得突破。

《关于统筹推进县域内城乡义务教育一体化改革发展的若干意见》

2016年国务院《关于统筹推进县域内城乡义务教育一体化改革发展的若干意见》指出，各地要深化义务教育治理结构改革，切实提高政府教育治理能力。在实行“以县为主”管理体制的基础上，进一步加强省级政府统筹，完善乡村小规模学校办学机制和管理办法，将村小学和教学点纳入对乡村中心学校考核，加强乡村中心学校对村小学、教学点的指导和管理。完善县域内城乡义务教育一体化改革发展监测评估标准和督导评估机制，把统筹推进县域内城乡义务教育一体化改革发展作为地方各级政府政绩考核的重要内容。

（二）小学教育办学体制政策

新中国成立以来，中小学一律收归国有，国家成为唯一的办学主体。十一届三中全会以来，民办教育焕发生机。1993年《中国教育改革和发展纲要》进一步解放思想，改革办学体制，提出：“改变政府包揽办学的格局，逐步建立以政府办学为主体、社会各界共同办学的体制。在现阶段，基础教育应以地方政府办学为主……国家对社会团体和公民个人依法办学，采取积极鼓励、大力支持、正确引导、加强管理的方针。”国务院在该《纲要》的实施意见中，进一步提出基础教育主要由政府办学，同时鼓励企事业单位和其他社会力量按国家的法律和政策多渠道、多形式办学。有条件的地方，也可以实行“民办公助”“公办民助”等形式。

小学教育办学体制政策

中共中央、国务院《关于深化教育改革　全面推进素质教育的决定》指出：“进一步解放思想、转变观念，积极鼓励和支持社会力量以多种形式办学，满足人民群众日益增长的教育需求，形成以政府办学为主体、公办学校和民办学校共同发展的格局。凡符合国家有关法律法规的办学形式，均可大胆试验。在发展民办教育方面迈出更大的步伐。”“在保证适龄儿童、少年均能就近进入公办小学和初中的前提下，可允许设立少数民办小学和初中，在这个范围内提供择校机会，但不搞‘一校两制’。……要因地制宜地制定优惠政策（如土地优惠使用、免征配套费等），支持社会力量办学。”

2001年《关于基础教育改革与发展的决定》具体提出“推进办学体制改革，促进社会力量办学健康发展”的一系列政策措施。

第一，对基础教育及其不同阶段的办学体制提出了以政府办学为主，积极鼓励社会力量办学的基本方针和具体方针。在基础教育的不同阶段上，提出：“义务教育坚持以政府办学为主，社会力量办学为补充；学前教育以政府办学为骨干，积极鼓励社会力量举办幼儿园；普通高中教育在继续发展公办学校的同时，积极鼓励社会力量办学。”

第二，对民办教育的学生、教师、举办者的权利和义务进行了政策性规定。提出民办学校在招生、教师职务评聘、表彰奖励等方面享受与公办学校同等的权利和机会。民办教育举办者所得的合法资金在留足学校发展资金后，可获得适当经费奖励。

第三，积极鼓励企业、社会团体和公民个人对基础教育的捐赠。

第四，稳妥地搞好国有企业中小学分离工作。

第五，加强对公办学校办学体制改革试验的领导和管理。薄弱学校、国有企业所属学校和政府新建学校在保证国有资产不流失的前提下，可以进行民办学校机制运行的改革试验。

这些政策的很多精神都被写入了此后颁布的《民办教育促进法》中。

《教育规划纲要》进一步提出：坚持教育公益性原则，健全政府主导、社会参与、办学主体多元、办学形式多样、充满生机活力的办学体制，形成以政府办学为主体、全社会积极参与、公办教育和民办教育共同发展的格局。一方面，要深化公办学校办学体制改革，开展公办学校联合办学、委托管理等试验，扶持薄弱学校发展，扩大优质教育资源。另一方面，大力支持民办教育，鼓励出资、捐资办学，促进社会力量以独立举办、共同举办等多种形式兴办教育。支持民办学校创新体制机制和育人模式，提高质量，办出特色，办好一批高水平民办学校。依法落实民办学校、学生、教师与公办学校、学生、教师平等的法律地位，保障民办学校的办学自主权。

（三）小学管理体制政策

新中国成立以来，我国小学学校管理体制历经多次变革。解放初实行由进步教职工代表组成的校务委员会制。1952年《小学暂行规程(草案)》提出小学采用校长负责制。1957年中共中央、国务院《关于教育工作的指示》指出：“一切中等学校和初等学校，也应该放在党委的领导之下。”于是，学校开始实行在党支部领导下的校长负责制。1963年“小学四十条”规定：“校长是学校行政负责人，在当地党委和主管教育行政部门领导下，负责领导全校的工作。”“文化大革命”期间采用“革命委员会”制，造成小学内部管理混乱不堪。1978年以后，教育部重新颁布“小学四十条”，规定“全日制小学实行党支部领导下的校长负责制”。1985年中共中央《关于教育体制改革的决定》明确规定：“学校逐步实行校长负责制。”同时，提出“要建立和健全以教师为主体的教职工代表大会制度，加强民主管理和民主监

《关于教育体制改革的决定》

督”。学校党组织要把精力集中到建设和加强思想政治工作上来，团结师生员工和支持校长行使职权，保证和监督党的各项方针政策的落实，这是我国中小学内部管理体制改革的重大举措。这一政策精神和原则被《教育法》所确认，作为新时期中小学管理体制的法律依据。

《小学管理规程》规定：小学实行校长负责制，校长全面负责学校行政工作。农村地区可视情况实行中心小学校长负责制。小学按照“分级管理，分工负责”的原则，在当地人民政府的领导下实施教育工作。

2010年《教育规划纲要》提出，要完善普通中小学校长负责制，实行校务会议等管理制度，建立健全教职工代表大会制度，不断完善科学民主决策机制。要推进政校分开、管办分离，建设依法办学、自主管理、民主监督、社会参与的现代学校制度，构建政府、学校、社会之间新型关系。随后，教育部印发《关于推进中小学信息公开工作的意见》，以此深化校务公开、促进依法治校，接受群众监督、提高教育工作透明度，保障师生员工和社会公众的知情权、参与权、表达权和监督权。该《意见》要求坚持公平、公正、便民的原则，体现及时、准确、规范的要求，努力将信息公开与日常教育教学有机结合起来，在办学或提供社会公共服务过程中制作或获取的以一定形式记录、保存的信息，要按照法律、法规和有关规定，结合该《意见》的要求，在相应的范围内公开。中小学要建立健全信息公开的制度规范，确保信息公开各项工作有章可循，建立中小学信息公开工作责任制、信息公开保密审查机制、信息主动公开工作机制、信息依申请公开工作机制。

2014年教育部印发《义务教育学校管理标准（试行）》，以推进义务教育学校深入实施素质教育，促进教育公平，实现依法办学、科学管理，提高学校管理水平。该标准坚持以“育人为本、全面发展”“促进公平、提高质量”“安全和谐、充满活力”“依法办学、科学治理”为基本理念，明确“平等对待每位学生”“促进学生全面发展”“引领教师专业发展”“提升教育教学质量”“营造和谐安全环境”“建设现代学校制度”为学校管理基本职责，明确“维护学生平等入学权利”等21项管理任务、92项管理要求。此标准对学校治理工作提出具体要求，是学校治理的基本依据，适用于全国所有义务教育阶段的学校，也是教育督导部门开展督导、评估工作，促进学校规范办学、科学管理，提高教育质量和办学水平的基本标准和依据。

《关于深入推进教育管办评分离 促进政府职能转变的若干意见》

根据十八届三中全会关于深入推进管办评分离，完善学校内部治理结构的要求，2015年教育部印发《关于深入推进教育管办评分离 促进政府职能转变的若干意见》。为改变政府管理教育还存在越位、缺位、错位的现象，学校自主发展、自我约束机制尚不健全，社会参与教育治理和评价还不充分的弊端，该意见确立以落实学校办学主体地位、激发学校办学活力为核心任务，加快健全学校自主发展、自我约束的运行机制；以进一步简政放权、改进管理方式为前提，加快建设法治政府和服务型政府，主动开拓为学校、教师和学生服务的新形式、新途径；以推进科学、规范的教育评价为突破口，建立健全政府、学校、专业机构和社会组织等多元参与的教育评价体系。到2020年，基本形成政府依法管理、学校依法自主办学、社会各界依法参与和监督的教育公共治理新格局。管办分离，管的主体是政府，办的主体是学校，评的主体是社会。管办评分离主要指政府与学校分离、政府与社会分离，即政校分开、政社分开。通过管办评分离，转变政府职能，形成政事分开、权责明确、统筹协调、规范有序的教育管理体制；落实学校办学主体地位，建设依法办学、自主管理、民主监督、社会参与的现代学校制度；推进依法评价，建立科学、规范、公正的教育评价制度。

2016年国务院《关于统筹推进县域内城乡义务教育一体化改革发展的若干意见》指出，认真落实校长负责制，全面推进学校章程建设，完善学校重大事项决策机制，逐步形成中国特色的依法办学、自主管理、民主监督、社会参与的现代学校制度。落实学校办学主体地位，完善家长委员会，推动社区参与学校治理，建立第三方评价机制，提升学校品质。同时，要加强义务教育学校党建工作，建立健全党委统一领导、教育部门具体负责、有关方面齐抓共管的学校党建工作领导体制。

四、小学教育经费政策

小学教育经费来源、管理和使用，既有国家法律规定，也有党和国家政策规定。两者是根本一致、相辅相成的。这里主要研究小学教育经费政策（图3–4）。

中共中央《关于教育体制改革的决定》奠定了新时期以来我国教育经费政策的基础。该《决定》提出："发展教育事业不增加投资是不行的。在今后一定时期内，中央和地方政府的教育拨款的增长要高于财政经常性收入的增长，并使按在校学生人数平均的教育费用逐步增长。"按照"把发展基础教育的责任交给地方"的基本精神，该《决定》还规定："为了保证地方发展教育事业，除了国家拨款外，地方机动财力中应有适当比例用于教育，乡财政收入主要用于教育。地方可以征收教育费附加，此项收入首先用于改善基础教育的教学设施，不得挪作他用。地方要鼓励和指导国有企业、社会团体和个人捐资助学，但不得强迫摊派。同时严格控制各方面向学校征收费用，减轻学校的经济负担。"

《中国教育改革和发展纲要》进一步改革和完善了教育投资体制。该《纲要》提出，要逐步建立以国家财政拨款为主，辅之以征收用于教育的税费、收取非义务教育阶段学生学杂费、校办产业收入、社会捐资集资和设立教育基金等多种渠道筹措教育经费的体制。通过立法，保证教育经费的稳定来源和增长。据此，1995年《教育法》制定了我国教育投入"三个增长"的法律要求。

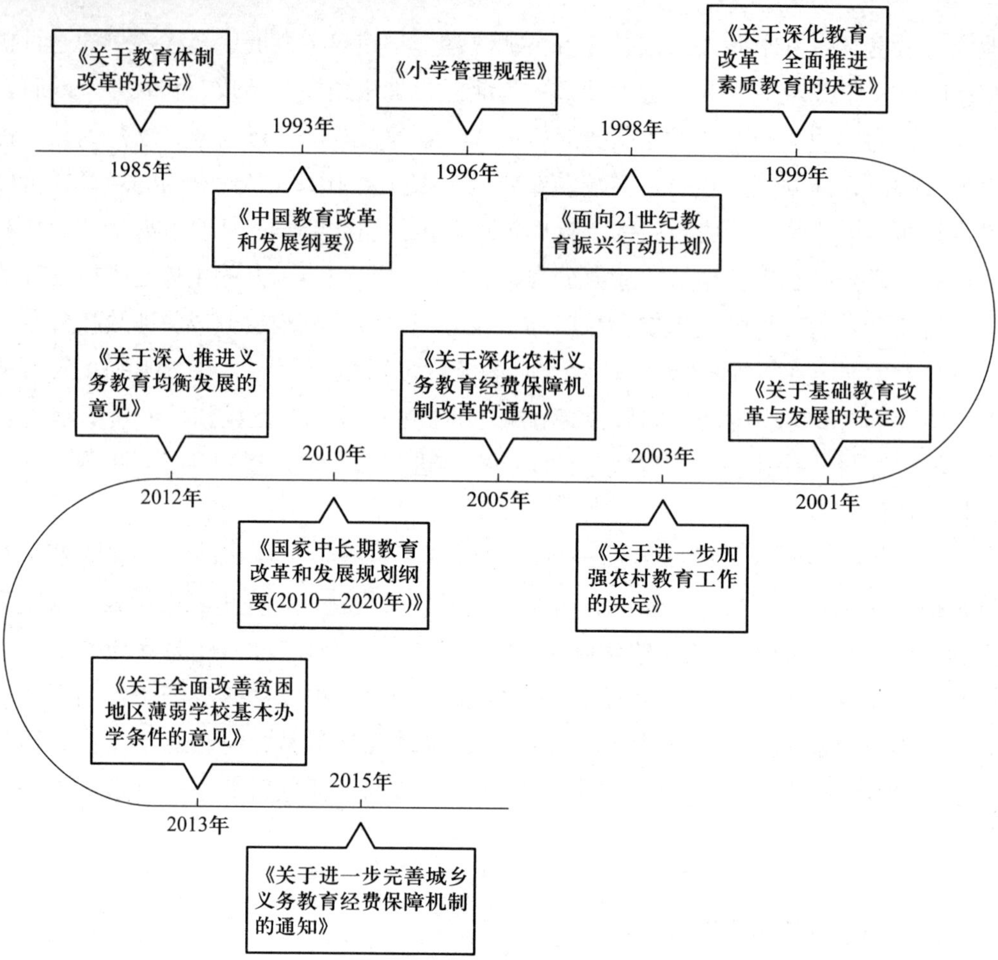

图 3-4 小学教育经费政策轨迹图

基于这些基本的教育经费政策和法律，1996年《小学管理规程》制定了小学教育的经费政策，包括：小学的办学条件及经费由学校举办者负责提供；其标准由省级人民政府制定。公办小学免收学费，可适当收取杂费，小学收费应严格按照省级人民政府制定的收费项目和县级以上人民政府制定的标准与办法执行。小学可按有关规定举办校办产业，从学校实际出发组织师生勤工俭学。严禁采取向学生摊派钱、物的做法代替勤工俭学。小学可按国家有关规定接受社会捐助。小学应科学管理、合理使用学校经费，提高经费使用效益。

中共中央、国务院《关于深化教育改革 全面推进素质教育的决定》和国务院批转的《面向21世纪教育振兴行动计划》根据《教育法》的要求，进一步提出从1998年到2002年中央本级财政支出每年提高1个百分点。政府的教育拨款主要用于普及义务教育，非义务教育阶段适当增加学费在培养成本中的比例，逐步建立符合社会主义市场经济体制以及政府公共财政体制的财政教育拨款政策和成本分担机制。

2001年以来，在教育事业取得历史性成就的基础上，根据“普九”以后基础教育尤其是农村义务教育出现的困难和问题，国务院《关于基础教育改革与发展的决定》提出“以县为主”的教育经费政策，要求“县级人民政府对本地农村义务教育负有主要责任，要抓好中小学的规划、布局调整、建设和管理，提议发放教职工工资……乡(镇)人民政府要承担相应的农村义务教育的办学责任，根据国家规定筹措教育经费，改善办学条件，提高教师待遇”，“省级人民政府对财力不足、发放教师工资确有困难的县，要通过调整体制和增加转移支付的办法解决农村中小学教师工资发放问题”，“在此基础上，为支持国家扶贫开发重点县等中西部困难地区建立农村中小学教师工资保障机制，中央财政将给予适当补贴”。同时，加强教育经费管理，刹住一些地方和学校的乱收费，在国家扶贫开发工作重点县等农村贫困地区，实行义务教育“一费制”政策；加强对流动人口子女接受义务教育的管理。

党的十六大以来，党和国家根据全面建设小康社会与和谐社会的战略目标，提出要合理配置教育资源，促进各级各类教育的均衡、协调、公平、公正发展，保障全体公民的教育权益。根据十六大报告要求，通过确立与市场经济相适应的公共财政体系，把发展教育事业作为政府重要的公共服务职能，切实加大对教育的投入。并且通过建立完善农村义务教育投入的保障机制，加大中央财政转移支付力度、重点扶持贫困地区教育事业特别是农村义务教育的发展，积极开拓筹措教育经费渠道、努力增加社会对教育的投入，深化办学和管理体制改革、加强教育经费管理、提高教育经费使用效益等措施来加以落实。为此，国务院《关于进一步加强农村教育工作的决定》和国务院批转教育部《2003—2007年教育振兴行动计划》，进一步确定基础教育尤其是加大对农村教育扶持力度的经费政策。

2005年国务院《关于深化农村义务教育经费保障机制改革的通知》提出，用5年时间，逐步将农村义务教育全面纳入公共财政保障体系，构建起农村义务教育经费保障的新机制。该《通知》要求，实行中央与地方分项目、按比例的分担办法，确保由各级政府完全承担起对农村义务教育投入的责任。对免学杂费和提高公用经费水平，中央与地方的分担比例是西部地区为8∶2，中部地区为6∶4，东部地区除直辖市外，按照财力状况分省确定。对校舍维修改造资金，中央与地方的分担比例，中、西部地区为5∶5，东部地区主要由地方承担，中央给予适当奖励性支持。对贫困学生提供免费教科书资金，中、西部地区由中央全额承担，东部地区由地方自行承担；对贫困寄宿学生的生活费补助，由地方承担。

《教育规划纲要》指出：教育投入是支撑国家长远发展的基础性、战略性投资，是教育事业的物质基础，是公共财政的重要职能。要健全以政府投入为主、多渠道筹集教育经费的体制，大幅度增加教育投入，把教育作为财政支出重点领域予以优先保障，并明确了“义务教育全面纳入财政保障范围，实行国务院和地方各级人民政府根据职责共同负担，省、自治区、直辖市人民政府负责统筹落实的投入体制。进一步完善中央财政和地方财政分项目、按比例分担的农村义务教育经费保障机制，提高保障水平”。与此同时，也要求坚持依法理财，严格执行国家财政资金管理法律制度和财经纪律。建立科学化、精细化预算管理机制，科学编制预算，提高预算执行效率；完善学校收费管理办法，规范学校收费行为和收费资金使用管理。坚持勤俭办学，严禁铺张浪费，建设节约型学校。2012年国务院《关于深入推进义务教育均衡发展的意见》提出，进一步深化义务教育经费保障机制改革，统筹考虑城乡经济社会发展状况和人民群众的教育需求，以促进公平和提高质量为导向，加大投入力度，完善保障内容，提高保障水平。中央财政加大对中、西部地区的义务教育投入。省级政府要加强统筹，加大对农村地区、贫困地区以及薄弱环节和重点领域的支持力度。

为深入贯彻党的十八大和十八届二中、三中、四中、五中全会精神，认真落实党中央、国务院决策部署，2013年，教育部、国家发改委、财政部颁布《关于全面改善贫困地区薄弱学校举办办学条件的意见》，是义务教育学校建设史上中央财政最大的单项工程，补齐贫困地区义务教育发展的“短板”。2015年11月，国务院下发《关于进一步完善城乡义务教育经费保障机制的通知》，根据“完善机制，城乡一体”“加大投入，突出重点”“创新管理，推进改革”“分步实施，有序推进”的总体要求，整合农村义务教育经费保障机制和城市义务教育奖补政策，建立统一的中央和地方分项目、按比例分担的城乡义务教育经费保障机制。

义务教育经费保障机制的相关政策

五、小学教师政策（图 3–5）

小学教师是履行小学教育工作职责的专业人员，需要经过严格的培养与培训，具有良好的职业道德，掌握系统的专业知识和专业技能。

（一）小学教师专业标准

2012年2月教育部印发的《小学教师专业标准（试行）》是国家对合格小学教师专业素质的基本要求，还是小学教师培养、准入、培训、考核等工作的重要依据。专业标准是提高教师队伍整体素质的重要保障，为教师的教育教学活动提供科学有效的专业指导，是教师培养和培训的重要指南，也为教师专业发展提供了重要的支持和依据。该标准确立以学生为本、师德为先、能力为重、终身学习为基本理念，包括专业理念与师德、专业知识和专业能力三个维度，共13个领域，60项基本要求。为此，应根据小学教育改革发展的需要，充分发挥该专业标准的引领和导向作用，深化教师教育改革，建立教师教育质量保障体系，不断提高小学教师培养培训质量。

（二）小学教师培养和培训政策

面向新世纪，1998年国务院批转教育部《面向21世纪教育振兴行动计划》提出，调整师范学校的层次和布局，鼓励综合性高等学校和非师范类高等学校参与培养、培训中小学教师的工作，探索在有条件的综合性高等学校中试办师范学院。“2010年前后，具备条件的地区力争使小学和初中阶段教育的专任教师的学历分别提升到专科和本科层次……开展以培训全体教师为目标、骨干教师为重点的继续教育，使中小学教师的整体素质明显提高。”这意味着我国小学教师培养与培训由

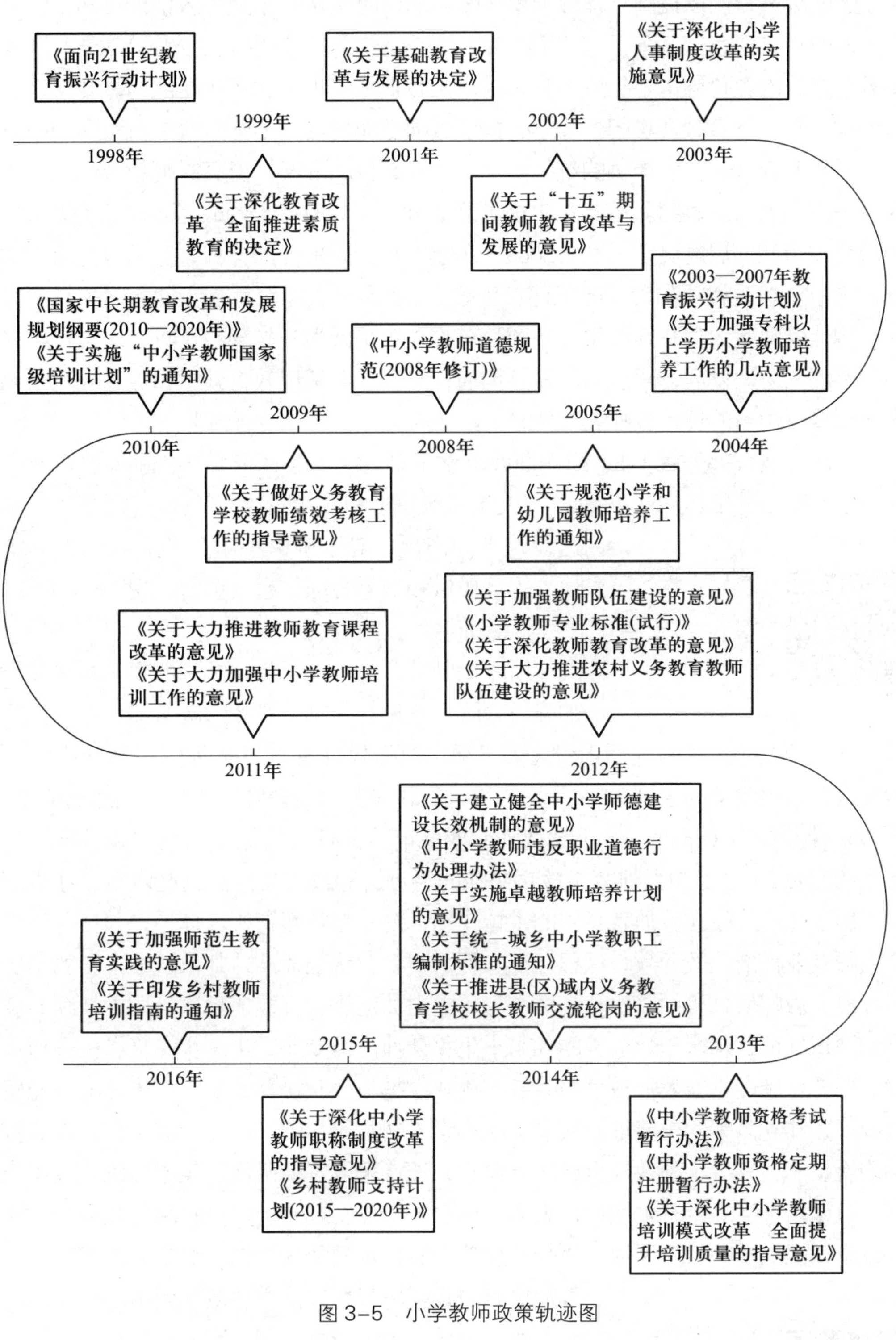

图 3–5　小学教师政策轨迹图

“师范教育”向“教师教育”的历史性转变：一是实现由中专向专科及以上学历升级；二是由职前教育为主向职前培养与职后培训一体化转变；三是由师范学校系统定向的封闭式培养，向师范院校为主、其他高等学校参与的开放式培养转变；四是由学历达标教育向以提高全体教师整体素质的同时注重骨干教师队伍建设转变。

2002年，教育部《关于“十五”期间教师教育改革与发展的意见》提出：“教师教育是我国教育的重要组成部分，是基础教育师资来源和质量提高的重要保证。教师教育是在终身教育思想指导下，按照教师专业发展的不同阶段，对教师的职前培养、入职教育和在职培训的统称。加快教师教育的发展，提高教师教育水平，对建设一支高素质的教师队伍，扎实推进素质教育，具有重大的战略意义。”《关于基础教育改革和发展的决定》和《2003—2007年教育振兴行动计划》进一步提出，实施“高素质教育教师和管理队伍建设工程”，要求将教师教育逐步纳入高等教育体系，构建以师范大学和其他举办教师教育的高水平大学为先导，专科、本科、研究生三个层次协调发展，职前职后相互沟通，学历与非学历教育并举，促进教师专业发展和终身学习的现代教师教育体系。

随后，教育部先后于2004年和2005年先后制定、下发了《关于加强专科以上学历小学教师培养工作的几点意见》《关于规范小学和幼儿园教师培养工作的通知》。这些政策的出台，对于确保小学教师教育的办学条件、提高质量和规范管理，起了重要作用。

教师培养政策

1. 教师培养政策

新时期以来，为贯彻《教育规划纲要》和《关于加强教师队伍建设的意见》对教师队伍建设的总体要求，教育部及相关部委先后出台《关于深化教师教育改革的意见》《关于大力推进教师教育课程改革的意见》《关于大力推进农村义务教育教师队伍建设的意见》《教师教育课程标准（试行）》《小学教师专业标准（试行）》《关于实施卓越教师培养计划的意见》《关于加强师范生教育实践的意见》等政策文件。这些政策文件进一步突出了师范院校在教师教育中的主体作用；健全教师教育标准体系，包括各级各类教师专业标准、教师教育课程标准、师范类专业认证标准、师范院校本科教学质量标准、教师培训机构资质认证标准等；提出师范生实行提前批次录取，鼓励高校增加面试环节，录取乐教适教的优秀学生攻读师范类专业，进一步完善和推进师范生免费教育制度创新教师教育模式，实施“卓越教师”培养计划，推进教师培养模式改革，建立高等学校与地方政府、中小学（幼儿园、中等职业学校）联合培养教师的新机制，完善小学教师全科培养模式，重点采取置换研修、集中培训、校本研修、远程培训等多种有效途径，大力开展中小学（幼儿园）培训；深化教师教育课程改革，强化教师教育课程，将师范生教育实践是教师教育课程的重要组成部分，教师培养的必要环节切实落实师范生到中小学（幼儿园）教育实践不少于一个学期制度。

教师培训政策

2. 教师培训政策

《关于深化教师教育改革的意见》提出：“实行5年一周期不少于360学时的教师全员培训制度，推动教师专业化发展常态化。自2010年以来，先后颁布《关于实施“中小学教师国家级培训计划”的通知》《关于大力加强中小学教师培训工作的意见》《关于深化中小学教师培训模式改革　全面提升培训质量的指导意见》等政策。“国培计划”作为提高中小学教师特别是农村教师队伍整体素质的重要举措，对于推进义务教育均衡发展、促进基础教育改革，提高教育质量，发挥了重要作用。“国培计划”旨在发挥示范引领、“雪中送炭”和促进改革的作用，培训一批“种子”教师，使他们在推进素质教育和教师培训方面发挥骨干示范作用，为教师获得高质量培训提供有力保障。

根据国务院《乡村教师支持计划（2015—2020年）》的总体部署，从2015年开始，“国培计划”集中支持中西部乡村教师校长培训。贴近一线乡村教师实际需求，科学设计培训课程和内容；创新培训模式，推行集中面授、网络跟进研修与课堂现场实践相结合的混合式培训；加强培训者培训，打造“干得好、用得上”的乡村教师培训团队；建立乡村教师专业发展支持服务体系，持续提升乡村教师能力素质；整合高等学校、县级教师发展中心和中小学幼儿园优质资源，探索教师培训选学和学分管理，形成乡村教师常态化培训机制。

2016年，教育部办公厅《关于印发乡村教师培训指南的通知》印发了《送教下乡培训指南》《乡村教师网络研修与校本研修整合培训指南》《乡村教师工作坊研修指南》《乡村教师培训团队置换脱产研修指南》等乡村教师培训指南，具体指导乡村教师培训工作。

（三）师德建设政策

《教育规划纲要》提出：要加强教师职业理想和职业道德教育，增强广大教师教书育人的责任感和使命感。教师要关爱学生，严谨笃学，淡泊名利，自尊自律，以人格魅力和学识魅力教育感染学生，做学生健康成长的指导者和引路人。将师德表现作为教师考核、聘任（聘用）和评价的首要内容。采取综合措施，建立长效机制，形成良好学术道德和学术风气，克服学术浮躁，查处学术不端行为。师德建设既需要教师加强道德修养，也需要加强制度规范和约束。为此，教育部先后出台《关于建立健全中小学师德建设长效机制的意见》《中小学教师违反职业道德行为处理办法》《严禁中小学校和在职中小学教师有偿补课的规定》。这些政策在加强师德教育、师德宣传、师德激励的同时，严格师德考核，将师德考核作为教师考核的核心内容，摆在首要位置。考核结果公示后存入师德考核档案并报学校主管部门备案。师德考核不合格者年度考核应评定为不合格，并在教师资格定期注册、职务(职称)评审、岗位聘用、评优奖励和特级教师评选等环节实行一票否决制。强化师德监督，有效防止失德行为。构建学校、教师、学生、家长和社会广泛参与的师德监督体系。教育行政部门和学校要建立行之有效的多种形式的师德投诉、举报平台，及时获取掌握师德信息动态，及时发现并纠正不良倾向和问题，将违反师德行为消除在萌芽状态。规

师德建设政策

范师德惩处，坚决遏制失德行为蔓延。明确教师不可触犯的师德禁行性行为，对危害严重、影响恶劣者，要坚决清除出教师队伍。对教师严重违反师德行为监管不力、拒不处分、拖延处分或推诿隐瞒，造成不良影响或严重后果的，要追究学校或教育主管部门主要负责人的责任。对涉及违法犯罪的要及时移交司法部门。

（四）小学教师任用与管理政策

小学教师任用和管理政策包括教师资格考试与定期注册制度、教师编制政策、教师聘任与交流政策、教师职称政策等。

《中小学教师资格考试暂行办法》

《中小学教师资格定期注册暂行办法》

1. 教师资格考试与定期注册制度

2013年8月，教育部印发《中小学教师资格考试暂行办法》《中小学教师资格定期注册暂行办法》，建立国家教师资格考试制度，严格教师职业准入。中小学教师资格考试（简称教师资格考试）是评价申请教师资格人员（以下简称申请人）是否具备从事教师职业所必需的教育教学基本素质和能力的考试。参加教师资格考试合格是教师职业准入的前提条件。教师资格考试实行全国统一考试。考试坚持育人导向、能力导向、实践导向和专业化导向，坚持科学、公平、安全、规范的原则。教师资格定期注册是对教师入职后从教资格的定期核查，5年一个周期，定期注册不合格或逾期不注册的人员，不得从事教育教学工作。这两个办法分别对教师资格考试、教师资格定期注册的条件、内容、形式、程序、组织管理等作了具体详尽的规定。

2. 教师编制政策

我国从1984年制定中小学教职工编制政策，2001年、2009年经过两次重要调整。基本精神是保证基础教育发展的基本需要，与经济发展水平和财政承受能力相适应，力求精简和高效，因地制宜，区别对待。综观起来，教师编制政策存在着编制标准整体偏紧且偏向城市、城乡倒挂倾向，编制管理制度也不完善、不健全，因而造成近年中小学教师特别是农村教师大量减少，难以满足农村中小学基本教育教学和学校运转要求，更难以适应教育改革和教育事业发展的需要,到了进行必要调整和完善的时候。

2014年11月，为了大力促进教育公平，统筹城乡教育资源均衡配置，中央编办、教育部、财政部下发《关于统一城乡中小学教职工编制标准的通知》，将县镇、农村中小学教职工编制标准统一到城市标准，即高中教职工与学生比为1∶12.5、初中为1∶13.5、小学为1∶19。在核定的编制总额内，按照班额、生源等情况统筹分配各校教职工编制。进一步完善中小学教职工编制动态管理机制，根据学校布局结构调整、不同学段学生规模变化等情况进行动态调整，提高编制使用效益。探索教职工编制管理与人事管理相结合，促进县域内的教师交流轮岗和均衡优化配置。县级教育部门在核定的编制总额内，按照班额、生源等情况统筹分配各校教职工编制，并报同级机构编制部门和财政部门备案。根据当前基础教育均衡发展的新要求，在严格执行国家关于向农村边远地区倾斜等规定的同时，重点对学生规模较小的村小、教学点，按照教职工与学生比例和教职工与班级比例相结合的方式核定教职工编制。继续深化中小学校后勤服务社会化改革，逐步压缩非教学人员编制。

3. 教师聘任与交流政策

2003年，教育部下发《关于深化中小学人事制度改革的实施意见》提出，深化中小学人事制度改革的总体目标是：以实行聘用（聘任）制和岗位管理为重点，以合理配置人才资源，优化中小学教职工结构，全面提高教育质量和管理水平为核心，加快用人制度和分配制度改革，建立符合中小学特点的人事管理运行机制，建设一支高素质专业化的中小学教师队伍和管理人员队伍。

《关于深化中小学人事制度改革的实施意见》

为深入推进义务教育均衡发展，2014年8月教育部、财政部、人力资源和社会保障部联合下发《关于推进县（区）域内义务教育学校校长教师交流轮岗的意见》，力争用3至5年时间实现县（区）域内校长教师交流轮岗的制度化、常态化，率先实现县（区）域内校长教师资源均衡配置，支持鼓励有条件的地区在更大范围内推进，为义务教育均衡发展提供坚强的师资保障。全面推进义务教育教师队伍“县管校聘”管理改革，打破教师交流轮岗的管理体制障碍。县级教育行政部门会同有关部门制定本县（区）域内教师岗位结构比例标准、公开招聘和聘用管理办法、培养培训计划、业绩考核和工资待遇方案，规范人事档案管理和退休管理服务。学校依法与教师签订聘用合同，负责教师的使用和日常管理。教师交流轮岗经历纳入其人事档案管理。

《关于推进县（区）域内义务教育学校校长教师交流轮岗的意见》

4. 教师职称政策

我国于1986年开始建立以中小学教师职务聘任制为主要内容的中小学教师职称制度。经过不断探索实践，2015年8月，人力资源社会保障部、教育部印发《关于深化中小学教师职称制度改革的指导意见》，旨在遵循教育发展规律和教师成长规律，按照深化职称制度改革的方向和总体要求，建立与事业单位聘用制度和岗位管理制度相衔接、符合教师职业特点、统一的中小学教师职称（职务）制度，充分调动广大中小学教师的积极性，为中小学聘用教师提供基础和依据，为全面实施素质教育提供制度保障和人才支持。

（五）教师待遇和荣誉政策

新时期以来，国家通过一系列政策，提高教师地位，维护教师权益，改善教师待遇，使教师成为受人尊重的职业。国务院《关于加强教师队伍建设的意见》出台了一整套政策，以切实保障教师合法权益和待遇：一是强化教师工资保障机制。依法保证教师平均工资水平不低于或者高于

小资料
深化中小学教师职称制度改革的主要内容

《关于加强教师队伍建设的意见》

《乡村教师支持计划(2015—2020年)》

国家公务员的平均工资水平，并逐步提高，保障教师工资按时足额发放。健全符合教师职业特点、体现岗位绩效的工资分配激励约束机制。按照“管理以县为主、经费省级统筹、中央适当支持”的原则，确保义务教育学校教师绩效工资所需资金落实到位。对长期在农村基层和艰苦边远地区工作的教师，实行工资倾斜政策。二是健全教师社会保障制度。推进教师养老保障制度改革，按规定为教师缴纳社会保险费及住房公积金。中央在基建投资中安排资金，支持加快建设农村艰苦边远地区学校教师周转宿舍。鼓励地方政府将符合条件的农村教师住房纳入当地住房保障范围统筹予以解决。三是完善教师表彰奖励制度。探索建立国家级教师荣誉制度。继续做好全国模范教师和全国教育系统先进工作者表彰工作，对在农村地区长期从教、贡献突出的教师加大表彰奖励力度。定期开展教学名师奖评选，重点奖励在教学一线作出突出贡献的优秀教师。鼓励各地按照国家有关规定开展教师表彰奖励工作。四是保障民办学校教师权益。建立健全民办学校教师管理相关制度，依法保障和落实民办学校教师在培训、职务（职称）评审、教龄和工龄计算、表彰奖励、社会活动等方面与公办学校教师享有同等权利。民办学校应依法聘用教师，明确双方权利、义务，及时兑现教师工资待遇，按规定为教师足额缴纳社会保险费和住房公积金。鼓励民办学校为教师建立补充养老保险、医疗保险。

此后，国家出台《乡村教师支持计划（2015—2020年）》，把乡村教师队伍建设作为实现教育现代化的重要战略基点，给予乡村教师群体特别的支持与关照。该计划为集中连片特困地区乡村教师发放生活补助，依据学校艰苦边远程度实行差别化的补助标准，依法为教师缴纳住房公积金和各项社会保险费；建立乡村教师荣誉制度，国家对在乡村学校从教30年以上的教师按照有关规定颁发荣誉证书。省（区、市）、县（市、区、旗）要分别对在乡村学校从教20年以上、10年以上的教师给予鼓励。各省级人民政府可按照国家有关规定对在乡村学校长期从教的教师予以表彰。

小结·阅读·拓展

一、本章主要讨论了小学教育政策体系的一些主要问题：

1. 新中国成立以来，我国小学教育政策经历重建与初步发展、“十年动乱”、拨乱反正、调节多重矛盾、均衡发展与质量提高五个阶段，逐步形成由纲领性政策、基本政策和具体政策所构成的具有内在逻辑的小学教育政策结构体系。教育政策根据作用与功能的不同，分为鼓励性教育政策、规范性教育政策和限制性教育政策。在对教育政策体系有了整体把握以后，应当进一步理解小学教育政策在整个教育政策体系中的定位。

2. 教育的纲领性政策指导整个教育事业，在宏观上调控整个教育事业及其在国民经济建设和社会发展中的利益关系，是一个时期党和国家教育的总方针、总政策。教育纲领性政策既是党和国家总的政策在教育方面的体现和具体化，又是制定教育基本政策和具体政策的纲领和依据。教育基本政策是对教育工作具有普遍指导意义、为解决教育改革和发展的基本问题而制定的教育政策。按照我国学者研究的观点，教育基本政策包括教育质量政策、教育体制政策、教育经费政策和教师政策。

3. 小学教育政策与小学教育法律法规是不可分割的。因为，小学教育的很多问题，如小学教育方针、体制、经费、教师等，既有着政策上的规定，也有着法律上的规定。其中，有一些教育政策已实现了法律化，成为小学教育的法律法规。这将是本书下面各章节要重点探讨的问题。

二、请利用课余时间阅读下列参考文献：

1. 范国睿 . 教育政策的理论与实践 [M]. 上海：上海教育出版社，2011.

该书探讨教育政策分析的基本方法与基础理论，包括：教育政策分析的目的与意义；教育政策分析的基本理论基础；教育政策分析的基本方法与策略；教育政策分析的基本过程；教育政策分析的基本工具。该书重视理论与实践的结合，在梳理国内外教育政策分析理论的基础上，结合国内教育分析的案例展开，避免将理论生搬硬套。

2. 吴遵民，等 . 基础教育公平论：中国基础教育公平与均衡发展的政策研究 [M]. 上海：上海教育出版社，2014.

该书包括六个部分：中国基础教育公平与均衡发展政策历史回顾；基础教育公平与发展的理论溯源；国外基础教育公平与均衡发展政策的演变；中国基础教育公平与均衡发展的立法研究；中国基础教育公平与均衡发展政策的实证研究；中国基础教育公平与均衡发展的政策理念与举措。作者试图寻找和探索未来中国教育发展的方向和路径，实现教育内涵的本质转变，即更多地关注教育公平，扭转教育的功利主义倾向，通过教育的均衡发展来实现人的全面和谐发展。

3. 张彩云 . 中小学教师工作政策研究 [M]. 北京：人民教育出版社，2015.

该书主要内容包括：构建各类标准，推动教师教育标准化；与国际接轨，保障教师教育质量；全面实施教师绩效考核制度，保证教师地位；推广免费师范生培养制度，培养优质师资；从国培到校培，促进教师终身学习；完善教师职称评定制度和退出机制，为终身学习提供制度保障；等等。

三、请在课余时间，选择开展以下拓展学习：

1. 根据我国小学教育政策体系产生和发展的历程，分析我国当下小学教育政策存在的现实问题，并提出可行的政策建议。

2. 调查当地小学教育体制政策、质量政策、经费政策和教师政策的制定、执行情况，写出调查报告。

第四章　小学教育法规概论

通过本章学习，你将能够：

● 理解教育法规是指国家机关依法制定的调整和规定教育活动、教育关系的法、法令、条例、规则等各种规范性文件的总称。

● 在理解教育法律关系的基础上，掌握小学教育法律关系的含义、特点、构成要素、内容及其类型。

● 明确小学教育法律责任的类型和构成要件，并在此基础上，知晓小学教育法律责任的承担。

问题情境：小学操场被占用该谁管

某小学因经济条件差等因素，没有修建围墙。住在学校周围的一些人家，经常将自家的东西很随便地放到学校的操场上，占据了学校操场不少地方。其中有一户是做柴油生意的，和其他人家一样，也将柴油放到了学校的操场上。这种做法，对学校操场造成了严重污染，影响了该校的体育课教学和课外活动的正常进行，更为严重的是有安全隐患。该校的校长很着急，与周边的住户交涉，但都没有结果。校长很气愤，又很疑惑，这么严重的问题怎么就没人管呢？

在此案例中，校长可取的做法是：当问题发生后，在协商不能得到解决的时候，校长应该学会借助法律及时有效地维护学校和师生的合法权益。按照相关教育法律规定，学校与这几户人家的纠纷属于民事纠纷，学校应以原告身份直接向人民法院提出起诉，用法律武器来维护学校和师生的权益。为此，我们应当了解和掌握教育法规方面的基本知识和理论。

第一节　小学教育法规是什么

本节将厘清教育法律、法规及其相关概念。

一、教育法律、法规与法治

（一）教育法律

所谓法律，指体现统治阶级意志的、经国家制定或认可并以国家强制力保证实施的行为规则的总和。其特征有三：第一，法律是国家制定和认可的；第二，法律是以国家强制力保证实施的；第三，法律是一个阶级的概念、历史的范畴，它不是从来就有的，也不是永远存在下去的。它随着阶级的产生而产生，并将随着阶级的消灭而消亡。

作为法律的重要组成部分——教育法律，同样与社会发展有着密切关系。正是由于教育法律的存在，一定社会的教育关系和教育秩序才得以建立维护，教育结构才得以完整和谐，教育活动才表现得有条不紊，教育体制才得以灵活运转。

教育法律指国家立法机关依据一定的立法程序制定或认可的调整教育活动中各种社会关系的法律规范的总称。它通过对教育关系的调整，促进教育秩序、教育公平、教育效率的实现，是教育与社会走向秩序化、公平化、效率化、和谐化的重要手段。

（二）教育法规

教育法规指国家立法机关及依法授权的政府机关制定的，调整和规定教育活动、教育关系的法、法令、条例、规则等各种规范性文件的总称。

教育法规有广义和狭义之分。广义的教育法规指国家立法机关和依法授权的政府机关制定，由国家强制力保证实施的教育活动的法律规范体系及其实施所形成的教育法律关系和法律秩序的总和。它的制定主体是多元的，不仅有最高权力部门，也有地方权力部门、其他政府部门等。在我国，教育法规主要指全国人民代表大会及其常务委员会制定的教育法律、地方权力部门制定的地方性教育法规、国务院及其各部委制定的规章及规定等。根据教育法规所调整的教育活动范围或对象的不同，广义的教育法规指调整和规定所有的正规教育活动和教育关系的法律规范，包括政府及其教育行政部门的教育活动和学校的教育活动、公立学校教育和私立学校教育、教师的教学活动和学生的学习活动等。

狭义的教育法规指由国家立法机关制定的教育法律。在我国指由全国人民代表大会及其常务委员会所制定的教育法律。根据教育法规所调整的教育活动范围或对象的不同，狭义的教育法规主要是调整教育行政关系的法规的总称。它以国家教育行政机关的组织、职权职责、活动原则、教育管理制度和工作程序为主要的规范内容。

从上可见，教育法规与教育法律从广义上理解，含义是相通的，都是以国家权力为保障强制执行的教育行为规则总和。从狭义上理解，教育法律主要指由国家立法机关制定的教育行为规范；而教育法规乃是一个泛指概念，既包括国家权力机关制定的教育法律，也包括国家行政机关制定的教育行政法规和规章，还包括地方权力机关和地方行政机关制定的地方教育法规和规章。

（三）教育法治

随着近代民族国家的建立，现代法律制度逐步完善起来，教育法制是其中的重要组成部分。法制一词，从古至今的理解，可以归纳出以下三种：第一种是静态意义上的，即国家的法律和制度的总称。不同的历史时期，不同类型国家都有这种静态意义上的法制。第二种是动态意义上的，指立法、守法、执法和法律监督等方面的法律制度及其运行机制。第三种可以理解为“法治”的，指掌握政权的统治阶级，按照民主原则把国家活动制度化、法律化，并实行依法办事的原则和治国方略，是立法、守法、执法和法律监督等方面的有机统一。其中心环节是依法办事。①

2014年10月，十八届四中全会通过的中共中央《关于全面推进依法治国若干重大问题的决定》提出，全面推进依法治国的总目标和基本原则，完善以宪法为核心的中国特色社会主义法律体系，加强宪法实施。该《决定》明确指出，要加快保障和改善民生、推进社会治理体制、创新法律制度建设，依法加强和规范公共服务，完善教育、就业等方面的法律法规。为贯彻落实党的十八大和十八届三中、四中、五中全会精神，进一步落实《教育规划纲要》提出的工作任务，落实《法治政府建

① 郑良信．教育法学通论［M］．桂林：广西教育出版社，2000：48.

设实施纲要（2015—2020年）》要求，全面推进依法治教，2016年1月，教育部研究制定了《依法治教实施纲要（2016—2020年）》，以法治思维和法治方式推进教育综合改革，加快构建政府依法行政、学校依法办学、教师依法执教、社会依法支持和参与教育治理的教育发展新格局，全面推进教育治理体系和治理能力现代化。

简而言之，教育法治与教育法制存在一定的区别。比较而言，教育法制是一种静态的制度体系，而教育法治则是一种动态的行为。现代意义上的法治，就是根据和依照法律来管理国家各项工作管理社会事务。教育部《依法治教实施纲要（2016—2020年）》提出：到2020年，形成系统完备、层次合理、科学规范、运行有效的教育法律制度体系，形成政府依法行政、学校依法办学、教师依法执教、社会依法评价、支持和监督教育发展的教育法治实施机制和监督体系。依法治教的基本原则是，坚持党的领导，坚持人民主体地位，坚持法律面前人人平等，坚持依法治国与以德治国相结合，坚持从中国实际出发，切实加强党对教育工作和学校工作的领导，坚持依法行政、依法治校，坚定不移走中国特色社会主义教育发展道路，将教育事业改革发展全面纳入法治轨道。

《依法治教实施纲要（2016—2020年）》

所谓依法治教，指完善教育法治，按照教育法规所确立的行为准则对教育活动和教育行为进行规范和管理。它既需要制定教育法规，还要有实施、监督与完善的制度来保障，更要运用法律手段来管理教育和发展教育。首先，要具有完善的教育法律关系，做到有法可依。各级立法机关、行政机关应制定具体、合理、完备和具有操作性的教育法律和法规，以此作为教育活动的法律依据。其次，要遵照制定的教育法规要求从事教育活动，做到有法必依，这意味着教育立法、执法、司法、守法和法律监督都应严格按照法律规定执行。再次，要维护教育法规的权威性和严肃性，做到执法必严。最后，要严格遵循法律规定，对违法者追究法律责任，做到违法必究。

二、教育法规与教育政策、教育道德

（一）教育法规与教育政策

如前所述，教育政策是国家为完成一定的教育任务，由政府及其机构和官员制定并组织实施的，旨在调节教育领域及其与外部的公共利益和关系、解决教育事业中存在的一些普遍性问题和矛盾的政策过程。而教育法规则是有关教育方面的法、法令、条例、规则、规章等规范性文件的总称。党的教育政策经过一段时间的实践验证之后，最终要依靠国家立法机关及依法授权的政府机关按照法定程序，上升为教育法规，以法的形式固定下来，使教育政策具有相对持久的普遍效力，并由国家的强制力来促进其贯彻实施。由此可见，教育政策是教育法规的灵魂，教育法规是教育政策的具体化、规范化和定型，教育法规能够集中反映党和国家在教育方面的主张和意志。教育政策指导着教育立法过程，体现在教育法规中，指导教育法规的运用和实施。历史经验证明，将党的教育政策与教育法规结合起来加以贯彻实施，是教育事业发展的可靠保障。

尽管教育政策与教育法规有着密切联系，但教育政策不等于教育法规，它们有各自的特点。如果把教育政策同教育法规等同起来，就会降低教育政策的指导意义，也会否定教育法规的强制作用。

教育法规与教育政策存在以下共性和区别：

1. 教育法规与教育政策的共性

第一，教育法规和教育政策有着共同的指导思想，即马克思列宁主义、毛泽东思想和邓小平理论；第二，教育法规与教育政策体现着党和人民共同的利益；第三，教育法规与教育政策都是上层建筑。教育政策通过法定程序变成国家意志，上升为国家的教育法规，在全社会产生效力，要求全体公民认真遵守和执行。这是加强党的领导，加快教育事业发展的有效措施。从这个意义上讲，教育政策与教育法规的本质是一致的。

2. 教育法规与教育政策的区别

第一，教育法规与教育政策的主体不同。教育法规由国家立法机关及依法授权的政府机关制定，依其层级的不同，在一定范围内具有国家意志的属性和普遍的约束力。教育政策的制定既可以是政党，也可以是国家权力机关和政府部门或有关的教育组织和机构，并在特定的范围内发生效力。第二，教育法规与教育政策的制定程序不同。教育法规必须严格依照法定程序，由立法机关或依法授权的政府机关制定，如《教育法》是经由全国人民代表大会审议通过的。而教育政策则依政府制定主体的不同，通常采用行政首长制或委员会制两种不同的制定程序（有时两种程序结合在一起使用）。[①]第三，教育政策与教育法规的表现形式不同。教育法规制定后，通常以规范性条文出现，对法规的适用条件、具体情况、具体行为规则以及违反者所应承担的法律责任作出确切的表述，具有规范性和确定性特征。而教育政策的表现形式多样，通常为决议、决定、指示等，较为原则，突出指导性、号召力。第四，教育政策与教育法规的基本原则和实施方式不同。教育法规以国家强制力保障实施，任何组织和个人都必须遵守，不得违反。违反教育法规的行为，要依法承担相应的教育法律责任。而教育政策主要依靠党的纪律、政府的行政权力而非司法权来实现和推动，其强制力不具有普遍性，是有一定限度的。第五，教育政策与教育法规的稳定性和调整范围不同。教育法规一般是在总结贯彻党和国家的教育政策所取得的经验基础上形成的，具有长期性和稳定性，它的制定、修改和废除必须依照一定的法律程序。教育政策则随着教育形势、教育任务的变化需要而适时作出调整和修订。同时，教育法规的调整范围比教育政策调整的面要小一些。教育政策制

① 袁振国. 教育政策学［M］. 南京：江苏教育出版社，2001：216.

定的灵活性和及时性要求教育政策调整范围更宽泛，可以及时渗透到教育领域各个方面，发挥其调节、导向作用。

正确理解教育法规与教育政策的关系，对于有效开展教育工作，发展教育事业有着极其重要的意义。

（二）教育法规与教育道德

法律和道德都是建立在一定经济基础之上的上层建筑，是统治阶级意志的反映，是统治阶级维护有利于它的社会关系和社会秩序的重要工具，两者相互配合、相互补充、相互作用、相辅相成，共同实现其统治。一方面，法律是传播、维护和推行统治阶级道德的有效手段；另一方面，统治阶级的道德也是维护和加强现行法律的重要补充力量。教育工作者在遵守教育法规的同时，还要大力提倡教育道德，发挥教育道德的巨大作用。

所谓教育道德，指能使教师自觉主动地服务于教育事业、增强教师威信、提高工作效率的一系列生活和工作准则构成的体系。教育法规对教育关系的调整经常会受到教育道德的调节。同样，教育法规对传播和维护教育道德也有一定的作用。在许多情况下，教育法规的落实单靠行政命令是行不通的，必须发挥教育道德的力量，造成一个自觉遵守教育法规的氛围。教育法规与教育道德具有互相影响、互相制约、不可分割的关系。

1. 教育法规与教育道德的联系

首先，教育法规和教育道德同属于上层建筑，都由社会经济基础所决定，又反过来服务于社会经济，其本质是一致的。其次，教育法规与教育道德都是对教育关系起调节作用，对人的教育行为起着规范作用，并对一定利益关系的形成与发展起阻碍或者促进作用。最后，“在同一社会中占主导地位的法律和道德具有共同的作用方向，反映的利益关系一致。在一定社会形态中，占统治地位的阶级总是要维护自己的根本利益的，并要根据这一目的要求，建立起一定的社会秩序，用道德行为手段加以维护。虽然一个国家或一种社会形态内的法律只可能有一种，道德可以有多种，不同阶段有不同的道德准则要求，但统治阶级所倡导的教育道德总是与法律的性质是一致的”。[①]

我国的教育法规始终贯穿着教育道德精神，并使这些教育道德具有教育法规的性质，诸如“爱护公物”“关心集体”“尊敬师长”等规定，都与教育道德精神一致。从我国教育法规和教育道德内容和实践的总体看，凡是教育法律所禁止的行为，都是教育道德所谴责的行为，违反了教育法规也就违反了教育道德。

2. 教育法规与教育道德的区别

首先，教育法规与教育道德的表现形式不同。教育法规表现在与教育有关的法律、条例、命令等条文中，一般是由国家机关依照一定程序制定的，更加正规和条

① 李晓燕．教育法学［M］.2 版．北京：高等教育出版社，2006：70.

文化。而教育道德一般没有特定的表现形式，多存在于教育工作者的意识和信念之中或形成社会舆论。尽管有的教育道德规范已成为教育法规的一部分，但更多的教育道德仍存在于教育道德体系中。

其次，教育法规与教育道德调整的范围不同。一般来说，教育道德调整的教育关系比教育法规更为宽泛。教育工作中需要处理的关系绝大部分都由教育道德来调整，而教育法规只在所规定的范围内起作用。某些违反了教育道德的行为虽然受到舆论的谴责，却不一定受到教育法规制裁，教育道德上的义务并不是教育法规上的义务。如，教师应该平等、公平对待每一个学生，假如某个教师偏向某个学生，就会受到道德舆论的谴责，但他（她）并不会受到教育法规的制裁，因为他(她)的行为并没有触犯法律，就不能使用法律手段制裁。

最后，教育法规和教育道德实现的方式不同。教育法规像其他法律一样具有强制性，它以国家权力为后盾，要求人人遵守。而教育道德则依靠舆论、信念和教育力量来实现，这种教育道德只有同时是教育法规的内容时，才具有强制性。对缺少教育道德的人通常采用批评帮助的方法，而且任何一级组织和个人都可以对此谴责。对违反教育法规的人则要根据情节和法律规定给予处罚，并且只能由国家机关来行使。

在教育工作中必须弄清教育法规和教育道德的联系与区别，对违反教育道德的应进行批评教育，对违反教育法规的则应交由相关权力部门处理。

三、教育法规的本质与特点

教育法规作为一种部门法律，有着与法律相同的本质特征，同时也具有自己独特的特点。

（一）教育法规是上层建筑的组成部分之一，具有国家意志性

从马克思主义法学观点出发，我们可以充分地认识到：教育法规从其本质上说是统治阶级意志和根本利益在教育领域内的体现，或者说教育法规体现了国家在教育方面的意志，是统治阶级共同教育意志的体现。从产生过程看，教育法规也是特定的国家权力机关按照法定权限和程序转化为国家意志的。从实施保障看，教育法规的实施具有强制性的特征，违反教育法规的行为要依据具体情况承担法律责任。从实施范围来看，教育法规对全社会具有普遍的约束力，依据“法律面前人人平等”的原则加以实施。从教育法规的内容看，它也是由表达权利和义务的法律规范构成的，通过规定各种教育主体之间的权利和义务，协调各种教育关系。因此，从根本上说，教育法规具有国家意志性和阶级性，这是教育法规最根本的本质特征。

（二）教育法规在一定程度上反映社会全体成员的共同利益，具有全社会性

现代教育已经成为一种公共事业，不再像古代教育那样只是少数权贵的特权。因而，现代教育法规的产生，不仅是统治阶级教育利益的需要，也是社会公共教育利益的需要。公民个人作为受教育者与国家具有共同的教育利益，这使得现代教育

成为一种具有全社会性的公益事业，教育法规的内容也必然要反映教育的这种公益性特征。

四、教育法规的作用

教育法规具有法律的一般特点，也就具有法律的一般作用。概括来说，教育法规的作用与功能，是确认、保护和发展有利于统治阶级的教育关系与教育秩序。

（一）保证教育方针的全面贯彻

教育方针是国家教育基本政策的总概括，是党和国家制定的引导教育事业前进的方向和目标。党和国家的教育方针，确定了我国教育的社会性质，教育目的在于培养德、智、体、美等全面发展的社会主义建设者和接班人。教育法规的实施，为全面贯彻党和国家的教育方针提供了基本保证。只有通过教育立法，使教育方针具体化、实施过程制度化，才能保证教育方针的贯彻执行，更好地发挥教育为社会主义建设事业服务的功能。

（二）促进社会主义教育事业不断发展

教育法规的制定，避免了教育工作中随意行为的发生，避免人为因素的干扰，确立相对稳定的教育秩序和良好的教育环境，使教育工作更加规范化、制度化，有法可依，有章可循。这些都对教育事业发展起到了重要的保障作用。

（三）保障人民的教育权利和义务

《教育法》《义务教育法》和其他一系列教育法规，规定了接受九年义务教育是我国公民最基本的教育权利和义务，在接受九年义务教育基础上，具有平等竞争接受其他各级各类教育的机会。因此，教育法规保证了每个公民具有平等的教育权利和义务，为全体公民提供平等的受教育机会。

（四）为教育改革提供实践保障

教育法规的贯彻实施，能保障教育事业按照教育法规所确立的目标和路径向前发展。每一项教育法规，都带有鲜明的实践性特征。教育法规指向教育实践，教育实践过程也就成为教育法规的过程，为教育的改革与发展提供了实践保障。

（五）规范组织和个体的教育行为

教育法规为教育事业发展提供了某种标准和规则，规定了可以做什么、不可以做什么。违反了教育法规，将受到法律的制裁。具体说来，教育法规的规范性作用包括如下内容。

1. 指引作用

教育法规体现了国家教育发展的目的、政策，指引人们按照国家的意志开展教育活动。教育法规通过命令性规范和禁止性规范，为人们的行为指出了方向。这种指引作用有两个方面：一是正向指引，即从正面或积极方向指引人们按照国家赞成或规定可行的方面去做。如《教育法》规定：全社会应当关心和支持教育事业的发展，全社会应当尊重教师，等等，这就是从正向对人们的教育行为起指引作用。二是负向指引，即从消极方面指导人们不能做或不该做什么。如《教育法》规定："违反国家有关规定，不按照预算核拨教育经费的，由同级人民政府限期核拨，情节严重，对直接负责的主管人员和其他直接责任人员，依法给予行政处分。"

2. 教育作用

教育法规对人们的行为所产生的影响，既有制裁违法行为的警示性教育作用，也有保护合法行为的支持性教育作用。这种教育作用，能有力地推动教育法规的实施，推动教育事业的发展。

3. 评价作用

教育法规作为国家一种普遍的强制性教育行为标准，具有判断、衡量人们的教育行为合法还是违法的作用。在执行教育法规时，人们总是自觉或不自觉地运用教育法规这一重要的普遍性评价标准，对照和衡量自己和他人的行为，分析判断其行为是合法还是违法的。

4. 强制作用

教育规范体现了国家意志，规定了人们在教育法律上的权利和义务关系，具有以国家强制力所保障的普遍约束力，并赋予人们行为以一定的法律后果，因而它能保证权利得以实现，义务得以履行，教育活动有序化。

第二节　小学教育法律关系如何构成

人们在不同的社会生活领域中会形成各种各样的社会关系，这些关系并不都属于法律关系。只有当某一种社会关系受到法律规范调节时，当事人之间才构成法律上的权利与义务关系，即法律关系。

一、法律关系的概念

（一）法律关系的含义和特点

法律关系是法律在确认和调整人们行为过程中形成的一种社会关系，即法律上的权利和义务关系。它属于上层建筑范畴，是一种特殊的社会关系，具有如下特点。

1. 法律关系必须以现行法律的存在为前提

法律关系是由法派生出来的现象，法律规范的存在是法律关系产生的前提，没有相应的法律规范存在，就不可能产生法律关系。有些社会关系领域，比如友谊关系、爱情关系、政党的内部关系等，一般不由法律调整，不存在相应的法律规定，因此就不存在法律关系。教育行政机构与学校、学校与教师、学校与学生、学校与一些组织和个人的关系因为有相应的法律规定，所以都存在法律关系。可见，法律规范是法律关系产生的前提，这一命题具有重要意义。它意味着各种法律关系的建立必须有严格的法律根据，保证法的制定与实施的统一。

2. 法律关系是以法律上的权利和义务为内容的特殊社会关系

法律规范和法律关系都包含着主体的权利和义务，但它们在法律上的表现形态不同。在法律规范中，主体的权利与义务只是一种可能性，是主体能够做或应该做的行为，并不是现实的行为，是在假定某种事实性的情况下，设定主体有什么权利和义务，并不表明主体实际已经有了某种权利和义务；在法律关系中，主体的权利与义务是现实的，法律规范所假定的事实已经发生在现实的领域中。同时，在法律规范中，主体的权利与义务是针对同一类人、同一类行为的，凡是出现法律规范所假定的事实，具有法律规范所规定的主体资格，都享有同一类权利并承担同一类义务；在法律关系中，法律所规定的事实情况，主体、权利和义务及其所指向的对象都是具体的。因此，法律规范中的权利和义务是抽象的，而法律关系中的权利和义务是具体的，法律关系使法律规范具体化。

3. 法律关系是由国家强制力保障的社会关系

教育法律关系一旦形成，就受到国家的保障，不能任意违反和破坏，对侵犯他人法定权利或不履行法定义务的行为要依靠国家强制力予以制裁，以保障法律规定的权利和义务得以实现和履行。国家支持、保证主体权利的行使，保证义务的承担，法律关系参与者任何一方如果不履行自己应尽的义务，将受到法律的制裁。

4. 法律关系属于社会上层建筑的范畴

法律关系反映了统治阶级意志的法律规范所确认和调整的社会关系，是人们有意识、有目的地结成的社会关系，同时又是建立在不以人们的意志为转移的客观规律基础上的。在社会领域中，人们都是有意识、有目的地进行活动的，但人们预期的目的往往是彼此冲突、互相矛盾的，而无数个别愿望和个别行动发生冲突的结果，“在历史领域内造成了一种同没有意识的自然界中占统治地位的状况完全相似的状况”。①就是说，行动目的是预期的，但却受到不以人们的意志为转移的客观规律的支配。为了说明以人们有意识、有目的的形式表现出来的社会关系与隐藏其后的、不以人的意志和意识为转移的客观规律之间的关系，列宁把前者称为“思想的社会关系”，而把后者称为“物质的社会关系”。②

（二）小学教育法律关系

小学教育法律关系是由教育法律规范所确认的，以调节人们在小学教育活动过程中所形成的权利和义务关系。小学教育法律关系也是教育关系的一种，但不等同于教育关系。所谓教育关系是在教育管理与教育活动过程中所发生的人与人之间的关系，如教与学的关系、教师与家庭的关系、教师与社会的关系等。当这种关系受到教育法律规范确认或调整的时候，它才成为教育法律关系。否则，只能是一种教

① 中共中央马克思恩格斯列宁斯大林著作编译局．马克思恩格斯选集：第4卷［M］．北京：人民出版社，1995：247.

② 《马克思主义历史理论经典著作导读》编写组．马克思主义历史理论经典著作导读［M］．北京：人民出版社，2013：198.

育关系。

那么，法律能够确认和调整的小学教育法律关系都有哪些呢？这里我们仅就几个重要的方面来谈一谈。

1. 学校与政府

学校与政府之间的关系主要表现为政府依法对学校进行行政管理、行政干预和施加行政影响，学校则处于服从的地位，必须履行行政命令所规定的义务。同时，学校可以依法享有独立自主的办学权利，可以对政府行使以建议、批评为中心内容的监督权。作为一种行政法律关系，这一关系的主体、权利和义务都是由行政法律规范预先确定的，当事人没有自由选择的余地。政府机关在与学校发生关系时以国家的名义出现并行使广泛的职权，在学校不履行规定的义务时，政府机关可以强制其履行；如政府机关不履行职责，学校则可以请求其履行或通过向国家有关机关提出申请或诉讼等方式解决。因此，学校与政府的关系具有不对等性，政府机关作为关系的一方，占据着主导地位，所采取的行政行为会对学校产生直接的权威性的促进、帮助或限制、制约作用。

2. 学校与社会

作为一种特定的社会组织，学校与社会存在着广泛的联系。学校与企事业单位、集体经济组织、社会团体、公民个人之间，既存在互相协作、互相支持的关系，又存在复杂的民事所有和流转上的关系。在这些关系中，学校是以独立的民事主体资格参与其中的。这在客观上要求法律确认学校相对独立的法律地位，规定学校与企事业单位、集体经济组织、社会团体、公民之间的权利和义务关系，保护学校的合法权益，促进教育事业的顺利发展。我国小学与社会各种组织和个人之间关系的法律调整，最突出地反映在财产关系、邻里权关系和合同关系上。

3. 学校与教师

在学校内部，学校与教师之间的关系就其行政性质而言，是一种由权责分配和学校工作特性所决定的管理关系。在这一关系中，二者所处的地位是不对等的，学校有权组织教育教学工作，监督和评价教师的课堂教学，对教师进行奖励和惩罚，教师在工作中必须服从学校的管理。但是，由于教师是具有较高文化程度和专业技能的社会群体，教学工作在很大程度上依赖教师个体积极性的发挥，学校应给予教师较大的自主权，实行教学民主与学术民主，并且根据学校民主管理的原则，让教师通过一定的形式行使民主权利，参与学校管理。

4. 学校与学生

学校与学生的关系，既是教育与受教育的关系，又是管理与被管理的关系。就义务教育而言，学校有权要求学生家长按有关法律规定送子女进学校学习，有权要求学生接受学校为学生身心健康而采取的各种卫生保健措施，有权对学生进行学籍管理，决定其升级、毕业和升学，有权对学生进行奖励和惩罚等。同时，学校也负有保障学生健康和安全的责任，禁止对学生进行任何体罚和人格侮辱。学生在学校除了享有一个公民应享有的各种个人权利和自由，诸如言论权、出版权、结社权、请求公正处理权、隐私权外，按照有关法律规定，还享有选择学校、免费学习、使用教学和物质手段、享受助学金和奖学金、参加学校社团、参与学校管理等特殊权利。在享有这些权利的同时，学生也应履行一定的义务，如遵守学校规章制度、接受学校和教师的教育与管理等。

二、小学教育法律关系的构成

小学教育法律关系同其他法律关系一样，也是由主体、客体和内容三要素构成。小学教育法律关系的主体指参与小学教育法律关系并享有权利和承担义务的当事人；小学教育法律关系的客体指参与教育法律关系并享有权利、义务指向的对象；小学教育法律关系的内容指小学教育法律关系主体享有的权利和义务。其中，小学教育法律关系的内容处于核心地位。

（一）小学教育法律关系的主体

小学教育法律关系的主体，是某一教育法律关系中享有教育权利和承担教育义务的个人或组织。无论公民或组织，要成为具有法律关系的主体，即作为权利享有者和义务承担者的主体，必须具有权利能力和行为能力。享受权利的人被称为权利主体，承担义务的人被称为义务主体，因此，小学教育法律关系主体又称为教育法律关系的权义主体。它是教育法律关系中最活跃、最积极的要素。没有教育法律关系的主体，就不可能有教育法律关系，运用教育法律规范就无从谈起。

在教育领域内，教育法律关系主体主要是教育行政部门、学校及其他教育机构、教师和其他教育工作者、受教育者等。在教育领域外，教育法律关系主体主要包括国家行政机关、企事业组织、社会团体、其他社会组织和个人等。其中，国家行政机关是小学教育法律关系最重要的主体，国家的教育行政职能正是通过国家教育行政机关形成一定的小学教育法律关系，并以教育行政行使权力和承担义务来实现的。这一关系反映的是国家与教育的纵向关系，其实质是国家领导、组织和管理教育活动。在此，国家行政机关是最重要的当事人，国家行政机关的存在及其教育行政职能的行使，是小学教育法律关系产生的前提条件。学校及其他教育机构、教师和其他教育工作者、受教育者是小学教育法律关系的核心主体，又是教育法律规范的重要内容。

（二）小学教育法律关系的客体

小学教育法律关系的客体，指小学教育法律关系主体享有的教育权利和承担的教育义务共同指向的事物或对象。小学教育法律关系客体主要包括教育行为、教育财产和精神产品。教育行为指人们在教育过程中所从事的各种教学和科研活动，这是小学教育法律关系客体的重要部分；教育财产指人们可以控制和支配的，如校舍、设施、场所、物资和奖金等有形财产和其他物质财富，这是教育的物质基础；精神产品指在教育领域中教育者或受教育者通过脑力劳动创造出来的如学术著作、科学发明等智力成果，是人们在教育、科技、文化等领域内创造的无形财富。小学教育法律关系的客体是主体之间所形成的权利和义务关系的联结点和载体。没有小学教育法律关系客体，小学教育法律关系则无从体现。

（三）小学教育法律关系的内容

小学教育法律关系内容指小学教育法律关系主体之间的教育权利和承担的教育义务。所谓教育权利，指教育法规赋予人们享有的有关教育方面的权益，它允许人们根据自己的意志选择作为或者不作为某种教育行为。教育权利对其主体来说，具有选择性。所谓教育义务指教育法规要求人们应履行的有关教育责任，它规定人们必须作为或者不作为某种教育行为。教育义务的承担是以法律来保证实现的。当教育义务的承担者没有履行义务时，就会引起某种法律后果，进而被要求承担一定的责任。教育义务对主体来说具有不可选择性。

小学教育法律关系的内容由小学教育法律关系主体之间的教育权利和义务所构成。小学教育法律关系的参与者，都享有一定的权利，同时又承担相应的义务。而在多数情况下，教育法律关系主体的权利与义务是不可分的，具有同一性。也就是说，既是主体的权利，同时又是主体的义务。如儿童接受教育、父母及其他监护人对未成年人进行教育、国家行政机关及其工作人员依法执行义务、教师依法完成教育教学任务等等，都体现了权利与义务的同一性。教育法律关系的最终实现是通过其主体享有教育权利和履行教育义务而获得的。

教育权利和教育义务之间存在一种相互依存、不可缺少与分割的关系。这种相互依存的关系首先表现为每种教育权利都必须伴有某种相应的教育义务，意味着在享有教育权利的同时，还应当履行教育义务。权利人所享有权利的实现依赖义务人对义务的承担；义务人如果不承担义务，权利人就不可能享受到权利。同时，权利和义务是在同一动态行为过程中实现的。或者是作为(亦即积极)的义务，即促使相应权利实现的特定义务；或是不作为(亦即消极)的义务，即不作出破坏或阻碍他人法定权利实现行为的义务。

权利和义务的相互依存关系还表现在其主体双方之间不可能一方只享有权利而不承担任何义务，另一方只承担义务而不享有任何权利。但权利的选择性和义务的不可选择性都不是无限的或绝对无条件的。因为权利和义务是以权力为后盾，以法律形式来保证实现的。权利人为享受权利而作出的行为只能在法律允许范围之内；义务人为承担一定义务而作出的行为也只能是在法律要求的范围之内，超过这个范围则属于义务人的自由。这种自由是义务人的权利。同时，当义务人依法履行某项义务时，任何人不得非法妨碍或者阻止。可见，“权利人在行使自己的权利的时候必须承担一定的义务，而义务人在履行义务时也同时享有一定的权利”。①

不过，法律关系中的权利与义务从其主体的数量上来看不一定是对等的，即可

① 孙国华．法理学［M］．北京：法律出版社，1995：123.

能不是一对一的。有时一个主体享有权利，多个主体负有义务。如适龄儿童有接受义务教育的权利，国家、地方政府、教育行政机关、父母、学校、教师都为这一权利的实现负有相应的义务。有时则相反，可能一个主体对几个主体负有义务。如一个教师通常要对多个学生负有教育义务。

（四）小学教育法律关系的产生、变更和终止

小学教育法律关系的产生、变更、终止不是独立实现的，它依存于教育法律规范和教育法律事实。然而，小学教育法律关系虽以教育法律规范的存在为前提，但教育法律规范只是设定了教育法律关系的一般模式，其本身并不能直接导致一个具体教育法律关系的自动出现。只有当符合教育法律规范设定条件的教育法律事实出现时，才能引起教育法律关系的产生、变更和终止。

所谓法律事实，是依法律规定能够引起法律关系发生、变更和终止的客观情况。法律事实按其与个人意志的关系，可分为事件和行为两种。事件指与个人意志无关的客观现象，如某教师的死亡，会导致一系列教育法律关系的变化，它使该教师与学校、学生之间原有的权责关系消灭了，也使其家庭的夫妻关系消灭了，并产生了继承遗产这一新的法律关系。行为指人的活动，是在人的意志支配下产生的客观情况，按性质可分为积极行为和消极行为，按形式可分为作为和不作为，按其是否符合法律规范要求又可分为合法行为和违法行为。

由此可见，教育法律规范、教育法律事实、教育法律关系三者之间有着密切的联系。教育法律规范是确认教育法律事实是否存在的依据，是教育法律关系存在的前提；教育法律事实是引起教育法律关系产生、变更或消灭的直接原因；教育法律关系则是教育法律事实出现后的结果，是教育法规作用于教育关系的途径和表现。

三、小学教育法律关系类型

分析小学教育法律关系的类型，有助于我们认识不同的小学教育法律关系性质、特点和调整方法，从而更好地实现教育法律规范对教育关系的调整。

（一）教育内部法律关系和教育外部法律关系

教育内部法律关系指由教育法律规范调整的教育系统内部的教育行政部门、各类教育机构工作人员及教育对象之间的教育法律关系，如教育行政机关与学校的关系、学校与教师的关系等。这类关系侧重教育行政法律关系。教育外部法律关系指由教育法律规范调整的教育系统与外部社会各方面之间所发生的教育法律关系。当然，这种分类只是相对的，两类教育法律关系在教育活动中常常会同时发生或相互交织在一起。如教师和学生家长之间既有共同教育学生的权利和责任，又有相互配合的义务。

（二）教育管理法律关系和教育活动法律关系

教育管理法律关系指由教育法律规范调整的，在教育管理过程中所形成的教育法律关系，如在教育过程中受教育法律调整的教育机构与学校之间的法律关系。教育活动法律关系指教育法律规范所调整的在教育活动过程中所形成的教育法律关系。如教师与学生之间、学生与学生之间、学校与社会之间的教育法律关系，由于教育活动涉及整个社会，甚至涉及公民个人的一生，因而调整教育活动关系的教育法律规范应当规范，由此形成的教育活动法律关系是广泛存在的。

（三）调整性教育法律关系和保护性教育法律关系

调整性教育法律关系是按照调整性教育法律规范所设定的教育关系模式，主体的教育权利能够正常实现的教育法律关系。它以主体的合法行为为基础，不需要运用法律制裁的手段，是实现教育法规的规范职能的表现。如学生按照规定入学，教师按照《教师法》允许或要求的限度行使教育职权等。保护性教育法律关系是在教育主体的权利和义务不能正常实现的情况下，通过保护性教育法律规范，采取法律制裁手段而形成的教育法律关系。它以主体的违法行为为基础，由国家行使制裁的权力，要求违法者承担相应的责任，是实现教育法规保障职能的具体表现。

（四）隶属型教育法律关系和平权型教育法律关系

隶属型教育法律关系是以教育管理部门为核心向外辐射，与其他主体之间形成的教育法律关系。这类教育关系是具有纵向隶属特征的管理主体与管理对象之间的关系。如，行政机关一旦作出了决定，下达了行政命令，行政法律关系就形成了，必须无条件服从，否则可追究相应主体的行政法律责任。平权型教育法律关系是两个具有平等法律地位的教育关系主体之间产生的教育法律关系，通常视为教育民事法律关系。这类教育法律关系与一般民事法律关系一样，具有横向平等的特征。这是一类具有教育特征和民事性质的教育法律关系。随着教育民主化的发展，平权型教育法律关系的范围将会逐步扩大。

按照国家的法律强制运行机制，教育法律又可区分为教育行政法律关系、教育民事法律关系和教育刑事法律关系，其违法主体分别承担行政责任、民事责任和刑事责任。这也表明，教育法律关系的上述分类是交叉出现的。

第三节　谁承担小学教育法律责任

教育法律责任是教育法律的重要组成部分，需要明确教育法律责任的类型、构成要件，以及教育法律责任主体及其责任承担。

一、小学教育法律责任的概念

（一）法律责任的基本含义

法律责任指法律关系主体因实施了违反有关法律规定的行为，依法应当承担的责任。法律责任有以下要件：一是作出了违背法律所要求的或超出法律所允许范围的违法行为。即，具有一定主体资格的公民或组织由于主观上的过错，所实施的具有一定社会危害性的依照法律应当予以追究的行为，包括侵权行为、不履行义务行为、越权行为、滥用职权行为等，这是承担法律责任的前提。二是要依法承担相应的法律后果。法律后果指任何法律责任都是基于一定的违法行为所作的法律上的否定性评价和谴责，是国家施加于违法者或责任者的一种强制性负担，是补救受到侵害的合法权益的一种法律手段，包括法律制裁、法律负担、强制性法律义务，法律不予以承认或撤销、宣布行为无效等。可见，法律责任是具有强制性的。

（二）小学教育法律责任

1. 小学教育法律责任的含义

小学教育法律责任，指小学教育法律关系主体因实施了违反教育法律规范的行为，依照有关法律、法规应当承担的强制性的法律后果，即受到一定的制裁和处罚。从定义可见，小学教育法律责任与教育违法行为紧密相连。或者说，只有在发生了违反教育法规的行为之后才会出现的一种法律后果。这些违法行为既包括不履行教育法规定的义务，也包括侵犯其他主体由教育法规规定的权利。小学教育法律责任作为一种社会责任，其区别于学校其他社会责任的特点在于：在法律上有明确具体的规定，运用国家强制力来保证其执行，并且由国家授权的机关来依法追究。小学教育法律责任的追究对象，可以是责任团体(法人)，如各级各类学校(公、私立学校)等，也可以是责任人(自然人)，如学校管理者、教师等。

小学教育法律责任的确定，一般使用“过错责任”原则和“无过错责任”原则。过错责任指由于当事人自己的主观过错造成危害行为而应承担的责任。无过错责任指当事人对一定的危害行为或事件没有直接责任，但负有间接的或相关联的责任，或根据社会公平原则应承担的责任。

2. 小学教育法律责任的类型

根据教育违法主体的法律地位及其教育违法行为性质的不同，小学教育法律责任可分为小学教育行政法律责任、小学教育民事法律责任和小学教育刑事法律责任等种类。

小学教育行政法律责任指小学教育法律关系主体由于实施了违反教育行政法律规范，构成违法行为，在行政上应依法承担的教育法律责任。它是最主要的一种法律责任。如违反关于学校设置、招生、停办的规定，不按法定手续变更学校开办人，不按规定使用和变更学校名称，违背规定的课程标准，不能完成法定的教学工作日，没有公开招聘教师、专业人员、教学辅助人员等。除此之外，还包括侵害他人权利的侵权行为，如收取不符合规定的费用，对学生处理不当，在对学生安全、健康方面的保护失当等，都有可能造成行政法律责任。

小学教育民事法律责任指小学教育法律关系主体违反教育法律规范，侵犯教师、学生、学校或其他教育机构的合法权益，造成人身或财产损失损害而应承担的法律后果。教育民事责任的重要特点之一是一种以财产、人身为主要内容的损害赔偿责任。民事责任就其内容看，可以划分出违反合同的民事责任和侵权行为的民事责任。首先，学校作为团体法人，在参与民事活动时，往往要签订教育合同，存在各种民事性质的法律责任。此外，在一些国家，学生与学校的关系作为一种合同关系，在出现教育纠纷时，可以要求追究学校违反合同的民事责任，请求民事赔偿。[①]

小学教育刑事法律责任是最严重的法律责任。小学教育刑事法律责任，指小学教育法律关系主体由于实施了违反教育法的行为，同时触犯了刑法所必须承担的法律后果。即刑事违法行为所导致的刑法处罚的法律责任，简称刑事责任。刑事责任是一种惩罚最为严厉的法律责任。教育法律关系主体出现严重违反行为，构成犯罪，作出对社会危害性极大的行为，要依法承担其刑事法律责任。

3. 小学教育法律责任的构成要件

法律责任的构成要件也称权责要件，指构成某种教育法律责任必须具备的条件，包括违法行为、行为人有过错、有损害事实、有因果关系等。教育法设定了法律责任，但根据什么来确定教育法律责任主体呢？这就是教育法律责任主体的归责要件问题。教育法律关系主体只有具备教育法律责任的归责要件，才能被认定为教育法律主体，承担相应的法律后果。

（1）有损害事实。即行为人有侵害教育管理、教学秩序及从事教育教学活动的公民、法人和其他组织的合法权益的客观事实存在。这是构成教育法律责任的前提条件。违法对社会所造成的损害，有两种情况：一种是损害已经发生了的、客观存在的，将来的损害如果必然发生，也视为已经发生的现实损害，如体罚学生致使学生身体受伤害；另一种是违法行为虽未实际造成损害，但已存在这种可能。如有关部门明知学校房屋有倒塌的危险，却拒不拨款维修。违法行为造成的损害后果，表现为物质性的后果和非物质性的后果。物质性的后果具体、有形、能够计量，如挪用学校建设经费，其数额可以计算；非物质性的后果抽象、无形、难以计量，如教师侮辱学生，造成学生精神上、心理上长期的伤害，则无法计量。

（2）损害的行为必须违法。即行为人实施了违反教育法规的行为，这是构成教育法律责任的前提条件。这个条件包括两个方面的含义：一方面指行为的违法性。只有行为违反了现行法律的规定才是违法行为。这种违法行为可以是积极的作为，如考试作弊，殴打、侮辱教师、侵占学校财产；也可以是消极的不作为，如不及时维修危房、拖欠教师的工资等。另一方面，违法行为必须是一种行为。人的行为虽然受思想支配，但是如果思想不表现为行为，则并不构成违法。

（3）行为人有过错。所谓过错，指行为人在实施行为时，具有主观上的故意或过失的心理状态。所谓故意的心理状态，指行为人明知自己的行为会发生危害社会或他人的结果，但希望或放任这种结果的发生。如某小学校长受利益支配受贿后，把工程交给了没有工商执照和保证施工质量的非正规公司。所谓过失的心理状态，指行为人在本应避免危害结果发生时，但由于疏忽大意或者过于自信而没有避免，

---

① 劳凯声．教育法论［M］．南京：江苏教育出版社，1993：226.

以致发生危害结果。例如，教师在教育方式不当对学生进行人格侮辱后，学生因不堪忍受而自杀。那么，该教师的行为就有过失的因素。

（4）违法行为与损害事实之间具有因果关系。违法行为是导致损害事实发生的原因，损害事实是违法行为造成的必然结果，二者之间存在着内在的、必然的联系。前者决定后者的发生，后者是前者的必然结果。如某校三年级科任老师上课时，学生张某在下面做鬼脸，引起同学哄笑，教师非常生气，走下讲台打了张某几个耳光，导致张某鼓膜破裂，左耳听力受损。这一损害事实发生的直接原因是老师的体罚行为，二者存在直接的因果关系。因果关系是承担法律责任的重要条件之一。

二、小学教育法律责任的承担

在一般情况下，教育法规依靠公民自觉遵守和执行。只有在实施过程中遇到阻碍或者被破坏的情况下，经说服、教育或行政干预无效，才通过国家强制力使之得以实现。但不论其实现方式如何，教育法规都具有必须履行和不可违反的性质。否则，就要承担相应的教育法律责任，受到相应的教育法律制裁。

总的来说，教育法律责任与教育法律制裁是紧密相连的。教育法律制裁是追究有关教育法律责任的直接结果。当然教育法律制裁与教育法律责任并不总是一致的，根据教育法律责任的不同性质，教育法律制裁包括具有纵向隶属特征的教育行政制裁、具有横向平等特征的教育民事制裁、具有刑事犯罪性质的教育刑事制裁。其中，教育刑事制裁是最为严厉的一种教育法律制裁。

教育刑事制裁是由国家审判机关即人民法院依照刑法的规定对犯罪行为实施主体依其应负的教育刑事责任所采取的刑罚制裁，包括主刑和附加刑两种。主刑包括管制、拘役、有期徒刑、无期徒刑、死刑五种；附加刑包括罚金、剥夺政治权利、没收财产三种。

案例库

无奈的名誉侵权案

李老师是皖北一乡镇小学的班主任，教龄已近30年。李老师走到哪里，都有曾经教过的学生亲热地和她打招呼，向她问好，让她深感欣慰。不少家长都恳切地对李老师说："孩子就交给您了，不听话您就揍！"但她从未动手打过学生，她爱学生，更严守法纪。由于平时工作认真负责，她所带班级学生成绩居全年级前列，深得学校师生和广大家长的认可。然而不久前，为了教育学生，引发了一场事端，为了讨回自己的名誉，也为了捍卫教师的尊严，她有生以来第一次走上了法庭。

（资料来源：《中国教育报》，2003-12-12）

教育民事制裁指法院对违反教育民事责任的违法当事人，依其所应承担的教育民事责任而实施的强制措施。其方式包括停止侵害、排除妨碍、消除危险、追还财产，恢复原状、修理、重做、更换、赔偿损失、支付违约金、消除影响、恢复名誉、赔礼道歉等。

教育行政制裁是国家教育行政机关等对有关单位和个人因违反有关教育行政法规所实施的强制性措施，包括行政处分和行政处罚，这也是一种法律制裁。如适龄儿童的九年制义务教育、某些公民的扫盲教育等，无论接受者主观意愿如何，都必须遵照执行。对于违反者，教育行政部门可以进行干预，直至实施教育行政处罚，追究其行政法律责任。教育行政制裁包括行政处分和行政赔偿。行政处分是由国家机关按行政隶属关系对有违法失职行为的国家公务员或由企事业单位对有违反教育法纪行为的职员的一种制裁，又称纪律处分，包括警告、记过、记大过、降级、降职、撤职、留用察看、开除。行政赔偿是依照《行政处罚法》规定的程序，给予犯有轻微违反教育法规的行为而又不构成刑事处罚的公民和个人的一种制裁，如对有关直接责任人员予以的警告、罚款、没收违法所得、停业停办、扣押或吊销许可证、拘留和劳动教养等涉及公民、法人与其他社会组织人身权、财产权及有关能力、资格方面的制裁措施。①

除了教育法律制裁，还有补救和强制。补救指责令教育法律关系主体停止继续违反教育法律规范的行为，并通过一定方式的作为来弥补造成的损害。补救的主要作用是制止对教育法律关系的侵害以及恢复有序的教育法律关系。补救的手段包括财产上的赔偿、补偿、精神慰藉以及对不法行为的否定。补救一般有财产上的补救，即返还财产、恢复原状、支付赔金、赔偿损失，对合法行为的损失给予补偿等；精神补救，即对违法侵害公民姓名权、名誉权等所给予的补救，主要指消除影响，恢复名誉，赔礼道歉等；对违法行为的否定主要指防止侵害，纠正不当(如宣告不当行为无效)，排除妨碍，消除危险等。所谓强制，指迫使违法者履行原有的教育法定义或新追加的作为惩戒的义务。它与制裁不同，从教育法的权利和义务角度说，制裁实际上是对违法者权利的剥夺，或者是使违法者承担一项新的义务，目的是使违法者引以为戒。强制是强迫违法者履行教育法定义务，包括制裁而引起的新义务，从这点上说，强制又是使违法者承担责任的最后手段。

同时，我们还应看到，教育法规的调整方法具有综合性的特点，即对不同性质的教育法律责任，要采取不同的方式追究法律责任。如对于教育行政法律责任应采取民事调整方式和民事制裁方法，对于教育刑事法律责任则应采取刑事调整方式和刑事制裁方法。当然，有时在一个教育违法案件中，反映出多种法律责任并存的状况。因此，对共同违法的主体，应根据其犯罪的具体情节和有关教育法规的规定，要求他们分别承担相应的教育行政责任、教育民事责任或教育刑事责任。如前所

---

① 严一新．基础教育法规概论［M］．武汉：华中师范大学出版社，2001：111.

述，在现实生活中，违反教育法规的行为大多属于一般的违法行为，违法者通常是承担行政责任或民事责任，即主要通过国家行政权力的形式来进行调整、规范。只有少数严重违反教育法规并构成犯罪者，才依照刑法追究其刑事责任。

小结·阅读·拓展

一、本章主要探讨了以下问题：

教育法规的概念、特征及本质，小学教育法律关系及教育法律责任。教育法规指国家机关依法制定的有关调整教育关系的教育方面的法、法令、条例、规则等各种规范性文件的总和。它与教育政策和教育道德既有共同的特性，又有区别。教育法规是上层建筑的组成部分之一，具有阶级性，这是教育法规的本质特征。小学教育法律关系是由教育法律规范所确认和调整的人们在小学教育活动过程中所形成的权利和义务关系，由法律关系主体、客体和内容三部分组成。小学教育法律责任指教育法律关系主体因实施了违反教育法律规范的行为，依照有关法律法规应当承担的强制性的法律后果，即受到一定的制裁和处罚。教育法律责任根据教育违法主体的法律地位及其教育违法行为性质的不同，可分为教育行政法律责任、教育民事法律责任和教育刑事法律责任。小学教育法律责任承担的主要方式是法律制裁，它以确认违法为前提，同时也是追究法律责任的实际后果。在一般情况下，教育法规依靠公民自觉遵守和执行。只有在实施过程中遇到阻碍或者被破坏的情况下，经说服、教育或行政干预无效，才通过国家强制力使之得到实现。

二、请利用课余时间阅读下列参考文献：

1. 张乐天．教育政策法规的理论与实践［M］.3 版．上海：华东师范大学出版社，2015.

该书系统介绍了教育政策法规的基础知识和基本理论，能够反映教育政策法规理论研究的新进展和新成就；实现教育政策法规的理论研究与实践研究的有机结合；结合教育政策法规的专题分析，解读现行教育法律。

2. 李晓燕．教育法学［M］.2 版．北京：高等教育出版社，2006.

该书共分原理篇、运行篇和雷池篇三部分，从法学、教育法规的基本概念原理讲起，有利于学生掌握教育法学知识。该书还对教育法规与教育道德、教育政策的关系作了深入探讨。

3. 张维平，郝淑华．教育法学基础［M］．大连：辽宁大学出版社，1996.

该书第一章为“教育政策概述”，对教育政策作了具体的阐述。如教育政策的概念、历史发展、特点、作用、形式、制定及实施等；第三章为“教育法规概述”，对教育法规概念、历史发展、特点作用、基本原则、形式、制定、效力和解释、实施都作了阐释。

三、请在课余时间，选择开展以下拓展学习：

1. 大潘乡村民陈某，其子自幼左脚残疾，行动不便。到入学年龄时，陈某带他到离家较近的某小学报名，该校以此儿童不属于所属学区为由拒绝其入学。在儿子入学无门的情况下，陈某向县教育局提出了申诉。请对这一案例进行分析。

2. 某校小学教师崔某怀疑学生王某盗窃同班同学文具盒里的16元钱，于是叫来询问，王某不承认。崔某在批评训斥的过程中，用锥子在王某脸上刺了一个“贼”字，并涂以红墨水。事件引起强烈的社会反响，教育局对崔某作出了开除处分，并对该校进行了批评，学校和崔某共同承担了6万元的赔偿责任。请指出案例中的法律关系主体，并指出不同主体之间的权利与义务关系。

3. 一天中午，一名社会男青年张某在学生放学时，在校门口公开截住某小学三年级的一名学生，强行要钱，该学生未答应，张某便对其公开进行打骂。正值王老师下班回家，见状对张某进行教育，并欲将被截学生带回学校，但张某不但不听劝告，反而谩骂王老师，进而拳打王老师，造成王老师面部严重擦伤和脑部轻微脑震荡。请问：案例中张某、小学生、王老师之间是什么类型的法律关系？谁应该负有怎样的法律责任？

第五章　小学教育法治建设

通过本章学习，你将能够：

● 了解国外小学教育立法的三个发展阶段以及我国现代教育立法的发展历程和存在的问题。

● 理解我国教育立法体制和立法程序。

● 明确教育法规的效力，教育法规是通过教育执法、教育司法、教育守法实施的，教育法律救济是保护教育法律关系主体合法权益的法律制度。

● 知道我国教育法律监督主要包括国家权力机关的教育法治监督、国家行政机关的教育法治监督、国家司法机关的教育法治监督和社会监督等。

问题情境：合理调整小学生入学年龄

近年来“幼儿园复读现象”在社会各界引发不小的争议，去年9月份以来，从事教育工作的吕铁元委员对此现象进行了深入调查，建议把现行小学入学年满6周岁的规定修改为：按照入学年-出生年=6，就可以上小学。

吕铁元委员介绍，由于小学入学严格录取“在8月31日以前出生的满6周岁的儿童”，导致不少9、10月份出生的儿童不得不在幼儿园复读一年。据调查，河北省各市幼儿园或多或少都有因年龄限制而选择复读的孩子。不少“复读生”家长认为，孩子就差一两个月甚至几天的时间，然而因为年龄门槛，不得不重新回幼儿园复读，不仅耽误孩子上学的时间，而且容易挫伤孩子的积极性。

据调查，湖北省、四川省、安徽芜湖等地已经放宽了小学生入学年龄。建议河北省也应该合理调整小学生入学年龄，解决“幼儿园复读现象”。

一是建议放宽小学生入学年龄（12月31日之前满6周岁即可）。目前小学生入学年龄规定为“在8月31日之前年满6周岁的儿童”，那些9、10月份出生的孩子，因为这个规定就得在幼儿园多待一年，看着同龄的孩子都能升小学了，自己却不能，心理会受影响。

二是建议把现行小学入学年满6周岁的规定修改为：按照入学年-出生年=6，就可以上小学。例如：2003年出生的不论出生月份，都于2009年入学；2004年出生的，全部在2010年入学，依此类推。

吕铁元委员说，这样做可以提高按照《教育法》应该入学儿童的比例，还可以有效降低产妇在8月集中剖腹产的比例，同时能有效降低学校非正常入学的比例，保证教育公平。

吕铁元委员说，从教育部获悉，教育部目前正酝酿对严格的小学入学年龄规定“松绑”，学校在优先保障年满6周岁儿童入学的前提下，可考虑接收将满6周岁的儿童入学。教育部有关负责人在教育部官方网站留言答复网民关于幼儿园复读现象的提问时表示，如果父母送距离9月1日还差两三个月才满6周岁的儿童入学，学校可否接纳，法律没有明确的规定。根据《义务教育法》为了“保障适龄儿童、少年接受义务教育的权利”的立法宗旨，“我们认为，学校在优先接收和保障年满6周岁的儿童入学后有学额空缺的情况下，可以考虑接收即将年满6周岁的儿童入学”。

（资料来源：吕铁元《义务教育　合理调整小学生入学年龄》，《燕赵晚报》，2016-01-08）

第一节　如何进行小学教育立法

教育法治是国家有关教育的法律制度以及保证教育法律制度有效实施（诸如教

育立法、教育执法、教育守法和教育法律监督等）的运行机制，是依法治教的前提和基础。一般认为，现代教育立法大体上经历了零星立法、专门对普及义务教育立法、广泛进行教育立法和教育综合立法四个阶段。①小学教育立法是教育立法的重要组成部分，其发展与各国教育立法的总体进程是一致的。尤其是在教育立法的初期，各国教育普遍是以小学教育立法为主的，在整个教育体系中，关于小学教育的立法是比较早的，也是比较成熟和完善的。

一、国内外小学教育立法进程

（一）国外小学教育立法概况

综观国外小学教育立法的发展过程，可以分为初始阶段、普及阶段和完善阶段。

1. 初始阶段

“文艺复兴”后，欧洲一些国家就提出了教育立法的主张，如捷克教育家夸美纽斯在欧洲各国进行教育改革时就曾指出，应当给学校充分的权力，使学校可以像各个国家一样制定自己的法规，在制定教育法规时，应充分考虑儿童的尊严，保证向儿童提供其发展自身天赋能力、达到自我实现所必需的各种条件。16世纪宗教改革的新教领袖马丁·路德也提倡广设学校，普及教育。在他的影响下，瑞士、荷兰等国纷纷颁布强迫教育的法令，实行强制入学，推行小学教育，其中德国是最早进行教育立法的国家。1819年普鲁士王国颁布义务教育法令，对7到14岁的儿童实施义务教育。但由于当时学校把持在教会手中，这一时期教育立法具有浓厚的宗教色彩，有些教育法令是教会直接制定和发布的。

19世纪初，机器大工业和现代工厂制度建立并不断发展，童工劳动严重地损害了工人阶级子女的身心健康，导致诸多社会问题。迫于工人阶级斗争的压力和社会劳动力再生产需要，英、法等国先后制定一系列工厂法规，如英国于1802年通过《学徒健康和道德法》，1833年又通过《工厂法》，其中的教育条款是英国较早的教育立法。法国1789年大革命后将教育作为国家的一种公共事业，1793年国民议会通过一项法令，宣布国家应当负责让一切公民接受小学教育，并于1833年通过《基佐法案》，以发展小学教育。

2. 普及阶段

19世纪下半叶，随着大机器生产的发展和资产阶级对劳动者智力因素作用认识的提高，西方各主要国家意识到普及义务教育的必要性，相继开始直接干预教育。为了抵御来自教会对教育世俗化的反抗，各国普遍借助法律的强制力来取消教会垄断教育的特权，将教育的领导权控制在国家手中。德国是世界上实现普及小学义务教育最早和最彻底的国家。1850年普鲁士王国在学校法草案中规定国民学校是义务教育的公立学校，学生免费入学。1872年普鲁士颁布国民教育法，形成了一个严格

① 劳凯声．教育法论[M]．南京：江苏教育出版社，1993：50.

由国家控制实施的义务教育法律体系。美国1787年颁布《西北土地法》，规定新设乡镇均须拨地兴办公立小学，这是美国小学教育立法的开始。从1852年马萨诸塞州发布美国第一个强迫义务教育法令开始，到1919年亚拉巴马州最后通过义务教育法令，用了60多年时间在全国实施6～8年的初等义务教育。英国1870年通过了第一部国民教育法——《初等教育法》(也称《福斯特法》)，奠定了英国初等国民教育法律的基础。之后于1876年、1878年、1880年、1891年、1893年先后颁布了许多教育法令，对7～11岁儿童实施初等义务教育，促成19世纪末初等教育免费制的实施。法国的义务教育立法几度反复。"巴黎公社"时期颁布一系列教育法规，从教育设施到教育内容、方法各方面全面清除宗教对教育的影响，留下了无产阶级教育立法的宝贵经验。1881年通过的《费里法案》，宣布对6—13岁儿童实施免费、世俗、强迫的义务教育。日本在"明治维新"时期就注重以教育法规来管理教育，1872年颁布《学制》，开始建立现代教育制度。

3. 完善阶段

从20世纪初开始，资本主义国家加强了对教育的全面干预和控制，教育立法备受重视，教育立法的内容和技术也日益完善。许多国家在《宪法》和教育法律中进一步明确小学教育在国家教育体系中的地位和作用、教育管理权限、师资培养、与上一级教育的衔接，明确了国家在教育方面的责任以及公民受教育的权利和义务，有力地保障了小学教育的普及和发展。

第二次世界大战后，随着现代科学技术的迅猛发展和生活水平的提高，世界各国的教育取得突飞猛进的发展，义务教育的年限不断延长，人们开始把教育看作个人一种不可剥夺的基本权利，要求享受机会均等的、有利于促进个性丰富和全面发展的、有助于探索和开拓新生活的教育。这一时期各国教育立法在广度和深度上都得到了飞跃式的发展。从广度上看，教育法规在所有法规中所占的比重越来越大；从深度上看，教育立法已经深入到教育活动的各种内部和外部社会关系中。小学教育活动的各个方面都有相应的法律规范。

综观国外主要国家小学教育立法的实践，其主要经验和特点可以归纳为以下几点：第一，小学教育单独立法，在时间上也比较早，从而保证了小学教育的有效实施，为整个教育发展奠定了坚实基础；第二，每次教育改革都会涉及小学教育，相关教育法律会随之得到修改，教育立法权限和职责越来越明确，立法程序越来越规范，法律制度不断完善；第三，各国几乎都在教育法案中有专项教育拨款规定，以此作为引导小学教育发展的手段；第四，小学教育立法只有从具体国情出发，与本国政治制度、经济水平、文化传统相联系，遵循教育发展的时代特点，才能最大限度地发挥作用。

（二）我国小学教育立法进程

我国古代法律在结构上是诸法合体的，未成为独具形态的规范性文件，而且法律能起多大作用需看统治者的开明程度。教育单独立法只是近代的事情。就小学教育而言，大体可分为清末小学教育立法、民国时期小学教育立法、新中国成立后小学教育立法三个阶段。

1. 清末小学教育立法

1902年清政府颁布《钦定学堂章程》（“壬寅学制”），包括《考选入学章程》《小学堂章程》等六个部分，在形式上对新学校进行了全面规定，虽未实行，但却是当时比较完备的现代学校系统，可以说是近代中国第一部教育法规。1904年颁布的《奏定学堂章程》（“癸卯学制”）不仅规定了学校系统，还规定了学校管理体制、教授法及学校设置办法等内容，是清末最重要的且是第一部正式实施的教育法规，它的实施标志着中国现代教育的诞生。1906年清政府学部颁布《强迫教育十条》，规定“幼童至7岁须令入学，及岁不入学者，罪其父兄”，这是中国政府强迫初等教育的第一道法令。尽管清末教育立法存在各种不足，还保留有不少旧教育的痕迹和封建主义色彩，也不切合中国的实际情况，但初步确立了中国现代教育制度，为民国时期的学校教育发展奠定了基础。

2. 民国时期小学教育立法

中华民国成立后，对教育进行了重大改革。1912年1 月 19日教育部公布了《普通教育暂行办法》和《普通教育暂行课程标准》，变革清末体制，重新对学校名称、教育内容、课程设置及教学要求作了明确规定，实行初等小学男女同校，废止读经，禁用清学部颁布的教科书，使用合乎民主共和的教科书，并于同年颁布《学校系统令》等一系列教育法令。这些教育法规吸收了西方国家教育立法的某些经验，在一定程度上是顺应历史潮流的。

从1919年到1922年，受美国杜威实用主义教育思想的影响，教育部颁布《学制系统改革令》，进行学制改革，规定实施6年小学教育，这是一个较为成熟的学制法令。至此，中国的现代学制及其立法可以说基本确立了。南京国民政府成立后，为实现其统治，效仿资本主义国家的教育制度和管理办法，重新制定了教育宗旨、教育政策，颁布了一系列的教育法规。但这一时期的教育法规从根本上说是代表大资产阶级利益的。

中国共产党领导中国人民进行了长期的新民主主义革命。期间，各根据地和解放区的革命政权根据党的路线方针政策制定了许多教育法规，如《中华苏维埃宪法大纲》《陕甘宁边区小学法》等。虽然由于当时的战争环境而缺乏系统性，具有临时性和地域性的特点，但这对促进根据地和解放区教育事业的发展发挥了重要作用，也为新中国教育立法积累了宝贵的经验。

3. 新中国成立后小学教育立法

新中国的法治建设是在废除旧法的前提下进行的，教育立法同样经历了曲折而漫长的历程。

（1）开端阶段。1949年2月中国共产党发布《关于废除国民党六法全书与确定解放区的司法原则的指示》，宣布废除旧法、建立新法，开始了我国社会主义法制建设，9月制定并通过了《中国人民政治协商会议共同纲领》，其中关于教育的条文为新中国教育规定了基本的政策。1949年12月，中央人民政府教育部召开第一次全国教育工作会议，决定以老解放区的教育经验为基础，吸收旧中国教育有用的经验，学习苏联的先进经验，为新中国的教育建设规定了明确的发展方向。1951年10月政务院颁布《关于改革学制的决定》，1952年9月颁布《关于接办私立中、小学的指示》，1954年《宪法》制定后，又先后制定了一系列相关法律，如1956年颁布《关于扫除文盲的决定》。但这一时期教育立法数量较少，许多应有的重要教育法律没有制定出来，教育法的级别较低，主要是教育法规，没有一部教育法律，效力相对较低。而且由于认识上的原因，法制观念没有在各级干部和人民群众中植根，教育法律和教育政策之间基本上处于混淆状态，教育法实际上更多的是教育政策。

（2）跌入低谷阶段。1957年后国家立法工作基本停顿，甚至新中国成立后制定的一些可行的法律、法规也得不到遵守，逐渐失去其权威性。1963年，为克服在纠正学习苏联经验过程中的“左”的错误，中共中央颁布了《全日制小学暂行工作条例》(简称“小学四十条”)，进行经验总结，为小学教育工作明确方针。

“文化大革命”十年中教育立法处于停顿状态，已有的教育法规被破坏殆尽，教育事业遭到严重摧残。直到粉碎“四人帮”后重新颁布“小学四十条”，小学教育立法工作才开始出现新的局面。

（3）发展阶段。1982年12月第五届全国人民代表大会第五次会议制定了第四部《宪法》,《宪法》中有关教育的条款为教育立法和依法治教提供了法律依据，其后教育立法迅速发展。 1986年4月《义务教育法》颁布，以法律形式规定国家实施九年义务教育；1993年10月《教师法》颁布，对教师的权利、义务、任用、考核和待遇等作了全面的规定，是我国教师队伍建设走向规范化、法治化的根本保障；1995年3月《教育法》颁布，标志着我国教育法治建设进入一个新的发展时期。此后，该法于2009年8月27日第十一届全国人民代表大会常务委员会第十次会议《关于修改部分法律的决定》第一次修正；2015年12月27日第十二届全国人民代表大会常务委员会第十八次会议《关于修改〈中华人民共和国教育法〉的决定》第二次修正。此次《教育法》修正，一是进一步完善了教育基本制度，并作出明确的规定、明确的表述；二是进一步确立教育公平和促进教育均衡发展的国家责任；三是“营利性”问题实现重大制度突破，“任何组织和个人不得以营利为目的举办学校及其他教育机构”的规定被删除；三是下放设立高校审批权限，并完善了高等教育办学水平和质量的评估体系等规定；四是加大了教育违法的处罚力度。

《依法治教实施纲要(2016—2020 年)》

根据教育部制定的《依法治教实施纲要（2016—2020年）》，今后几年，将尽快完成《民办教育促进法》修订案的审议，加快推进《职业教育法》修订、《学前教育法》起草、《学位条例》修订以及《终身学习法》等法律草案的起草工作，适时启动《教师法》修订工作，配合做好《家庭教育法》起草工作。积极推动教育行政法规建设，完成

《残疾人教育条例》修订，《国家教育考试条例》《学校安全条例》等法规的起草工作。到2020年，在国家层面，基本形成适应实践需要、内容完备的教育法律、行政法规。与此同时，积极推动教育地方性法规规章建设，全面提高规章及规范性文件质量，优先在招生考试、师生权益维护、学校管理、教材管理、教学科研行为规范等领域，制定或者修订综合性规章。

二、教育立法体制

所谓立法体制，指按照《宪法》和其他法律的规定，关于国家机关立法权限划分的制度。也就是在一个国家中，按照《宪法》和其他法律规定的国家机关及其人员创制、认可、修改和废除法律及其他规范性法律文件的权限划分的制度。

我国现行教育立法体制，是中央集权与地方分权相统一的立法体制。这一体制既不是纯粹的单一立法体制，又不是典型的复合立法体制，也不是制衡的立法体制。它具有鲜明的中国特色，是中央集权和地方一定程度分权的统一。一方面，最重要的立法权即宪权和法律的立法权属于中央(全国人大及其常委会)，并在整个教育立法体制中处于领导地位；另一方面，国家整个立法权又由中央和地方多方面的主体行使。[①]它可以概括为“一元、两级、多层”：“一元”指中央立法机关为最高立法机关，所制定的法律具有最高效力；“两级”指我国具有立法权的机关包括中央和地方两级，中央为全国人民代表大会及其常务委员会，地方为省级人民代表大会及其常务委员会；“多层”指的是在中央立法方面分为全国人民代表大会、全国人民代表大会常务委员会、国务院，地方立法方面分为省级人大及其常委会、授权的市人民代表大会、省级人民政府、省会市人民政府等。这些机构制定的法律、行政法规、地方法规、章程等是上下服从的关系，最后都服从《宪法》。

三、教育立法程序

教育立法程序，指由《宪法》和其他法律规定的享有立法权限的国家机关制定、修改或废止教育法规所必须履行的法定步骤。教育立法程序表明了国家教育决策的民主化、科学化、法律化程度。任何国家机关都必须按照《宪法》和其他法律规定的权限和程序来进行教育立法，这也是社会主义法治最基本的要求。在我国，各级人民代表大会及其常委会进行教育立法一般包括三大阶段、若干步骤。

（一）准备阶段

包括各级人民代表大会及其常委会接受教育立法的建议和意见、进行教育立法的预测、制定教育立法规划、选择教育立法参与人员、拟定立法议案、拟定和论证法律草案以及开展对于新的重大问题的探索、试验。它是一个打基础的阶段，直接关系到立法的质量。

① 周旺生．立法学 [M]．北京：法律出版社，2000：189.

（二）形成阶段

包括教育法律议案的提出和审议、法规草案的审议、法规草案的通过和法规的公布。这是教育立法工作的核心阶段。

1. 教育法规议案的提出和审议

法规议案指法律制定机关开会时提请该机关列入议程讨论决定的关于法律制定、修改或废除的提案或建议。教育法规议案是由法定的机关和人员提出、被列入会议议程的教育立法建议或意见。我国具有向各级人民代表大会及其常委会提出议案职权的机关和人员包括：各级人民代表大会的代表团或一定人数的代表(全国人民代表大会需30名代表联名)，各级国家权力机关的主席团、常设机关和各种委员会，各级行政机关，国家司法机关和军事机关。

教育法规议案先由专设法治机关对教育法规草案的内容、技术及法理等方面进行审查，审查可能通过，也可能通不过。对于通过的法规议案须经进一步广泛征求意见，反复讨论、审议，最后形成提交人民代表大会或其常委会审议、讨论的正式法律草案。

2. 教育法规草案的审议

教育法规草案的审议指人民代表大会或其常委会对列入议事日程的、根据已被通过的法规议案而拟定的教育法规草案从立法宗旨、基本精神、内容和合法性等方面进行审议和讨论。从我国立法实践看，一般教育法规草案的审议要经过两个阶段，先由人民代表大会的教育委员会和法律委员会对教育法规草案进行审议，再由人民代表大会或其常委会全体会议进行审议。

小资料
《教师法》的诞生

3. 教育法规草案的通过

教育法规草案的通过指人民代表大会或其常委会对草案经过讨论并进行表决后，表示正式同意，使教育法规草案成为教育法规。这是整个教育立法过程中最重要的步骤。

4. 教育法规的公布

法律的公布指法律制定机关将通过的法律以一定的形式予以正式公布。通常是以人民代表大会或其常委会决议的形式正式在公报或报纸上发布，其他国家机关制定的教育法规由法定负责人以命令的形式发布，以通知国家机关和公民，保证法律的效力。这是教育立法过程的最后一步。

在我国，全国人民代表大会及其常委会通过的法律以国家主席令的形式公布，通常刊登在《人民日报》《法制日报》《全国人民代表大会常务委员会公报》上。国家教育部制定的教育法规通常在《中国教育报》上全文发表，享有地方立法权的地方国家权力机关制定的地方性教育法规以地方国家权力机关公报形式公布。公布教育法规时，必须说明其生效的日期。凡未公布的教育法规不具有法律效力。

（三）完备阶段

教育法规的完备阶段，包括法的修改、废除，法的解释、法律规范性文件的清理、法律汇编和法律编纂等。

第二节 小学教育法规如何实施

教育法规的实施，是通过一定制度、程序、方式在教育活动中具体适用教育法规的活动。教育法规的实施，包括教育法规的效力、教育执法、教育司法、教育守法和教育法律救济等内容。

一、教育法规的效力

教育法规的效力指教育法规的生效范围，主要包括在时间上的效力、空间上的效力以及对人的效力等方面。明确教育法规的效力是正确适用教育法规、保护合法权益不受侵犯的前提。

(一) 时间上的效力

教育法规在时间上的效力指教育法从何时开始生效与何时终止生效，以及教育法律规范对它颁布之前的事项和行为有无溯及力的问题。

教育法规的生效时间一般根据教育法规的具体性质和实际情况而定，通常有两种情况：一是自发布之日起生效；二是由法律文件规定生效日期，具体教育法公布后，经过一段时间的宣传学习，或经过一定的准备后才开始生效。如《教师法》由八届人大常委会第四次会议于1993年10月31日审议通过，并于同日以国家主席令予以公布，该法规定："本法自1994年1月1日起施行。"新修订的《义务教育法》，自2006年9月1日起施行。新修订的《教育法》，自2016年6月1日起施行。

教育法规终止生效的时间也有三种情况：一是新法取代原有法律，新法颁布后，原有的法律即失效，或在新法中明文宣布废止旧法，如《学校体育工作条例》公布后，该条例最后一条规定废止《中小学体育工作暂行规定》这个部门规章；二是明确规定教育法规的特定生效期限，期限一到或到期未延期则自动失效；三是由立法机关发布专门的决定，明确宣布废止某些教育法规。如2010年12月13日公布的《教育部关于修改和废止部分规章的决定》，自公布之日起。其中，删除《普及义务教育评估验收暂行办法》(教基〔1994〕19号)第十一条中的"集资办学"，删除《小学管理规程》(国家教育委员会令第26号)第十二条中的"并可按有关规定收取借读费"。根据2016年7月11日教育部办公厅《关于取消相关事项证明的公告》，在因教师资格证遗失的补发申请中，取消《教育部关于印发〈教师资格证书管理规定〉的通知》(教人〔2001〕6号)中规定的由"持证人在公开发行的报刊上刊登遗失声明"的规定。

教育法只适用于生效后的事实和关系，不适用于生效前，即不溯及既往。

(二) 空间上的效力

教育法规在空间上的效力指教育法规在什么地方、多大范围发生效力。通常有两种情况：一是教育法规在全国范围内生效，即在我国的整个领域生效，凡国家强制力到达的地方，就是教育法规生效的地方，包括我国所有的领土、领空、领海以及延伸意义上的领域，如驻外使领馆等；二是在特定地域或行业内生效，地方省一级人大或政府制定的地方性教育法规只能在本行政区域内生效，国家针对某些特定行业制定的相关教育法规也只适用于这一特定行业。

（三）对人的效力

教育法规对人的效力指教育法对什么人有效的问题。我国教育法规对本国公民的效力主要表现为两种：一是对所有人具有普遍效力，如《教育法》规定“中华人民共和国公民有受教育的权利和义务”，即对所有公民都有效力；二是对部分人具有效力，如《教师法》规定的教师的职业权利只对取得教师资格并在学校任教的公民有效。对外国人的效力也有两种：一是外国人在中国领域内除法律另有规定外，适用我国法律，中国法律既保护其合法权益，又依法处理其违法行为；二是外国人在中国领域外对我国国家和公民违法侵权的，按我国刑法规定可判三年以上有期徒刑的可适用我国法律，但按犯罪地法律不受处罚的除外。

二、教育执法

（一）教育执法的概念

教育执法也称教育行政执法。教育执法是国家各级教育行政机关以及法律授权的单位，以国家的名义对教育活动进行全面管理、依法行政，通常带有强制性、主动性和单方性。教育执法既是执法机关的权力，也是其面对社会、公民承担的义务，如果教育行政机关不主动执法，并因此造成损失，就构成失职，同样要承担法律责任。

（二）教育执法原则

1. 合法原则

合法原则指教育行政机关在教育执法过程中要遵守教育法规，执法活动要有法律依据，在法定权限内，依照法定程序进行。

2. 公正原则

公正原则指教育行政机关在执法过程中应客观、适度，不徇私情，不持偏见，符合法律和社会主义制度的要求。教育行政机关的自由裁量是在教育法范围内的自由裁量，在教育执法过程中应严格按照法律条文的规定，遵循一定的程序，独立作出执法决定，不能受其他国家机关或其他外部压力的影响和干涉，对于相对人的申请或教育行政机关应当管理的事项不能不作为或故意拖延，应及时给予答复和处理，执法人员也不能与相对人有利害关系，不能接受相对人的贿赂或给予的其他好处。

3. 公开原则

公开原则指教育执法活动的全部内容和过程都应当公开。教育执法人员在执法时要向相对人表明自己的身份，出示相关证件。教育行政机关在采取行政措施、实施教育行政处罚和强制时应以书面或其他形式通知相对人，并向相对人解释教育执法的相关内容，告知所享有的申请复议和提出诉讼的权利，避免滥用职权。

4. 权责统一原则

权责统一原则指在教育执法活动中，教育行政机关在对管理相对人适用教育法规的同时承担由实施执法行为引起的法律后果。教育行政机关及其工作人员的执法行为如果侵害了相对人的合法权益，必须予以纠正，使相对人的合法权益得到补救，对所造成的损害应承担赔偿责任，对渎职行为也要追究相应责任。

5. 不停止执行原则

不停止执行原则指教育行政机关对于有效成立的执法决定，无论相对人对执法决定有无异议，即使在相对人申请复议和提出诉讼期间，都不能停止对该决定的执行。这样既可以维护教育法规尊严，又可以避免造成不可挽回的损失。

（三）教育执法的形式

教育执法包括行政检查、行政处罚、行政强制以及行政许可和行政确认等。

教育行政检查是教育行政机关及其公务人员对学校等教育机构、教育工作者、受教育者以及其他组织遵守教育法规情况进行检查，以预防和及时纠正被管理者的违法行为，督促被管理者遵守教育法律法规。

教育行政处罚是教育行政机关对违反教育法律规范、但尚未构成犯罪的公民、法人或其他组织处以新的义务或者剥夺其某种既存权利的制裁，以维护教育秩序、消除教育违法状态，教育违法者和其他公民、组织。

教育行政强制指特定的国家行政机关在紧急状况下，采取强制手段防止危害教育事务的结果发生或者扩大，以及当教育相对人拒不履行教育法律的义务时，特定的行政机关采取强制手段迫使其履行或达到履行相同状态的活动。教育行政机关在采取强制执行措施之前必须预先告诫相对人，明确要求其及时履行义务，否则将受到某种影响。

教育行政许可指教育行政机关根据公民、法人或其他组织的申请，依法赋予其从事某种法律禁止的教育事项或资格，如开办学校，它使教育行政机关从单纯的计划或管理过渡到对教育、对人的资质进行管理，通过严格控制许可关来维持教育秩序，保护教育相对人的合法权益，保证教育事业的健康发展。

教育行政确认指教育行政机关依法对教育相对人的资质、条件等进行甄别，并给予确定、认可、证明，以预防各种教育纠纷的发生，协助解决教育争议，保护相对方的合法权益。

三、教育司法

（一）教育司法的概念

教育司法是国家司法的重要内容，在教育法规的实施中占有特殊地位。当某种法律关系处于不确定状态，当事人的权利和义务不能顺利实现时，就会形成干扰教育法运行的障碍，通过教育司法给予当事人双方以明确答复，从而最终消除当事人之间在权益上悬而未决的争执，排除教育法律运行的障碍；通过教育司法，强制责任方以赔偿损害、履行法定义务等方式补救被侵害一方的权利，使被阻滞的教育法规运行或被破坏的教育法律秩序得以恢复。

（二）教育司法的原则

1. 法治原则

教育司法机关在审理教育案件时，应以与案件有关的客观事实为依据，以法律为准绳，严格按教育法律规定办事，不仅符合法定的权限和程序，而且事实的认定和裁决的作出都符合相关教育法律法规的具体规定，切实做到有法必依、执法必严、违法必究。

2. 平等公正原则

教育法规对全体公民，不分民族、种族、职业、宗教信仰、财产状况、受教育程度、居住年限与社会地位一律适用。司法机关在处理教育案件时对任何公民的合法权益都依法保护，一视同仁。不能由于责任人的家庭出身，或过去的功绩等，而对其的裁判偏离甚至违背法律的要求。司法公正不仅表现在形式上，还包括司法程序公正、实质公正。

3. 独立司法原则

教育司法权只能由国家各级审判机关和检察机关统一行使，其他行政机关、团体和个人都无权行使此项权力。司法活动只有独立，才能不受各种干扰①，才能维护国家法治统一和司法公正，保证司法机关正常行使职权，正确使用法律。

4. 公开原则

司法机关对教育案件的审理要公开进行，以遏制司法机关及其工作人员的违法和不道德行为。只有公开，才能接受群众监督，法官的独立才不至于变为独断专行。②同时，通过陪审员制度建设、建立法官与当事人隔离制度、新闻舆论监督等，提高司法活动的透明度。

5. 司法责任原则

司法工作人员在审理教育案件时，因故意或过失性错误，侵犯了公民、法人或其他社会组织的合法权益，对所造成后果应承担一定责任。

（三）教育司法的主要形式

1. 教育行政诉讼

教育行政诉讼指教育行政管理相对人认为教育行政的具体行政行为侵害其合法权益，依法向人民法院提起诉讼，由人民法院对行政行为进行审理和裁决的活动。通俗地讲是一种“民告官”的诉讼，法律只赋予行政管理相对人以诉权，而没有赋予行政机关诉权，因而只能由教育行政管理相对人提起，不能由教育行政机关提起，而且教育行政机关只有上诉权，没有反诉权。教育行政诉讼的主管机关只属于

①② 肖扬. 法院要严格遵循两大司法原则 [N]. 光明日报，2004-06-29.

人民法院，在性质和目的上有别于教育民事诉讼和教育刑事诉讼，在教育行政诉讼中，作为被告的教育行政机关由于行政处理决定是其单方面作出的，且作为管理者在收集证据方面处于有利地位，因而负有举证责任。人民法院在审理教育行政诉讼案件时，不得采用调解作为审理和结案方式。

2. 教育民事诉讼

教育民事诉讼指人民法院在双方当事人和其他诉讼参与人的参加下，依法审理和解决有关教育的民事纠纷案件活动。教育民事诉讼范围主要包括教育方面的财产权纠纷案件，如财产所有权、债权等纠纷；教育方面的人身权纠纷案件，如名誉权、荣誉权、肖像权等纠纷；教育方面的经济合同纠纷案件；教育方面的知识产权纠纷案件，如著作权、专利权等纠纷。教育法律关系主体在上述合法权益受到侵害时，可根据《教育法》《民事诉讼法》等法律的相关规定，向人民法院提出请求，要求人民法院行使国家审判权，以保护、补救自己的合法权益。

3. 教育刑事诉讼

教育刑事诉讼指国家司法机关在双方当事人和其他诉讼参与人的参加下，依照法定的诉讼程序，审理有关教育刑事案件的活动。教育刑事诉讼的主要内容是揭露犯罪、证实犯罪、追究犯罪人的刑事责任，其根本目的在于解决被告人的刑事责任问题，即确定被告人的行为是否构成犯罪，应否判处刑罚及判处何种刑罚，准确及时地惩治犯罪。

四、教育守法与违法

（一）教育守法

教育守法指一切国家机关、社会组织和公民在教育活动中依照教育法的规定行使权力，履行义务。对于国家机关而言，其在行使职权、履行公务过程中行为的内容、方式、程序要符合教育法规的要求，既不能越权行事，也不能失职渎职；国家机关及其公务人员在其职权管理的社会活动中必须奉公守法，不得借手中的公共权力去牟取私利。对于社会组织和公民个人而言，参与教育活动的行为要符合教育法规，做出法律所要求或许可的行为而不做法律所禁止的行为。

教育守法分为主动守法与被动守法。在主动守法者中，有的人认为教育法规代表了他本人在内的全社会的教育意志和利益，因而能自觉地服从法律，时刻以教育法规为准绳调整自身的行为，真正做到依法治教、依法执教、依法兴教，这是教育守法的最高层次。被动守法者多是因害怕违法后会受到制裁而勉强守法，或是因为违法受到制裁后不得不守法，这是最低层次的教育守法。

从法的调整方式来看，教育守法包括教育义务的履行、教育禁令的执行和教育权力的正确使用。教育义务的履行，指每一个教育法律关系主体自觉做出教育法规所要求或许可的行为。比如按照《义务教育法》的规定，学生家长或其他监护人应按时送适龄儿童入学并保证其接受法定年限的义务教育；地方政府应筹措必要的教育经费，提供符合标准的校舍和其他教学设施以保证正常教学的开展。教育禁令的执行，指不做教育法规所禁止的行为，把一切与教育有关的活动纳入到教育法律所规定的范畴中。教育权力的正确使用，指教育执法主体在其法定职权范围内，依照法定程序行使职责和权力，以保证授权性法律法规的正确实施。如，按《教育法》的规定，学校可以根据课程计划和课程标准自主开展教学活动、生产劳动、义务劳动等，但不能不让学生上课，或让学生停课、参加商业性劳动；学校有对受教育者实施奖励或处分的权力，可以对犯错误学生进行教育或处分，但不能体罚。

（二）教育违法

教育违法指不依法办事，不正确行使权力，不履行法定的义务，不遵守教育法律法规所明令禁止的规定的行为。一般地，教育违法应具备四个条件：第一，必须是违反教育法规定的行为，不管是积极地作为行为还是消极地不作为行为，其外显行为违反了相关的教育法律法规，如教师体罚学生、辱骂学生、不让学生上课、看见学生打架不予以制止、明知教育活动可能出现某种危险而未采取有效的预防措施等；第二，必须是行为人的行为侵害了教育法所保护的对象，并且具有一定的社会危害性；第三，行为人具有故意或过失行为，包括故意体罚学生、侮辱学生、侵犯学生的受教育权等行为，也包括不正当行使自己的权利或由学校或教师的过失所引起的房屋倒塌、食物中毒等行为；第四，行为人具有法定责任能力或是依法设置的法人。

教育违法者将由法定的法律责任追究主体按照法定职权和程序，根据违法的性质和程度追究其相应的民事或刑事责任。

五、教育法律救济

（一）教育法律救济的含义

教育法律救济指在教育法律关系主体的合法权益受到侵害并造成损害时，通过裁决纠纷，纠正、制止或矫正侵权行为，使受害者的权益得以恢复，利益得以补救的法律制度。

教育法律救济作为一项重要的法律制度，对于保护教育法律关系主体的合法权益，促进依法行政，推动我国社会主义教育法治建设具有重要的意义。在教育法律关系中，教育行政管理的相对人虽然享有一定的权利，但不具有强制性的支配力，更无权采取任何强制他人的措施。为了平衡行政机关和相对人之间的关系，使之在某种程度上取得相应的法律平衡，当学校、教师、学生的合法权益受到损害时，可以运用法律救济手段，请求国家有关机关依法给予保护。教育法律救济制度有力地促进了国家机关加强内部管理、完善监督机制，也加强了国家机关及其工作人员相应的责任感，促使他们依法行政。

（二）教育法律救济的特点

1. 以纠纷存在为基础

在社会生活中，各种侵权行为导致不同的利益矛盾和冲突，引发各种纠纷，如平等教育法律主体之间的人身权、财产权、名誉权的争议等等，有纠纷就要求有解决纠纷的程序和制度，通过裁决纠纷去补救受损一方的合法权益，法律救济制度由此应运而生。

2. 以损害为前提

任何法律上的救济，都是因为发生了侵权行为，造成了一方的利益损害。从实质上看，侵权损害是法律救济的前提。

3. 以补救受害者的合法权益为根本目的

教育法律救济的基本目标就是当教育法律关系主体的合法权益受到侵害时为其提供充分的救济。权利既没有对他人的强制性的支配力，也不能直接制止他人的某种公害行为，更不能采取任何强制人的措施，它需要法律救济制度来保障，通过相应的途径和手段使相对人充分行使自己的权利并获得相应的补救。

（三）教育法律救济的主要途径

教育法律救济的途径主要有诉讼救济和行政救济两种。

1. 诉讼救济

诉讼救济也称司法救济，指相对人就特定的侵权行为向人民法院提起诉讼、请求救济，人民法院依法对纠纷作出公正裁决。这是一种比较完备的救济途径，它可以使相对人在通过其他途径都不能得到满意的救济时能得到法律上的补救。具体又可分为教育行政诉讼、教育民事诉讼和教育刑事诉讼。

2. 行政救济

行政救济指教育行政申诉和教育行政复议制度，也是一种功能较为完备的救济途径。申诉通常指公民权益受到损害时向有关主管机构申诉理由，请求处理或重新处理的权利救济性行为。教育行政申诉指教育法律关系的主体，在其合法权益受到损害时向国家机关申诉理由，请求处理的制度。

教育行政复议指教育法律关系主体不服某行政机关的具体行政行为，依法向作出该决定的上一级教育行政机关或原处理机关提出申诉，由受理行政机关对该具体行政行为进行复查并作出裁决的活动和制度。根据我国《行政处罚法》和《行政复议法》的规定，教育管理相对人在下列情况下可以申请教育行政复议：对教育行政处罚不服的、对教育行政强制措施不服的、对侵犯其合法经营自主权的、对不作为违法的、对违法设定义务不服的、对行政机关的决定不服的、认为行政机关的其他具体行政行为侵犯其合法权益的。

案例库

南宁一小学收捐助费校长停职

据新华社电，7月上旬，广西南宁一些中小学招新生时设置“捐助费”“名额满了”等门槛，将部分进城务工人员子女挡在门外。6日，南宁有关部门对此进行清查。

6日中午，南宁市平阳小学门口贴着进城务工人员子女入学的招生简章，还张贴着写有150多名孩子的名单，旁边围着几名学生家长。他们都是到南宁务工的农民工。

“我们拿着国家规定的各种证件来报名，学校要我们给个银行账户存4 800元的捐资助学款。”一家长说，她被告知要交每个学期400元的“捐助费”。学校还给家长一张条子，写有“财政部门捐资助学专户”“7月6日下午2点半交银行回执单”等字样。

6日下午，南宁市国家经济技术开发区教育局有关负责人称，有关部门已组成调查组对辖区内11所小学进行收费清查。目前，平阳小学校长被停职检查，学校所收的“捐资助学费”将如数退还给家长。

（资料来源：《京华时报》，2010-07-10）

第三节　谁负责小学教育法律监督

教育法律监督的含义有狭义和广义之分。狭义的教育法律监督指由特定的国家机关依照法定权限和法定程序，对教育立法、司法、执法活动的合法性进行的监督。广义的教育法律监督则指由国家机关、社会组织和公民对教育法律活动的合法性所进行的监督。孟德斯鸠有一句至理名言：“一切有权力的人都容易滥用权力。”①教育法律监督的实质是在社会主义的法治原则下，以权力的合理划分与相互制约为核心，依法对行使国家教育权力的行为和相关法律活动进行监视、约束、控制、检查和督促。

教育法律监督是社会主义法律监督和社会主义民主政治的重要组成部分，是适应市场经济和教育改革需要，保证各种教育法律关系主体的权利和义务得以实现的必要途径。为了保证教育法的实施，必须加强对法律实施的监督。

一、国家权力机关的教育法治监督

在我国，国家权力机关指全国人民代表大会和地方各级人民代表大会。人民代表大会的执法监督权力是它作为权力机关的一项重要特征。国家权力机关的教育法律监督主要表现在对其所制定和颁布的《宪法》、法律、地方性法规、自治条例和单行条例的实施情况进行监督。在我国，除了《宪法》监督外，国家权力机关的教育法律监督可分为以下几种。

（一）立法监督

立法监督指由较高立法机关对较低一级立法机关制定的规范性法律文件是否违反法律法规，是否相互矛盾或不协调，进行审查并进行裁决和处理，全国人民代表

① 孟德斯鸠．论法的精神：上册 [M]. 张雁深，译．上海：商务印书馆，1961：154.

大会可以改变或撤销全国人民代表大会常委会关于教育的不适当的决定；全国人民代表大会常委会可以撤销国务院制定的同宪法和法律相抵触的教育行政法规、决定和命令，撤销省、自治区、直辖市国家权力机关制定的同《宪法》和其他法律法规相抵触的地方性教育法规和决议；县级以上人民代表大会可以改变或撤销本级人民代表大会常委会关于教育的不适当的决议，撤销本级人民政府的决定和命令；县级以上人民代表大会常委会可以撤销下一级人民代表大会及其常委会关于教育的不适当的决定，撤销本级人民政府关于教育的不适当的决定和命令。

（二）教育行政监督和司法监督

教育行政监督和司法监督，指对各级政府教育行政行为的合法性进行监督和由国家权力机关对各级司法机关适用教育法律活动的监督。国家权力机关的教育法律监督的方式主要有听取和审议政府与司法机关行使职权、履行职责的工作报告，审查一府两院依法呈送的法律文件，对教育法律法规实施过程中的重大问题向教育行政机关及其工作人员质询，组织特定的调查委员会，开展教育执法检查，督办人大代表提出的建议、批评和意见等。如全国人民代表大会曾分别于1999年、2004年、2007年、2008年、2013年开展义务教育法执法检查，促进义务教育均衡发展也多次列为执法检查的重点内容。在2013年12月提交全国人大常委会会议审议的《义务教育法执法检查报告》中提出了针对性的具体建议。

二、国家行政机关的教育法治监督

国家行政机关的教育法治监督主要包括行政隶属关系中上级行政机关对下级行政机关所进行的一般行政监督、教育系统内部的专门行政监督和特设的行政监察机关对教育行政的监察与审计监督。国务院有权改变和撤销教育部或相关部委发布的不适当的教育决定和命令；县级以上人民政府有权改变和撤销所属教育行政部门和下一级人民政府的不适当的教育决定。

在教育系统内部实施的专门行政监督包括教育督导、教育审计，这些措施使教育行政依法进行。根据规定，教育督导职权由国家教育部行使，地方县以上均设教育督导机构。教育督导的主要任务是对下级人民政府的教育工作、下级教育行政部门和学校的工作进行监督、检查、评估、指导，以保证国家的教育目标、方针、政策和教育法规能顺利贯彻执行。教育督导机构可以根据本级人民政府、教育行政部门或上级教育督导机构的决定开展综合督导、专项督导和经常性检查。教育督导机构和督导人员可以列席被督导单位的有关会议，要求被督导单位提供与督导事项有关的文件并汇报工作，可以对被督导单位进行现场调查。

教育审计指教育部门内部独立的专职机构或人员依据国家的法律和财经法规对被审查单位的财政、财务收支及其有关经济活动进行的审核、评价，包括对被审查单位负责人对公有经费使用是否合理、有否违规违纪情况的审查。

此外，国家行政监察机关对同级和下级国家教育行政机关及其公职人员执行教育法律法规的情况也进行监察，国家行政监察机关有检查权、调查权、建议权，并有一定的行政处分权。

三、国家司法机关的教育法治监督

司法机关的司法监督有两种：一是检察机关对国家机关及其工作人员执法、司法活动的合法性所进行的专门监督；二是审判机关，即人民法院对行政机关的司法监督。教育法律的司法监督主要指后者，是法院依法对特定行政机关及其公职人员涉及教育的特定行政行为是否违法、越权、侵权、失职、不当进行审理和判决。

四、社会监督

社会监督即非国家机关的监督，指由各政党、各社会团体和人民群众依照《宪法》和有关法律，对教育法律活动的合法性所进行的监督。这种监督具有广泛性和人民性，对于教育法律活动的开展和监督具有重要意义。按社会监督主体的不同，可以将社会监督分为以下几种。

（一）中国共产党的监督

中国共产党是执政党，在国家生活中处于领导地位，在监督《宪法》和其他教育法律的实施，维护国家法制统一，监督党和国家教育方针、政策的贯彻，保证政令畅通，防止各级干部特别是领导干部滥用职权等方面具有极其重要的作用。党要管党，运用党内民主监督与制约机制，加强对党员、领导干部的严格监督，同时通过政治体制改革，避免权力过分集中，在法律程序内开展监督，保证党员和党组织严格依法办事。

（二）民主党派的监督

各民主党派是反映一部分人民的观点和愿望的政治组织，是接受中国共产党领导的、与中国共产党通力合作、共同致力于社会主义事业的亲密友党，也是参政党。他们参与国家事务的管理，参与国家各项法律法规的制定和执行。他们通过多种形式、多种途径积极开展教育法律监督工作，是教育法律监督的一支重要社会力量。

（三）人民政协的监督

中国人民政治协商会议(简称人民政协)是中国人民爱国统一战线的组织，是中国共产党领导的多党合作和政治协商的重要机构，是我国政治生活中发扬社会主义民主的重要形式。长期以来，人民政协积极参与政治协商和民主监督。政协委员以视察、调查研究的方式进行法律监督，在实践中发挥有效的作用。

（四）社会团体的监督

社会团体的法律监督主要指由工会、共青团、妇女联合会以及城市居民委员会、农村村民委员会、消费者权益保护协会等社会组织所进行的教育法律监督。工会、共青团、妇联是中国共产党联系广大人民群众的桥梁和纽带，在管理国家和社会事务中发挥着民主参与和民主监督的重要作用。城市居民委员会、农村村民委员会是群众性自治组织，消费者权益保护协会是人民群众参与社会监督、进行自我保护的社会组织，他们的集体监督，在某些特定领域发挥着不可替代的作用。

（五）社会舆论的监督

在我国，新闻舆论监督是人民群众行使社会主义民主权利的有效形式，其主要监督方式有报道、评论、讨论、批评、发内参等，其核心是公开报道和新闻批评。以新闻媒介为主体的舆论监督在教育法律监督体系中具有特殊作用。新闻工作者则是以自己对社会事件的报道和评价参与社会生活和政治生活的，他们以自己的职业敏感，运用报纸、广播、电视、因特网等大众传播媒介，对教育活动进行广泛的报道，因其反应速度快、传播范围广而具有相当大的道义影响和震撼力。如东北某市教育乱收费问题一直较为严重，教育工作连续几年被市民评为最差行业，经《中国青年报》的报道，引发全市的震动，市委、市政府高度重视，决心下大力气予以整治，教育行政部门和全市广大教职工也积极配合，经过几年的努力，最终获得了全市人民的好评。

（六）公民的监督

公民的监督指公民个人对所有国家机关及其工作人员、政党、社会团体、社会组织和大众传媒直接进行的法律监督。我国《宪法》规定：中华人民共和国的一切权力属于人民。人民群众法律监督的权利是我国人民所拥有的国家权力的必不可少的组成部分和表现形式。《行政监察法》《信访条例》等有关人民群众监督权的法律、法规以及司法机关的相关工作规定，为公民法律监督的顺利实施提供了法律保证。

公民的法律监督对象和内容十分广泛，按照法律规定，公民对于任何国家机关及其工作人员，有提出批评和建议的权利；对于任何国家机关和工作人员的违法渎职行为，有向有关国家机关提出申诉、控告或者检举的权利。对于公民的申诉、控告或者检举，有关国家机关必须查清事实，负责处理，任何人不得压制和打击报复。教育行政机关的教育行政行为、学校等教育机构的教育教学活动、公民个人涉及教育的活动，都属于公民的教育法律监督范围。公民的监督既可以直接促使监督客体纠正错误、改进工作，又可以启动诉讼程序或国家权力机关的监督。

在公民的监督中，专门从事法律职业的律师、法学家在法律监督体系中具有特殊的作用。他们具有强烈的法治意识，热切关注社会各领域的司法和执法，以其敏锐的观察力监督法律的实施；同时，他们拥有法律的专门知识，具有较强的法律监督能力，可以监督和制约行政机关的执法活动与司法机关的活动。

小结·阅读·拓展

一、本章主要讨论了关于小学教育法治建设的一些基本问题：

1. 从教育立法的进程看，国外小学教育立法较早，大体上经历了初始、普及、完善三个阶段。我国小学教育立法始于清末，民国时期迅速发展，新中国成立后几经曲折，真正意义上的教育立法是在改革开放后，目前教育法治体系还有待进一步完善。

2. 国家规范的教育立法一般分为准备、形成和完备三个阶段。其中，形成阶段的基本程序包括教育法规议案的提出和审议、法规草案的审议、法规草案的通过和教育法规的公布等。完备阶段通过教育法律清理、教育法律汇编和教育法律编纂等方式使教育法规系统化。

3. 教育法规的效力指教育法规的生效范围，主要包括时间、空间和人三个方面；教育法规是通过教育执法、教育司法、教育守法、教育法律救济实施的，教育法律救济是保护教育法律关系主体合法权益的法律制度，主要有诉讼救济和行政救济两种。

4. 目前，我国已经初步形成了一个通过教育法律制度的制定和运用来制约和督促社会各方教育执法与守法的法律监督体制，包括国家权力机关的教育法治监督、国家行政机关的教育法治监督、国家司法机关的教育法治监督以及社会监督等。

二、请利用课余时间阅读下列参考文献：

1. 劳凯声．教育法学[M]. 沈阳：辽宁大学出版社，2000.

这是一部比较适合自学的教育法学著作，系统地介绍了教育法的一般原理。其中绪论、第三章“教育法的制定、实施和监督”、第十四章第三节“法律救济”对本章的学习有很大的帮助。

2. 申素平．教育法学：原理、规范与应用[M]. 北京：教育科学出版社，2009.

该书结合典型案例与具体法律规定分析教育法学的基本问题，对国家及父母的教育权与教育义务等重点问题进行分析；分别探讨学校制度、教师制度和学生制度，着重介绍学校的法律地位、学校法治管理、学校自主权以及学生伤害事故问题；教师的法律地位、权利义务、职业制度与权利救济；学生权利、学生纪律与惩戒以及权利救济问题。

三、请在课余时间，选择开展以下拓展学习：

1. 联系实际谈谈：在你周围所开展的教育活动中，哪些是主动守法行为，哪些是被动守法行为？

2. 当你在教育活动中的合法权益受到侵犯时，你会采取哪些合法方式解决？

第六章　小学教育法规体系

通过本章学习，你将能够：

● 理解《宪法》、教育基本法、教育单行法及相关的教育行政法规、地方性教育法规、教育规章等是小学教育法规的法源。

● 了解我国教育法规纵向体系和横向关系，小学教育法规在整个教育法规体系中的地位。

● 知道我国小学教育法规的主要内容包括立法目的，小学教育性质、方针、目标，应当遵循的原则，小学教育改革、设施与保障，小学各种教育机构、教育活动，教师和其他教育工作者，学生及家长等法律主体、法律责任和法律救济。

问题情境：义务教育从此名副其实

从2008年秋季学期开始，我国在全国范围内全部免除城市义务教育阶段学生的学杂费。对我国的义务教育来说，这无疑是继1997年年初全部免除农村义务教育学杂费后，又一件令人高兴的事。这意味着，我国的义务教育，从2008年秋季学期起将成为名副其实的“义务”教育。这对推动义务教育均衡发展，促进教育公平，具有重要意义。

实行免费义务教育，有利于减轻家庭教育负担，扩大义务教育普及率。2005年年底，国务院部署启动了农村义务教育经费保障机制改革，建立中央和地方分项目、按比例分担的农村义务教育经费保障新机制。国家免除了农村义务教育阶段学生的学杂费，向学生免费提供教科书，补助家庭经济困难寄宿生生活费。由国家财政5年新增500亿元推动的“两免一补”政策，惠及1.5亿农村孩子，解决了农村孩子上学难问题。

…………

实行免费义务教育，有利于推进全面教育改革。由于教育经费由政府买单，学校将把办学的精力转移到关注办学质量上，这为推进全面教育改革打下了基础。事实上，除推进9年义务教育全免费之外，一些地方已尝试12年制免费教育。12年制免费教育，尤其是9年义务教育结束之后的3年免费职高教育，将会减少义务教育阶段家庭和学生的升学焦虑，也将转变义务教育的教育内容与方法，重视培养学生的生活技能与基本素质。这对提高整个国家的人力资源素质、改善人力资源结构，有着重要作用。因此，全面免缴义务教育阶段学杂费，迈出了发展义务教育的重要一步。

（资料来源：《新京报》，2008-07-31）

第一节 小学教育法规的法源及法律地位是什么

我国教育法规体系结构，可以从宏观和微观两个层面加以认识。教育作为社会公共事业的一个重要组成部分，越来越受重视，教育法律法规越来越多。过去将教育法规纳入行政法律部门的做法已经不适应社会发展需要，教育法成为单独的法律部门是必然的趋势。尽管我国没有制定单独的小学教育法，但国家各级各类立法机关从小学教育的实际出发，针对小学教育活动诸方面内容制定了一系列相关法规，一个具有中国特色的小学教育法规体系正日益完善。

对于法源，人们有不同的理解：有的理解为法律的历史渊源，指历史上引起特定法律原则和规范产生的行为和事件；有的理解为法律的理论渊源，指那些促进过立法和法律改革的理论原则和哲学原理；有的理解为形式渊源，指那些被赋予法律效力和强制力的具有权威性的某些原则和规范；有的理解为文件渊源，指对于法律规范作出权威性解释的文件或公文。

在法学著作中，法源通常指形式意义上的渊源，也称法的效力渊源，是根据法律效力的不同而形成的法律类别，它又可分为直接法源和间接法源，直接法源(成文法)是法定的国家机关制定的不同法律地位或效力的各类规范性文件，间接法源(不成文法)是各种习惯、判例、宗教法规、法理学说、道德原则和规范等。

一、小学教育法规的法源

小学教育法规的法源包括如下内容。

(一)《宪法》

在我国，《宪法》是国家的根本大法，它规定了国家的根本制度和根本任务，具有最高的法律地位和法律效力，是制定一切教育法规的依据。

1. 确定我国教育事业的性质和基本原则

《宪法》在序言中规定了社会主义现代化建设必须坚持四项基本原则，总纲第一条规定了实行社会主义制度，第二条、第五条规定了社会主义法治原则，第一条、第二条、第二十七条规定了关于国家根本制度和任务的原则，第四条规定“各民族一律平等”“国家保障各少数民族的合法权利和利益”“帮助各少数民族地区加速经济和文化的发展”“各民族都有使用和发展自己的语言文字的自由，都有保持或者改革自己的风俗习惯的自由”，第二十四条规定“国家普及理想教育、道德教育、文化教育、纪律和法制教育”，这些规定都成为《教育法》确定我国教育事业的性质、原则和教育方针的理论指导与法律依据。

2. 把发展教育事业明确纳入国家职责

《宪法》第十九条规定“国家发展社会主义的教育事业”；“国家举办各种学校，普及初等义务教育”；“国家发展各种教育设施，扫除文盲”。这些规定为《教育法》进一步确立教育的战略地位、政府的领导管理职责以及政府对教育的投入与条件保障等职责提供了依据。

3. 把受教育权利纳入公民的基本权利和义务

《宪法》第四十六条第一款规定“中华人民共和国公民有受教育的权利和义务”，这一规定为《教育法》规定公民受教育权及受教育机会均等提供了依据，并为《义务教育法》奠定了基础。

4. 确定我国的教育制度框架和管理体制

《宪法》第十九条第二款规定“国家举办各种学校，普及初等义务教育、发展中等教育、职业教育和高等教育，并且发展学前教育”，为《教育法》关于国家“教育基本制度”的设定提供了依据。《宪法》第八十九条、一百零七条、一百一十九条规定了国务院、县级以上地方人民政府和民族自治地方的自治机关领导与管理教育的权限，成为我国《教育法》关于实行“分级管理，分工负责”领导与管理体制的依据。

（二）教育基本法

教育基本法，指《教育法》，它是调整我国教育关系的基本法律，对我国教育的基本原则、基本制度等重要问题进行了规定，是教育的其他单行法律、法规、规章的立法依据。具体内容可参见本章第三节。

（三）教育单行法律

由于我国没有单独的初等教育法，关于小学教育的单行法律实际上指《义务教育法》。它是根据《宪法》和《教育法》制定的调整义务教育阶段各种教育关系的法律。具体内容也请参见本章第三节。

（四）教育行政法规

教育行政法规指国务院为了对教育事业实施行政管理，依据《宪法》和其他教育法律，根据需要并在自己的职权范围内制定和发布各种行政法规与其他规范性文件。这些规范性文件通常是针对某一类教育管理事务制定的，其实施依靠国家的行政权力和行政措施，在不同范围内具有不同程度的法律效力，其内容广泛、数量众多，在实际工作中起主要作用，是小学教育法数量最多的一类法源，包括《〈教师资格条例〉实施办法》《教学成果奖励条例》《学校体育工作条例》《学校卫生工作条例》等。

（五）地方性教育法规

地方性教育法规指省、自治区、直辖市人民政府所在地的市和国务院批准的较大的市的人民代表大会及其常委会，根据本行政区域的具体情况和实际需要制定的、只在本行政区域内有效的规范性文件，其前提是不得同《宪法》、其他法律法规相抵触。地方性教育法规所调整的教育法律关系更明确、具体，具有很强的实践性和可操作性，是小学教育法规的法源之一。

（六）教育规章

教育规章指根据《立法法》的规定，由国务院教育行政部门——国家教育部根据法律和国务院的行政法规，在本部门的权限内发布的规范性文件。其内容不得与《宪法》、法律、行政法规相抵触，法律效力低于国务院制定的行政法规。多年来，国家教育行政机关先后发布了一系列教育规章，如《学生伤害事故处理办法》《中小学教科书选用管理暂行办法》《中小学教师继续教育规定》《中小学班主任工作规定》《小学管理规程》等，内容涉及小学培养目标、教育制度、办学规章、教育原则、师资人事、教育经费、财物管理等诸多方面，为开展小学教育工作提供了必要的法律依据。

根据《地方各级人民代表大会和人民政府组织法》的规定，省、自治区、直辖市的人民政府以及省、自治区、直辖市人民政府所在地的市和国务院批准的较大市的人民政府也有权制定政府规章，这类规范性文件具有确定的法律效力，也是小学教育法的法源之一，只不过这类法律形式的规范文件处于最低的层级。

（七）其他

我国政府与外国政府或国际性组织所签订的各种有关教育问题的国际条约或协

定，如《儿童权利公约》《儿童生存、保护和发展世界宣言》，我国加入的国际公约，也是小学教育法规的法源，具有和我国教育法律、教育行政法规同等的效力。

二、小学教育法规的法律地位

教育法规的法律地位指教育法在法律体系中的位置问题，即它是否能作为一个独立的法律部门而成为一个国家法律体系的有机组成部分。尽管一个国家的现行法律规范在形式上多种多样，但它们不是杂乱无章的，而是根据一定标准和原则将同类法律规范划分到不同的法律部门，所有的法律部门共同构成一个内在协调的法律体系。

20世纪50年代以后，教育事业急剧发展，教育过程中的社会关系极其复杂，并且具有鲜明的特殊性和相对独立性，其特定的主客体关系是调整其他社会关系的法律部门所不能承担的。各国为调整教育关系制定了众多具体的教育法律，涉及学校制度、义务教育制度、职业培训、招生与考试、教师资格与聘任、学位授予等方面，形成一类以调整教育关系为对象的法规体系，教育法规逐步成为一个独立的法律部门。

在我国，小学教育不是就业定向的职业教育，也不是培养高层次人才的专业教育，而是涉及千家万户全体适龄儿童的普通基础教育，它要向全体学生实施普通知识和基本技能教育，并发展他们的能力和良好的心理素质，培养他们高尚的思想品质，为他们继续接受教育奠定扎实的基础。这对于从根本上提高全民素质具有重要意义，在整个教育体系中处于基础性地位。为此，国家制定了一系列针对小学教育的法律法规，对小学教育活动进行了规范，从而明确了小学教育法规的地位。

首先，《义务教育法》对小学教育的各法律关系主体，包括各级政府、学校、社会、家庭、教师和学生提出了要求，对实施小学教育的设施条件、经费保障、教育内容都进行了相应规定。这些法律规定与调整其他层次教育的法律，如学前教育、高等教育、成人教育、职业教育以及高中阶段的教育，有着质的区别。

其次，《小学管理规程》《中小学班主任工作规定》《关于深化中小学教师职称制度改革的指导意见》《小学生日常行为规范（修订）》《义务教育学校管理标准（试行）》等专门的小学教育法规，分别对小学教育目标、学籍管理、教育教学工作、行政工作、人事管理、校舍设备和经费、卫生保健及安全，班主任的任务、职责、任职条件与领导管理、工作原则和方法，教师的职责、任职条件、考核与评审，小学生日常行为规范等进行了必要的、辅助的法律规定，使得小学教育法规具备了法理学意义上单独法律部门的条件和特征。从这个意义上说，我国小学教育法规实际上也形成了单独的法律部门，具有特殊的法律地位。

案例库
“不比吃喝穿戴”讲守则

第二节 如何把握小学教育法规体系

法律体系是以我国现行法律规范为基础，以部门法为主体，以适用范围和效力等级不同的法律规范构成的不同层次为结构，由和谐一致的内容和完整统一的形式所构成的有机整体。教育法规体系则是我国法律体系中的一个子系统，是调整教育内外诸多法律关系的各种法律规范的总和。

我国教育法规体系不是现行各种教育法律、法规的简单叠加，它依据法理学原理，以《宪法》确定的基本原则为指导思想，以不同内容的法律规范组成的若干部门法为横向结构，以不同适用范围和效力等级的法律规范构成的不同层次为纵向结构，是一个门类齐全、结构严谨、内容和谐、体例科学、协调发展的法律系统。

一、小学教育法规体系的纵向结构

按不同的适用范围和效力等级，可将小学教育法规分为以下层级。

（一）教育基本法《教育法》

《教育法》是与国家《宪法》相配套，对整个教育起宏观调控作用的教育基本法。《教育法》依据《宪法》对我国教育目的、任务、基本制度及教育主体的权利和义务作了规定，是我国教育事业改革与发展的根本大法，也是制定小学相关教育法规和在小学开展各种教育活动的基本法律依据。

《教育法》

（二）《义务教育法》

我国并没有像一些国家那样制定专门的初等教育法，而是将小学教育和初级中等教育合在一起纳入义务教育的范畴，并通过《义务教育法》予以保证。《义务教育法》是小学教育法规体系的核心内容。

《义务教育法》

此外，其他与教育相关法律中的条款以及全国人大或人大常委会制定的有关教育方面的决定、决议等有法律效力的规范性文件，如《教师法》《残疾人保障法》《未成年人保护法》《劳动法》《消防法》等法律中也有涉及小学教育的条款，也属于单行教育法这一层次。

（三）关于小学教育的教育行政法规

这是国务院根据《教育法》和《义务教育法》制定的有关小学教育的规范性文件，其地位和效力低于教育法律，内容广泛，是在全国范围内实施教育法律的重要的法律依据。一般可分为三类：一是对某一方面教育行政工作进行较为全面、系统的规定，通常称为“条例”，如《教师资格条例》；二是对某一项教育行政工作作部分规定，通

《义务教育法实施细则》

常称为“规定”，如《禁止使用童工规定》；三是对某一项教育行政工作作比较具体的规定，通常称为“办法”或“细则”，如《义务教育法实施细则》。

（四）关于小学教育的教育规章

这是指教育部根据教育法律和教育行政法规，在本部门权限内单独或与其他部委联合发布的有关小学教育的工作命令、指示等规范性文件，其效力虽低于国务院制定的教育行政法规，但在全国有效。教育规章一般由教育部部长以部长令的形式签发，常用名称有规定、办法、规程、条例、标准、细则、通知等，如《中小学班主任工作规定》《学生伤害事故处理办法》《进一步加强和改进未成年人思想道德建设的若干意见》等。

教育规章

（五）关于小学教育的地方性教育法规和政府规章

地方性的教育法规是各省、自治区、直辖市及国务院批准的较大城市的人民代表大会或其常委会在不与国家法律法规相抵触的前提下，根据各地小学教育的实际情况，为贯彻国家小学教育的相关法律法规而制定的地方性法规。地方性教育法规只在各行政区域内有效，效力低于国家的教育法律法规，一般称为条例、规定、实施办法、补充规定等，如《安徽省学前教育条例》《昆明市义务教育阶段学生免费教科书管理办法》。

地方性教育法规和政府规章

二、小学教育法律体系的横向结构

尽管小学教育处于我国整个教育体系的基础阶段，但所涉及的内容却十分广泛，小学教育的管理过程也十分复杂。为促进小学教育的规范化、法治化，针对小学教育的各方面内容，以《教育法》为基础，以《义务教育法》为核心，国家、省、市的立法机关和行政机关先后制定一系列的规范性文件，使小学教育法规体系更加完善和协调。当然，由于人们对小学教育内部和外部各种教育关系构成要素认识的不同，判别小学教育法规横向构成类别所采用的标准不同，因而对小学教育法规的横向结构作出不同的划分。有时一种教育法规的内容作用于几个领域，导致教育法规横向结构的分类出现交叉的情况。

从目前情况看，按教育法规所规范的内容，可将我国小学教育法规在横向上分为以下几类。

（一）关于小学教育性质、目的的基本法规

《教育法》《义务教育法》《义务教育法实施细则》《中国教育改革和发展纲要》《民办教育促进法》《残疾人教育条例》等一系列法律法规，对我国小学教育的社会主义性质和为社会主义现代化建设服务的根本目的作了明确规定。

有关小学教育的基本法规

（二）关于小学教育管理的教育行政组织法规

《教育法》《义务教育法》《义务教育法实施细则》《教育规划纲要》《义务教育学校管理标准（试行）》等法律法规对小学管理的机构设置、管理权限、监督检查、评估奖惩等问题作了明确规定，保证了小学管理活动的规范运行。

《义务教育学校管理标准（试行）》

（三）关于小学教育活动的教育行政法规

关于小学教育活动的法规，涉及多个方面。有从总体上进行宏观规范的，主要是《国家通用语言文字法》《义务教育法实施细则》《教学成果奖励条例》《教育督导条例》《流动儿童少年就学暂行办法》等；有就小学教育教学某一方面进行具体规范的，包括《中小学德育工作规程》《学校体育工作条例》《学校艺术教育工作规程》《中小学电化教育规程》《中小学教材编写审定管理暂行办法》《中小学教材价格管理办法》《中小学教辅材料管理办法》《学校卫生工作条例》《学校食堂与学生集体用餐卫生管理规定》等。

教育行政法规

（四）关于实施小学教育所需经费设备的教育保障法规

举办教育事业需要各种物质资源，需要足够的教育投入做保证，特别是小学阶段的教育一般是以免费为原则的，这就更需要大量的教育经费。随着科学技术的发展，教育教学技术手段的不断进步，小学教育所需的经费、设备也在不断增加。为此，我国通过《教育法》《义务教育法》《征收教育费附加的暂行规定》《义务教育学校收费管理暂行办法》《关于民办学校向社会筹集资金问题的通知》《中小学财务制度》《教育系统内部审计工作规定》等法律法规，对小学教育经费的来源与分担、分配与使用等问题作了明确规定，从而保证小学教育教学活动的顺利开展。

教育保障法规

（五）关于小学教师及其他教育工作者的法规

在小学教育法规体系中，关于教师和其他教育工作者的内容较多，概括起来可分为两个方面：一是关于教师的任职资格的规定，主要有《教师法》《教师资格条例》《关于深化中小学教师职称制度改革的指导意见》《教师资格证书管理规定》《关于大力加强中小学教师培训工作的意见》《教师和教育工作者奖励规定》《教学成果奖励条例》《小学教师专业标准（试行）》，这些法规对师资的培养机构、师范教育的内容与考核、教师资格的获取与丧失、教师的权利与义务、教师的工作环境与待遇、教师的继续教育、教师的奖励与惩罚等诸多问题作了明确规定，对于提高小学教师的素质具有重要的现实意义。二是关于小学教师职务行为的规定，主要有《教师法》《中小学

关于小学教师及其他教育工作者的法规

班主任工作规定》《中小学教师职业道德规范（2008年修订）》等，这些法律法规对于规范小学教师行为，引导小学教师依法执教，不断提高小学教育教学质量具有指导性意义。

（六）关于学生及其行为的学生法规

学生一方面是教育的对象，在学校活动中应遵守学校相关的规定，履行其法定的义务，另一方面又是教育的主体，其合法权利应得到有效保障。为此，《教育法》《义务教育法》《义务教育法实施细则》《未成年人保护法》《妇女儿童权益保护法》《中小学生守则（2015年修订）》《预防未成年人犯罪法》等法律法规对小学生在各种教育环境中的权利和义务作了明确的法律规定，以保证小学生身心健康发展。

关于学生及其行为的法规

（七）关于小学教育法律责任的教育法规

为保证小学教育教学活动的顺利进行，《教育法》《义务教育法》《未成年人保护法》《预防未成年人犯罪法》《学生伤害事故处理办法》《禁止使用童工规定》等法律法规进行了明确规定，对侵害教育法律关系主体权利的国家机关、社会团体和个人，对各种侵权行为，依照法律规定给予相应惩处。

关于教育法律责任的法规

第三节　小学教育法规的内容与特点是什么

为进一步提高小学教育质量，真正发挥小学教育的奠基作用，国家陆续制定了一系列法律法规，以规范小学教育行为，保障小学教育的顺利进行。

一、小学教育法规的主要内容

总体上看，我国小学教育法规的内容主要体现在以《教育法》《义务教育法》《教师法》为核心的法律规定当中，并以相关的法律法规为补充。具体包括以下内容。

（一）关于小学教育法规的立法目的

小学教育法规的立法目的有两个方面：一是发展包括小学教育在内的基础教育，改革基础教育与社会主义现代化建设不相适应的落后状况，为我国教育振兴和国家兴旺奠定良好基础；二是通过立法，使适龄儿童接受规定年限的基础教育，以提高每一个国民的思想文化和道德素质，推动社会主义精神文明建设。如《义务教育法》第一条规定："为了保障适龄儿童、少年接受义务教育的权利，保证义务教育的实施，提高全民族素质，根据宪法和教育法，制定本法。"《教师法》第一条规定："为了保障教师的合法权益，建设具有良好思想品德修养和业务素质的教师队伍，促进社会主义教育事业的发展，制定本法。"

（二）关于小学教育法规的主要内容

1. 小学教育的性质、方针和目标

《教育法》（总则）

《教育法》第三条规定："国家坚持以马克思列宁主义、毛泽东思想和建设有中国特色社会主义理论为指导，遵循宪法确定的基本原则，发展社会主义的教育事业。"这是国家发展教育事业的指导思想和所遵循原则的基本规定，明确了我国教育的社会主义性质。《教育法》第五条规定："教育必须为社会主义现代化建设服务、为人民服务，必须与生产劳动和社会实践相结合，培养德、智、体、美等方面全面发展的社会主义建设者和接班人。"这是以法律形式对我国教育方针所作的科学、完整的表述。各级各类学校和其他教育机构都必须依法全面贯彻这一教育方针。《义务教育法》第三条规定："义务教育必须贯彻国家的教育方针，实施素质教育，提高教育质量，使适龄儿童、少年在品德、智力、体质等方面全面发展，为培养有理想、有道德、有文化、有纪律的社会主义建设者和接班人奠定基础。"

2. 小学教育活动应当遵循的一系列原则

《义务教育法》（第五章）

《义务教育法》第三十四条明确规定："教育教学工作应当符合教育规律和学生身心发展特点，面向全体学生，教书育人，将德育、智育、体育、美育等有机统一在教育教学活动中，注重培养学生独立思考能力、创新能力和实践能力，促进学生全面发展。"第三十五条规定："国务院教育行政部门根据适龄儿童、少年身心发展的状况和实际情况，确定教学制度、教育教学内容和课程设置，改革考试制度，并改进高级中等学校招生办法，推进实施素质教育。学校和教师按照确定的教育教学内容和课程设置开展教育教学活动，保证达到国家规定的基本质量要求。国家鼓励学校和教师采用启发式教育等教育教学方法，提高教育教学质量。"第三十六条规定："学校应当把德育放在首位，寓德育于教育教学之中，开展与学生年龄相适应的社会实践活动，形成学校、家庭、社会相互配合的思想道德教育体系，促进学生养成良好的思想品德和行为习惯。"第三十七条规定："学校应当保证学生的课外活动时间，组织开展文化娱乐等课外活动。社会公共文化体育设施应当为学校开展课外活动提供便利。"《教育法》第十二条第一、二款规定："国家通用语言文字为学校及其他教育机构的基本教育教学语言文字，学校及其他教育机构应当使用国家通用语言文字进行教育教学。民族自治地方以少数民族学生为主的学校及其他教育机构，从实际出发，使用国家通用语言文字和本民族或者当地民族通用的语言文字实施双语教育。"这些原则性规定是小学开展教育教学活动的基本要求，它为适龄儿童、少年接受平等的义务教育提供了法律保证。

3. 关于小学教育改革

《教育法》第十一条规定：“国家适应社会主义市场经济发展和社会进步的需要，推进教育改革……”《义务教育法》第三十五条第一款规定：“国务院教育行政部门根据适龄儿童、少年身心发展的状况和实际情况，确定教学制度、教育教学内容和课程设置，改革考试制度，并改进高级中等学校招生办法，推进实施素质教育。”这些法律条文为深化基础教育课程改革、评价方式和考试改革等，全面实施素质教育，提供了法律依据和保障。

4. 关于小学教育的设施与保障

（1）教育设施。《义务教育法》第六条第一款规定：“国务院和县级以上地方人民政府应当合理配置教育资源，促进义务教育均衡发展，改善薄弱学校的办学条件，并采取措施，保障农村地区、民族地区实施义务教育，保障家庭经济困难的和残疾的适龄儿童、少年接受义务教育。”第十五条规定：“县级以上地方人民政府根据本行政区域内居住的适龄儿童、少年的数量和分布状况等因素，按照国家有关规定，制定、调整学校设置规划。新建居民区需要设置学校的，应当与居民区的建设同步进行。”第十六条规定：“学校建设，应当符合国家规定的办学标准，适应教育教学需要；应当符合国家规定的选址要求和建设标准，确保学生和教职工安全。”第十七条规定：“县级人民政府根据需要设置寄宿制学校，保障居住分散的适龄儿童、少年入学接受义务教育。”第二十二条规定：“县级以上人民政府及其教育行政部门应当促进学校均衡发展，缩小学校之间办学条件的差距，不得将学校分为重点学校和非重点学校。学校不得分设重点班和非重点班。县级以上人民政府及其教育行政部门不得以任何名义改变或者变相改变公办学校的性质。”

《义务教育法》（第三章）

（2）教育经费。《教育法》第四条第一款规定：“教育是社会主义现代化建设的基础，国家保障教育优先发展。”为落实教育优先发展的战略地位，《教育法》第五十四条专门规定了教育投入与条件保障问题：“国家建立以财政拨款为主、其他多种渠道筹措教育经费为辅的体制，逐步增加对教育的投入，保证国家举办的学校教育经费的稳定来源。”第五十五、第五十六条分别规定：“国家财政性教育经费支出占国民生产总值的比例应当随着国民经济的发展和财政收入的增长逐步提高。”“各级人民政府的教育经费支出，按照事项和财项相统一的原则，在财政预算中单独列项。”第二十六条第三款规定：“国家举办学校及其他教育机构，应当坚持勤俭节约的原则。”第四款规定：“以财政性经费、捐赠资产举办或者参与举办的学校及其他教育机构不得设立为营利性组织。”此外，《教育法》还就教育经费的使用、监督管理，教育专项基金的设立与使用，教育费附加的征收、管理、使用，鼓励和扶持学校开

《义务教育法》（第六章）

展勤工俭学和社会服务、兴办校办产业，农村教育集资的使用，鼓励捐资助学等作了明确规定。《义务教育法》第四十二条第一、三款规定："国家将义务教育全面纳入财政保障范围，义务教育经费由国务院和地方各级人民政府依照本法规定予以保障。""国务院和地方各级人民政府用于实施义务教育财政拨款的增长比例应当高于财政经常性收入的增长比例，保证按照在校学生人数平均的义务教育费用逐步增长，保证教职工工资和学生人均公用经费逐步增长。"这些规定，对于保证小学教育的经费和办学条件具有十分重要的意义。

《教育法》（第六章）

（3）小学教育的社会责任和参与。《教育法》第六章专门对国家机关、军队、企事业组织、社会公共文化机构、大众传媒及其他社会组织和个人创设良好的教育环境、形成健康向上的舆论导向、支持学校建设、参与学校管理以及为学校组织学生进行社会实践提供帮助等问题作了明确的法律规定。《义务教育法》第十三条第二款规定："居民委员会和村民委员会协助政府做好工作，督促适龄儿童、少年入学。"第十四条规定："禁止用人单位招用应当接受义务教育的适龄儿童、少年。根据国家有关规定经批准招收适龄儿童、少年进行文艺、体育等专业训练的社会组织，应当保证所招收的适龄儿童、少年接受义务教育；自行实施义务教育的，应当经县级人民政府教育行政部门批准。"

（4）关于小学教育行政与教育管理。按《教育法》第十四条、第十五条分别规定："国务院和地方各级人民政府根据分级管理、分工负责的原则，领导和管理教育工作。中等及中等以下教育在国务院领导下，由地方人民政府管理。""县级以上地方各级人民政府教育行政部门主管本行政区内的教育工作。"各地根据教育发展的实际需要，并依照《国家机关行政组织法》，设置相应的教育行政机构，明确各自的权力与职责，遵循教育行政管理的基本原则，依法实施教育行政行为，科学进行教育行政管理，是依法执政和依法治教的直接表现，也是加强社会主义法治建设的重要环节。2014年教育部印发的《义务教育学校管理标准（试行）》，共6个方面，92项管理要求，对学校治理工作提出具体要求，是学校工作的重要依据，将推动学校不断提高管理水平，实现学校治理的法治化和规范化。

5. 关于学校及其他教育机构

为保证学校及其他教育机构的规模、结构、布局协调发展，统一各级各类教育机构的质量标准，《教育法》专门规定了其他教育机构的主体资格、设立条件和程序、管理体制、权利与义务、课程设置等内容。

案例库

北京新规小学每班不应超40人

记者近日从北京市教委获悉，根据教育部《小学管理规程》，北京市制定了具体实施意见，该意见将从今年12月19日起施行。实施意见规定，小学教学班额按照北京市中小学校办学条件标准要求设置，小学每班学生人数原则上不超过40人。今后一定时期内，生源激增、入学矛盾比较突出的地区，可适当放宽，但每班不得超过45人。意见规定，小学原则上不得留级。学生及其家长主动提出、确有需要的可以留级，具体操作按照教育行政部门关于学业成绩管理等有关规定执行，并在学籍档案中进行相应处理。根据该意见，将严格规范竞赛工作管理，取消各级教育行政部门、教研部门等组织的各类等级证书考试和学科竞赛活动，严禁将各种竞赛成绩、奖励证书作为入学主要依据。同时，鼓励学生全面发展、培养兴趣、发展特长，学校要积极创造条件，组织开展好课外活动和社会实践活动。

（资料来源：《法制日报》，2014-11-23）

6. 关于教师和其他教育工作者

建设一支数量充足、质量合格、结构合理并相对稳定的师资队伍是实施小学教育的关键所在。为此，《义务教育法》《教师法》及小学教育相关法规就此作出了明确规定，内容涉及小学教师职业的性质、职责与任务，教师的法律地位、社会待遇，教师的资格与任用、培养与培训，教师的基本权利与义务，管理与奖励，教师申诉制度与权益保护等问题。如《义务教育法》第二十九条规定："教师在教育教学中应当平等对待学生，关注学生的个体差异，因材施教，促进学生的充分发展。教师应当尊重学生的人格，不得歧视学生，不得对学生实施体罚、变相体罚或者其他侮辱人格尊严的行为，不得侵犯学生合法权益。"第三十二条规定："县级以上人民政府应当加强教师培养工作，采取措施发展教师教育。县级人民政府教育行政部门应当均衡配置本行政区域内学校师资力量，组织校长、教师的培训和流动，加强对薄弱学校的建设。"第三十三条第一款规定："国务院和地方各级人民政府鼓励和支持城市学校教师和高等学校毕业生到农村地区、民族地区从事义务教育工作。"

《教育法》（第四章）
《义务教育法》（第四章）

7. 关于学生及家长

《义务教育法》第十一条规定："凡年满六周岁的儿童，其父母或者其他法定监护人应当送其入学接受并完成义务教育；条件不具备的地区的儿童，可以推迟到七周岁。适龄儿童、少年因身体状况需要延缓入学或者休学的，其父母或者其他法定监护人应当提出申请，由当地乡镇人民政府或者县级人民政府教育行政部门批准。"第十二条规定："适龄儿童、少年免试入学。地方各级人民政府应当保障适龄儿童、少年在户籍所在地学校就近入学。父母或者其他法定监护人在非户籍所在地工作或者居住的适龄儿童、少年，在其父母或者其他法定监护人工作或者居住地接受义务教育的，当地人民政府应

《义务教育法》（第二章）

当为其提供平等接受义务教育的条件。具体办法由省、自治区、直辖市规定。县级人民政府教育行政部门对本行政区域内的军人子女接受义务教育予以保障。”第二十七条规定：“对违反学校管理制度的学生，学校应当予以批评教育，不得开除。”

此外，《民法通则》第十六条规定：“未成年人的父母是未成年人的监护人。”家长的权利主要体现在对未成年学生的监护上，具体表现为监督教育被监护人，对被监护人进行必要的管束的权利；管理被监护人的财产，维护被监护人的合法权利；代理或者辅助被监护人进行民事活动的权利；与学校联系共同教育学生的权利等。《婚姻法》和《未成年人保护法》则规定了家长照顾学生生活、监督教育学生、管理被监护人财产、维护其合法权益、在被监护人侵犯他人人身或财产并造成损害时承担赔偿责任等义务。

8. 关于小学各种教育活动的规定

对于小学的各种教育教学活动，国家及其相关部门制定了数量众多的教育法规加以明确规范，主要涉及学校教学语言的使用、学生学籍的管理、德育工作、体育工作、卫生工作、艺术教育工作、电化教育等方面，具体体现在《中小学德育工作规程》《学校体育工作条例》《学校卫生工作条例》《学校食堂与学生集体用餐卫生管理规定》《学校艺术教育工作规程》《中小学电化教育规程》等法规中，从而保证了小学教育的各种活动依法进行，规范运行。

9. 关于小学教育的法律责任

涉及因工作失职未能实现义务教育实施规划目标的或无特殊原因未能如期达到实施义务教育学校办学条件要求的；违反国家有关规定，不按照预算核拨教育经费的；违反国家财政、财务制度，挪用、克扣教育经费的；违反国家有关规定向学校收取费用的，根据《义务教育法》《教育法》《教师法》《刑法》的相关规定，通常要依法恢复原有法律秩序，并对直接负责的主管人员和其他直接责任人依法给予行政处分，构成犯罪的依法追究刑事责任。

案例库

教育有教无类，怎能以貌取人

“学校怎能以貌取人呢?师风、师德何在?”近日,记者接到爆料电话称,3年前因大面积烧伤的浙江省丽水市青田县仁庄镇学生高龙鑫,今年初中毕业后被该县的石门中学录取。但就在他到该校报到后,因为相貌难看遭到学校劝退,无法继续完成学业,让这个身心受到严重伤害的学生遭受了二次伤害。(9月23日《现代金报》)

高龙鑫无疑是不幸的,父亲车祸去世,母亲离家出走,他自己又遭遇严重烧伤,一度生命垂危。而他又是幸运的,在身体被大面积烧伤后,得到了当地社会各界的爱心帮助,最终把他从死亡线上拉了回来,并顺利入学。对于这个命运多舛的孩子,包括学校在内的社会各界,理应给予他更多的关爱与呵护,帮助他顺利成长。

然而该县石门中学的做法,令人失望。在高龙鑫被该校录取以后,学校竟然以“长相难看”为由,对他进行劝退。“有教无类”是大教育家孔子提出来的教育理念,意思是教育面前人人平等,每个人都有接受教育的权利,教育没有高低贵贱之分。在孔子看来,教育连高低贵贱都不能有所区分,该学校却以相貌丑俊来决定学生受教育的权利,实在是荒唐至极。

（资料来源:《法制日报》, 2013-09-24）

10. 小学教育的法律救济

《教育法》《民事诉讼法》《行政处罚法》《行政复议法》《学校伤害事故处理办法》等法律法规作出相关规定，以保证当学校、教师、学生的合法权益受到损害时，运用法律救济手段能得到国家有关部门的依法保护。教育法律救济制度对行政违法或法律适用不当造成损害承担责任的规定，有力地促进了国家机关加强内部管理、完善监督机制，增强了国家机关及其工作人员相应的责任感，促使他们审慎行事，依法行政，对于保护教育法律关系主体的合法权益，促进依法行政，推动我国社会主义教育法治建设具有重要的意义。

二、我国小学教育法规的基本特点

（一）中国特色的小学教育法律体系

与其他国家的小学教育法规相比，我国小学教育坚持社会主义方向和社会主义法治原则，遵循了教育自身的发展规律，及时总结了市场经济条件下教育改革的成功经验，针对社会主义初级阶段的国情和小学教育现实不断发展、充实、完善，着力引导和促进市场经济条件下的小学教育改革，解决现实中的突出问题，规范小学教育的各种活动，逐步形成了具有中国特色的小学教育法规体系。

（二）法规调整对象具有整体性

在教育法律的层次上，我国没有针对小学教育进行专门立法，而是从整体上对义务教育阶段进行立法，制定颁布了《义务教育法》，这与许多国家专门制定的《初等教育法》是不同的。从广义上看，有关小学教育的法规也多是针对整个基础教育的，既包括小学教育，又包括中等教育，如《中小学校财务制度》《中小学德育工作规程》《中小学教师继续教育规定》等，它有利于保持整个基础教育阶段法律要求的一致性和连贯性，便于中小学各个法律关系主体理解、掌握、遵守法律法规的要求。

（三）小学教育法规具有具体针对性

鉴于小学教育还有其自身的、不同于中等教育的特点，小学生的身心发展有其特殊性，各地小学教育存在着较大的差距，我国制定了许多专门针对小学教育教学活动的教育行政法规，如《小学管理规程》《小学教师专业标准（试行）》等，用以调整小学阶段教育中的各种法律关系，而且法律条文的规定明确而具体，在教育实践中具有很强的可操作性。

小结·阅读·拓展

一、本章着重介绍了以下内容：

1. 我国现行教育法的体系结构、小学教育法规的各种法源以及教育法规主要内容和基本特点。

2. 我国小学教育法规的法源主要包括《宪法》、教育基本法、教育单行法、教育行政法规、地方性教育法规、教育规章以及其他等。概括起来，我国小学教育法规的主要内容涉及立法的目的；小学教育的性质、方针、目标；应当遵循的原则；设施与保障；小学各种教育活动；学校及其他教育机构，教师和其他教育工作者，学生及家长等法律主体和法律责任、法律救济等。

3. 我国小学教育法规在调整对象上多以整个义务教育阶段的教育为主，并针对小学教育特殊性作了具体规定，具有中国特色。

二、请利用课余时间阅读下列参考文献：

1. 国务院法制办公室．中华人民共和国教育法典[M]. 新3版．北京：中国法制出版社，2016.

该书由中央级法律类图书专业出版机构出版，涵盖教育领域重要的法律、行政法规、部门规章、规范性文件、司法解释以及法律法规的适用解释及函复。全面反映近年来国家大规模法律文件清理工作的成果。该书编写秉持权威、实用的理念，相信能够成为广大读者理解、掌握相关法律的首选工具书。

2. 劳凯声．中国教育改革30年：政策与法律卷[M]. 北京：北京师范大学出版社，2009.

该书对改革开放30年来教育政策和法律进行了系统梳理，主要包括制度变迁中的教师问题、法治进程中的学生权利、不断发展的民办教育、致力于更加公平的教育等。

三、请在课余时间，选择开展以下拓展学习：

1. 如果要进一步完善小学教育法律体系，你认为还需制定哪些法律法规？

2. 你认为相关法律应从哪些方面作出具体规定，才能保证小学教育所需的经费？

第七章　国家：依法治教

通过本章学习，你将能够：

● 明确小学教育作为义务教育，具有强制性、免费性、国家性的法律性质。

● 知道小学教育的基本原则是发展我国小学教育事业所必须遵循的基本要求和准则。

● 了解我国教育经费以国家财政拨款为主，其他多种渠道筹措教育经费为辅的投入体制。

● 了解我国教育行政机关及教育行政行为是教育行政主体在实施行政管理活动，行使行政职权过程中所作出的具有法律意义的行为。

● 了解教育行政执法指各级政府和教育行政机关及其他相关行政部门在其职权范围内，依照法定程序，将教育法律法规适用于特定对象，并影响相对人权利和义务的行政行为。

问题情境：义务教育均衡是解决大班额根本之策

按照我国学校的设置标准，义务教育学校班额不应超过45人，而超过45人就被称为“大班额”。近年，随着我国义务教育学龄人口的下降和各级政府对义务教育投入的增加，大班额问题有一定程度的缓解。据统计，从2005年到2014年，我国义务教育阶段在校生数减少了3 300多万人，减幅19%；义务教育学校班级数减少了73万多个，减幅17.6%。同期，义务教育学校的超标班级减少了40万个，减幅23%；56人以上的超大班级数减少近42万，减幅45.4%，大班额班数减幅大于义务教育学生数和班级总数的减幅。

但是，大班额问题依然严重。2014年，我国义务教育学校中班额超标班级仍达38.9%，其中小学31.4%，初中59.8%；全国义务教育学校中56人以上超大班级占14.7%，其中小学为12.2%，初中21.7%。超标大班级主要集中在城区和镇区，城区学校超标班级占比53.7%（小学50.5%，初中60.5%），城区学校大班级占19.7%（小学19.1%，初中20.9%）；镇区学校超标班级占50%（小学42.5%，63.7%），大班级占18.6%（小学18.4%，初中24.4%）；乡村学校中超标班级占17%，大班级占5.3%。大班额不仅使教师因材施教的难度增大，影响了教学质量，还增加了教师的工作量，一些超大班级因过于拥挤给学生的健康和安全带来隐患。

…………

解决义务教育学校大班额问题需要标本兼治，多管齐下。从根本上说，就是要加快义务教育均衡发展，缩小义务教育办学水平上的区域、城乡和校际差距。要加强义务教育资源配置上的城乡统筹，加快推进县域内城乡义务教育一体化改革发展。具体来说，一是要适应新型城镇化发展、人口政策调整和人口流动趋势等，建立覆盖常住人口的城镇义务教育学校布局规划和义务教育公共服务体系，在城市规划中合理规划城镇学校空间布局，特别是城区、城乡结合部要为扩建、新建学校预留充足教育用地；二是加强义务教育学校标准化建设和管理，严格控制学校规模和班级规模，防止学校的超大规模化；三是完善城乡义务教育经费保障机制，建立常态化的学校基本建设制度，将公办学校扩建、新建项目纳入政府年度基建计划和预算；四是加快推进县域内城乡教育均衡发展，统筹城乡教育资源配置，继续支持贫困地区义务教育薄弱学校改善基本办学条件，教育资源向乡村和城乡结合部倾斜，加强薄弱学校改造，大力提高乡村教育质量，稳定乡村生源，着力缩小城乡差距。

（资料来源：《人民政协报》，2016-07-20）

第一节　小学教育的法律基础是什么

我国学校教育体系包括初等教育、中等教育、高等教育三个阶段。其中初等教育和普通中等教育属于基础教育，小学教育是各级各类教育的基础。《义务教育法》规定，国家实行九年制义务教育。义务教育是面向全体公民的教育，是面向未来的事业。义务教育的普及程度、质量优劣，直接关系到我国经济和社会发展所需的亿万劳动者素质和各级各类专门人才的质量，关系到社会全面进步的程度和我国的国际声誉及形象。小学教育在九年义务教育中处于基础地位。

一、小学教育的法律性质

小学教育作为义务教育，是依照法律规定，适龄儿童和少年必须接受的，国家、社会、学校、家庭必须予以保证的国民教育。它具有以下法律性质。

1. 强制性

《义务教育法》第四条规定："凡具有中华人民共和国国籍的适龄儿童、少年，不分性别、民族、种族、家庭财产状况、宗教信仰等，依法享有平等接受义务教育的权利，并履行接受义务教育的义务。"义务教育是国家用法律形式规定的对适龄儿童和少年实施一定年限的普及的、强迫的、免费的学校教育。国家设立学校，使适龄儿童和少年依法享有平等接受义务教育的权利，同时，适龄儿童和少年也要依法履行接受义务教育的义务；凡年满六周岁的儿童，其父母或者其他法定监护人应当送其入学接受并完成义务教育；全社会有排除适龄儿童和少年入学接受义务教育的种种不良影响和障碍的责任和义务。因此，小学教育作为义务教育的初级阶段，是国家、家庭、社会必须给予保证，国家法律强制实施的基础教育。

2. 免费性

《义务教育法》第二条第三、四款规定："实施义务教育，不收学费、杂费。国家建立义务教育经费保障机制，保证义务教育制度实施。"实行免费教育是义务教育的基本原则和手段。

3. 国家性

义务教育是国家统一实施的所有适龄儿童、少年必须接受的教育，是国家必须予以保障的公益性事业，是与国家利益紧密相关的大事，必须贯彻国家的教育方针，国家建立义务教育经费保障机制。义务教育不再是个人或家庭的私事，它代表了广大人民群众的根本利益。义务教育的国家性，保证了国家对义务教育的宏观调控，有利于义务教育质量的提高。

二、小学教育的学制

新中国成立后，我国开展了以中小学学制改革为主的各种实验。20世纪60年代前期，小学教育的学制大都统一在五年或六年。

"文化大革命"期间，教育制度方面遭到严重破坏，学制年限被毫无根据地任意缩短(如初、高中各二年，高等学校三年)。

"文化大革命"后，经过拨乱反正，我国逐步开展教育改革，提出普及九年义务教育。由于历史原因，我国义务教育的学制有"六三"制、"五四"制，农村地区还有“五三”制。即小学教育的学制是五年或者六年，主体是六年制。

根据国务院《关于基础教育改革与发展的决定》，“十五”期间，国家整体设置九年义务教育课程，实行“五三”学制的地区，2005年基本完成向“六三”学制的过渡。有条件的地方可以实行九年一贯制。

三、小学教育的基本原则

教育基本原则指法律规定的我国教育事业所必须遵循的基本要求和准则。根据《教育法》的规定，我国小学教育应遵循的基本原则如下。

（一）重视思想道德建设的原则

古今中外、历朝历代都十分重视思想道德教育。在建设有中国特色社会主义过程中，重视对青少年进行思想道德教育，更有着重大意义。我们必须以培养合格的跨世纪人才的战略眼光来认识德育工作，把德育工作提高到一个新水平。

《关于在各级各类学校推动培育和践行社会主义核心价值观长效机制建设的意见》

《教育法》第六条第二款规定：“国家在受教育者中进行爱国主义、集体主义、中国特色社会主义的教育，进行理想、道德、纪律、法治、国防和民族团结的教育。”它规定了我国新时期思想道德教育工作的总体目标和基本内容。

根据《教育法》的规定，思想道德教育工作的总体目标是对学生进行爱国主义教育、集体主义教育、中国特色社会主义的教育。这不仅是学校思想道德教育工作的重要任务，还是国家和全社会的任务。爱国主义、集体主义和中国特色社会主义教育的总体目标，决定了中小学思想道德教育的六项基本内容：理想、道德、纪律、法治、国防和民族团结的教育。

《小学管理规程》第二十一条提出：“小学要将德育工作摆在重要位置，校长负责，教职工参与，教书育人、管理育人、服务育人。学校教育要同家庭教育、社会教育相结合。”学校教育是对未成年人进行思想道德教育的主渠道。学校必须按照党的教育方针，把德育工作摆在素质教育的首要位置，贯穿在教育教学的各个环节，纳入教育的全过程。

（二）继承优秀文化成果的原则

《教育法》第七条规定：“教育应当继承和弘扬中华民族优秀的历史文化传统，吸收人类文明发展的一切优秀成果。”

《完善中华优秀传统文化教育》

中国是世界上历史最悠久的国家之一，创造了光辉灿烂的历史文化。这些构成了极为丰富的思想宝库，成为中华民族的凝聚力之所在。爱国主义、集体主义、尊师重教、勤俭节约等传统美德，在今天仍然显示着旺盛的生命力和积极的现实作用。要继承和弘扬中华民族优秀的历史文化传统，就应当加强中国近代史、现代史和国情教育；认真研究和继承在我国历史上广为流传的优秀道德思想和行为准则，并赋予其新的时代内涵；要把中华民族的优良道德传统与在社会主义建设实践中形成的新道德规范结合起来，提出具有中华民族特色、体现时代精神的价值标准和道德规范。

吸收人类文明一切优秀成果，是继承和弘扬中华民族优秀的历史文化传统的延伸。人类文化本身是一个整体，具有不可分割的关联性，任何一个民族的文化都是人类文化的一部分，只有在人类文化的长河中才能得到很好的发展。要吸收人类文明发展的优秀成果，首先要学习别国先进的科学技术和管理经验，以促进我国经济和社会的飞速发展。同时，也要学习各国优秀灿烂的文化。

（三）教育公共性原则

《教育法》第八条第一款规定："教育活动必须符合国家和社会公共利益。"

教育的公共性，是现代教育的特征。我国是社会主义国家，教育的公共性原则具有自身的特色，主要表现在以下几方面：首先，义务教育是国家必须予以保障的公益性事业，以财政性经费、捐赠资产举办或者参与举办的学校及其他教育机构不得设立为营利性组织；其次，教育必须面向全体公民，对国家、人民和社会公共利益负责；最后，教育活动应当依法接受国家、社会的监督，任何人从事教育活动，必须遵守《宪法》和其他法律，不得违背和损害国家利益、人民的利益和社会公共利益，否则，必将受到法律的制裁。

（四）教育与宗教相分离的原则

《教育法》第八条第二款规定了教育与宗教相分离的原则。教育与宗教相分离原则是教育公共性质的一种体现，但又有其独立含义。教育与宗教相分离的含义是，在国民教育和公共教育中，不允许宗教团体和个人办学进行宗教教育，不允许利用宗教进行妨碍国家教育制度的活动。学校有权进行辩证唯物主义和无神论教育与宣传，但不得强迫学生不信仰宗教，也不得歧视信仰宗教的学生。

（五）受教育机会平等的原则

《教育法》第九条规定："中华人民共和国公民有受教育的权利和义务。公民不分民族、种族、性别、职业、财产状况、宗教信仰等，依法享有平等的受教育机会。"2015年新修订的《教育法》增加了第十一条第二款："国家采取措施促进教育公平，推动教育均衡发展。"这些规定确立了公民受教育机会平等的原则。

受教育机会平等原则的基本含义是：国家给每个公民不受任何限制的均等的学习机会。具体而言有以下两层意思。一方面，公民享有不可剥夺的平等的受教育权利。公民的受教育权是《宪法》确认的。受教育既是每个公民的法定权利，同时也是每个公民应当履行的义务。另一方面，义务教育阶段公民的就学机会、教育条件和教育结果应当平等。这个阶段所受的教育质量如何，将影响到公民以后的选择机会和竞争能力。所以，该阶段不仅要让所有的适龄公民都能上学，而且也要保证他们受到质量相当的教育，获得平等的教育结果。

（六）扶持特殊地区和人群教育的原则

《教育法》第十条规定："国家根据各少数民族的特点和需要，帮助各少数民族地区发展教育事业。"我国地域辽阔，民族众多，地域发展很不平衡，教育的基础也有很大差别。尤其是在少数民族地区和边远贫困地区，教育条件更为艰苦，教育水平也相对较低。这些地区的教育不仅关系到我国整体教育事业的发展，而且关系到民族团结和社会安定。为了提高这些地区的教育发展水平，促进各民族、各地区共同繁荣，国家必须对少数民族地区给予特殊的扶持和帮助。

《国家贫困地区儿童发展规划（2014—2020年）》

残疾人作为我国公民的一部分，与正常人一样享有学习权、发展权。我国《宪法》第四十五条第三款规定："国家和社会帮助安排盲、聋、哑和其他有残疾的公民的劳动、生活和教育。"《教育法》第十条规定："国家扶持和发展残疾人教育事业。"《义务教育法》第十九条规定："县级以上地方人民政府根据需要设置相应的实施特殊教育的学校（班），对视力残疾、听力语言残疾和智力残疾的适龄儿童、少年实施义务教育。特殊教育学校（班）应当具备适应残疾儿童、少年学习、康复、生活特点的场所和设施。普通学校应当接收具有接受普通教育能力的残疾适龄儿童、少年随班就读，并为其学习、康复提供帮助。"

（七）鼓励教育科学研究的原则

《教育法》第十一条第三款规定了鼓励教育科研的原则："国家支持、鼓励和组织教育科学研究，推广教育科学研究成果，促进教育质量提高。"《小学管理规程》第二十条提出："小学要积极开展教育教学研究，运用教育理论指导教育教学活动，积极推进科研成果及成功经验。"

全面提高教育质量，推进教育改革，建设和完善终身教育体系，发挥教育的最大社会效益，最有效的途径就是教育科研。对于教育科研，除了国家的支持和组织外，科研部门还应努力提高科研质量。

（八）通用语言文字的原则

新修订的《教育法》第十二条规定："国家通用语言文字为学校及其他教育机构的基本教育教学语言文字，学校及其他教育机构应当使用国家通用语言文字进行教育教学。民族自治地方以少数民族学生为主的学校及其他教育机构，从实际出发，使用国家通用语言文字和本民族或者当地民族通用的语言文字实施双语教育。国家采取措施，为少数民族学生为主的学校及其他教育机构实施双语教育提供条件和支持。"修订前《教育法》使用"汉语言文字"一词，而"汉语言文字"包括方言，"国家通用语言文字"不含方言。少数民族学校用语，由可以用本民族或当地民族通用的语言文字进行教学，改变为双语教育，单用方言教学以法律形式叫停。

（九）奖励突出贡献的原则

《教育法》第十三条规定："国家对发展教育事业做出突出贡献的组织和个人，

给予奖励。”它有利于提高教师及教育工作的社会地位，有利于调动广大教师的积极性，并激发他们的使命感，有利于教师队伍的建设和发展，有利于在全社会形成尊师重教的良好风气。

四、小学教育投入与条件保证的法律规定

（一）我国教育经费筹措体制的基本框架

在计划经济体制下，我国教育经费由中央财政“戴帽”下达进行分配，地方财政部门管理，教育部门安排使用。这种投入体制随着时代的发展，逐渐暴露其弊端。即随意性很大，没有法定的分配比例，容易受政治影响和当事人主观意志的左右，致使教育经费的利用率不高。

《教育法》第七章“教育投入与条件保障”对教育经费筹措体制进行了较为全面的规定，构建了我国筹措教育经费体制的基本框架，即以国家财政拨款为主，其他多种渠道筹措教育经费为辅的教育投入体制。

1. 国家财政性教育经费支出

这是筹措教育经费的主要渠道，包括中央财政拨款和省、市、县各级地方政府的教育拨款、城乡教育费附加、企业用于举办中小学的经费和校办产业减免税部分。《义务教育法》第四十二条第一、二款规定：“国家将义务教育全面纳入财政保障范围，义务教育经费由国务院和地方各级人民政府依照本法规定予以保障。国务院和地方各级人民政府将义务教育经费纳入财政预算，按照教职工编制标准、工资标准和学校建设标准、学生人均公用经费标准等，及时足额拨付义务教育经费，确保学校的正常运转和校舍安全，确保教职工工资按照规定发放。”第四十三条规定：“学校的学生人均公用经费基本标准由国务院财政部门会同教育行政部门制定，并根据经济和社会发展状况适时调整。制定、调整学生人均公用经费基本标准，应当满足教育教学基本需要。省、自治区、直辖市人民政府可以根据本行政区域的实际情况，制定不低于国家标准的学校学生人均公用经费标准。特殊教育学校（班）学生人均公用经费标准应当高于普通学校学生人均公用经费标准。”第四十四条规定：“义务教育经费投入实行国务院和地方各级人民政府根据职责共同负担，省、自治区、直辖市人民政府负责统筹落实的体制。农村义务教育所需经费，由各级人民政府根据国务院的规定分项目、按比例分担。各级人民政府对家庭经济困难的适龄儿童、少年免费提供教科书并补助寄宿生生活费。义务教育经费保障的具体办法由国务院规定。”这一系列法律规定，在此后出台的相关教育政策中得到了具体落实，保障了我国义务教育均衡发展取得重要的历史性成就。

2. 城乡教育费附加

教育费附加是根据国务院的有关规定，在全国城乡普遍征收的主要用于实施义务教育的专项费用，分为城市教育费用附加和农村教育费用附加，并分别征收。《教育法》第五十八条第一款规定：“税务机关依法足额征收教育费附加，由教育

行政部门统筹管理，主要用于实施义务教育。”《教育法》第五十八条第二款规定：“省、自治区、直辖市人民政府根据国务院的有关规定，可以决定开征用于教育的地方附加费，专款专用。”城乡教育费用附加按增值税、营业税、消费税的3%征收。农村乡统筹中教育费附加，由乡人民政府组织收取，由县级人民政府教育行政部门代为管理或由乡人民政府管理，用于本乡范围内乡、村两级教育事业。

3. 校办产业与社会服务收入

开展勤工俭学、组织社会服务、兴办校办产业是多渠道筹措经费的重要途径。《教育法》第五十九条规定：“国家采取优惠措施，鼓励和支持学校在不影响正常教育教学的前提下开展勤工俭学和社会服务，兴办校办产业。”值得注意的是，学校是以教书育人为主阵地的，一切工作均要以教学为中心。所以，开展勤工俭学、组织社会服务、兴办校办产业，要在不影响正常的教育教学秩序的前提下进行。并且，此项工作的开展，应有利于学校教学设备、教学质量的提高和教师福利待遇的改善。

4. 社会力量捐资

改革开放以来，随着社会经济实力的不断增强，社会各界对教育日益重视和支持。另外，境内、外友好交往日益增多，港、澳、台同胞和国外民间友好组织及个人捐助教育事业的逐年增多。这对于增加教育投入、改善办学条件起到了积极的作用。《教育法》第六十条规定：“国家鼓励境内、外社会组织和个人捐资助学。”捐资是属于具有高度主动性与自觉性的行为，捐资助学必须遵循自愿的原则，对捐助的内容、数额、用途应充分尊重捐助者的意愿，但同时也必须注意，捐赠的内容和方式必须符合中国的法律法规和政策，不得妨碍教育事业的发展。《教育法》第六十一条规定：“国家财政性教育经费、社会组织和个人对教育的捐赠，必须用于教育，不得挪用、克扣。”《义务教育法》第四十八条规定：“国家鼓励社会组织和个人向义务教育捐赠，鼓励按照国家有关基金会管理的规定设立义务教育基金。”

5. 金融与信贷手段融资

运用金融、信贷手段，融通教育资金，支持校办产业、勤工俭学的发展，开办教育储蓄和信贷业务，是社会主义市场经济条件下开发支持教育事业发展手段的新探索。《教育法》第六十二条规定：“国家鼓励运用金融、信贷手段，支持教育事业的发展。”运用金融手段融资，通常是设立教育银行、教育投资公司等金融机构，开展以筹措教育积累资金为目的的存取、信贷、投资等多种业务，所得利润除用于自身发展外，应用于教育事业。

6. 设立教育专项资金

《教育法》第五十七条规定：“国务院及县级以上地方各级人民政府应当设立教育专项资金，重点扶持边远贫困地区、少数民族地区实施义务教育。”教育专项资金主要指扶持边远贫困地区、少数民族地区实施义务教育的专项资金。实践已经证明，设立教育专项资金不仅推动了贫困地区基础教育的发展，而且引导和调动了地方政府与人民群众的办学积极性。

（二）教育经费的管理与监督

《教育法》第六十三条规定："各级人民政府及其教育行政部门应当加强对学校及其他教育机构教育经费的监督管理，提高教育投资效益。"《义务教育法》第四十九条规定："义务教育经费严格按照预算规定用于义务教育；任何组织和个人不得侵占、挪用义务教育经费，不得向学校非法收取或者摊派费用。"第五十条规定："县级以上人民政府建立健全义务教育经费的审计监督和统计公告制度。"《义务教育法》还在"法律责任"中规定，对未履行对义务教育经费保障职责、未依照本法规定均衡安排义务教育经费、侵占挪用义务教育经费或向学校非法收取或者摊派费用、学校违反国家规定收取费用、学校以向学生推销或者变相推销商品和服务等方式谋取利益等行为，对其直接负责的主管人员和其他直接责任人员依法给予处分。

（三）教育条件保障

国家在加大义务教育财政投入的同时，也加强了经费的管理与监督力度，并建立相应机制。《教育法》第六十四条规定："地方各级人民政府及其他有关行政部门必须把学校的基本建设纳入城乡建设规划，统筹安排学校的基本建设用地及所需物资，按照国家规定实行优先、优惠政策。"这一规定为加快学校基本建设、保障学校的权益提供了法律依据。第六十五条规定："各级人民政府对教科书及教学用图书资料的出版发行，对教学仪器、设备的生产和供应，对用于学校教育教学和科学研究的图书资料、教学仪器、设备的进口，按照国家有关规定实行优先、优惠政策。"第六十六条规定："国家推进教育信息化，加快教育信息基础设施建设，利用信息技术促进优质教育资源普及共享，提高教育教学水平和教育管理水平。县级以上人民政府及其有关部门应当发展教育信息技术和其他现代化教学方式，有关行政部门应当优先安排，给予扶持。国家鼓励学校及其他教育机构推广运用现代化教学方式。"《义务教育法》第四十二条第二款规定："国务院和地方各级人民政府将义务教育经费纳入财政预算，按照教职工编制标准、工资标准和学校建设标准、学生人均公用经费标准等，及时足额拨付义务教育经费，确保学校的正常运转和校舍安全，确保教职工工资按照规定发放。"

五、小学教育的社会责任与参与

（一） 小学教育的社会责任

《教育法》第四十七条第二款规定："企业事业组织、社会团体及其他社会组织和个人，可以通过适当形式，支持学校的建设，参与学校管理。"第四十八条规定："国家机关、军队、企业事业组织及其他社会组织应当为学校组织的学生实习、社会实践活动提供帮助和便利。"《未成年人保护法》《关于进一步加强和改进未成年人思想道德建设的若干意见》对广播电视、文化体育、新闻出版等相关领域都提出了严格的要求，为儿童、青少年创设健康的社会环境提供了法律依据。

（二）社会对教育的参与和支持

社会对教育的参与形式是多种多样的，概括起来，主要有图书馆、博物馆、科技馆、少年宫、广播、电视、家庭、报刊、社会公共文化体育设施及历史文化古迹等。需要注意的是，社会参与学校教育有时也会带来消极的影响。例如，近年来，网络和电子游戏逐渐进入人们的文化生活，中小学生对此兴趣尤其浓厚，许多学生因迷恋网络游戏而逃学或放学后不回家，严重影响了正常学习和身心发展。

社会参与学校教育，国家一方面通过法律赋予其权利，另一方面又要求社会承担一定的义务和责任。《教育法》第四十八条对社会支持学校开展学生实习和社会实践活动作出了原则规定："国家机关、军队、企业事业组织及其他社会组织应当为学校组织的学生实习、社会实践活动提供帮助和便利。"

第二节　如何进行小学教育行政管理

小学教育行政管理，是教育行政机关依法行使的职能。各级教育主管部门要按照职能科学、权责法定、执法严明、公开公正、廉洁高效、守法诚信的要求，遵循管办评分离的总体思路，加快形成法治化的教育行政管理体制。

一、小学教育行政管理体制

《义务教育法》第七条规定："义务教育实行国务院领导，省、自治区、直辖市人民政府统筹规划实施，县级人民政府为主管理的体制。县级以上人民政府教育行政部门具体负责义务教育实施工作；县级以上人民政府其他有关部门在各自的职责范围内负责义务教育实施工作。"《义务教育法》第十三条规定："县级人民政府教育行政部门和乡镇人民政府组织和督促适龄儿童、少年入学，帮助解决适龄儿童、少年接受义务教育的困难，采取措施防止适龄儿童、少年辍学。居民委员会和村民委员会协助政府做好工作，督促适龄儿童、少年入学。"

（一）教育行政机关的职责

在我国教育管理体制中，教育行政机关作为教育管理的主导一方。我国教育行政机关是中央和地方各级人民政府的职能部门，是各级人民政府的组成部分。按照其所拥有的权限和管辖范围，可以分为中央教育行政机关和地方教育行政机关。《教育法》规定："国务院教育行政部门主管全国教育工作，统筹规划、协调管理全国的教育事业。县级以上地方各级人民政府教育行政部门主管本行政区域内的教育工作。县级以上各级人民政府其他有关部门在各自的职责范围内，负责有关的教育工作。"

教育行政机关有别于立法机关和司法机关，是依法成立的、代表国家行使教育行政管理职能的行政机关。学校、其他组织和个人在教育管理中处于被管理的地位，它们同国家的关系在行政法上表现为同教育行政机关的关系。我国教育行政机关按照法律确定的“分级管理、分工负责”原则，领导和管理教育工作。《教育法》第十四条规定：“中等和中等以下教育在国务院领导下，由地方人民政府管理。”

教育行政机关作为教育法律关系最重要的主体，可以以多种身份参加教育法律关系。

第一，以管理者身份同相对一方当事人发生直接的权利、义务关系，主要以命令和服从的关系形式表现。《教育法》第七十五条规定：“违反国家有关规定，举办学校或者其他教育机构的，由教育行政部门或者其他有关行政部门予以撤销。有违法所得的，没收违法所得；对直接负责的主管人员和其他直接责任人员，依法给予处分。”

第二，以授权者的身份同相对一方当事人发生授权与被授权的法律关系。《义务教育法实施细则》第二十一条规定：“实施义务教育的学校应当选用经国务院教育主管部门审定或者其授权的省级教育主管部门审定的教科书。”由这一规定可以看出，省级教育主管部门可以接受教育部的授权审定本省使用的义务教育教材。

第三，以责任承担的身份，接受上级部门或社会的问责。如《教育法》第八十一条规定：“举办国家教育考试，教育行政部门、教育考试机构疏于管理，造成考场秩序混乱、作弊情况严重的，对直接负责的主管人员和其他直接责任人员，依法给予处分；构成犯罪的，依法追究刑事责任。”

（二）教育行政机关的权力

教育行政机关的权力是公共权力，具有国家强制性。我国教育行政机关主要拥有教育行政立法权、教育行政决定权、教育行政命令权、教育行政强制权、教育行政处罚权、教育行政执行权和教育行政监督权等。

1. 教育行政立法权

教育行政立法权主要指教育部根据《宪法》和其他法律所拥有的制定和发布教育行政权法规与教育规章的权力。例如，经国务院批准，国家教委发布《义务教育法实施细则》。

2. 教育行政决定权

教育行政决定权即教育行政机关依法对教育行政管理中的具体事件的处理权，以及教育法律、教育行政法规和教育规章未明确规定的事项的规定权。教育行政决定权的内容很广，主要涉及特定当事人能否取得某项权利或应否承担某项义务，能否取得某种资格，以及教育机构人员的任免、处分等。

3. 教育行政命令权

教育行政命令权即教育行政机关依法要求特定的或不特定的对象作出一定行为或不作出一定行为，且命令相对人必须服从。每一项命令的直接结果就是产生一种或几种具体的教育行政法律关系。例如对不符合办学条件、未经批准私自办学的个人，教育行政机关责令其停止办学。

4. 教育行政强制权

教育行政强制权即在教育行政管理中，法定义务人或某项具体行政法律关系的义务人若不履行义务时，教育行政机关就有权采取一些法定的强制措施，以促使法定义务的履行。如《义务教育法实施细则》第十三条规定："父母或者其他监护人不送其适龄子女或者其他被监护人入学的，以及其在校接受义务教育的适龄子女或者其他被监护人辍学的，在城市由市或者市辖区人民政府及其教育主管部门，在农村由乡级人民政府，采取措施，使其送子女或者其他监护人就学。"

5. 教育行政处罚权

教育行政处罚权是教育行政机关执法职能的重要方面。教育行政处罚指特定的国家行政机关对违反教育法律规范的公民、法人或其他组织给予的制裁处理。首先，是由于被处罚者违反了教育法规，但尚未构成犯罪；其次，它是由特定的行政机关实施的，主要是教育行政管理机关。

6. 教育行政执行权

教育行政执行权即教育行政机关或其工作人员根据有关法律规定或者上级决定、命令具体执行的行为。这是教育行政机关及其公务员具体适用教育法律法规的行为，法律保障教育行政机关独立行使教育行政执行权。

7. 教育行政监督权

教育行政监督权主要指上级教育行政机关对下级教育行政机关的教育行政执法活动进行的检查和监督，如教育部对地方教育行政机关的教育行政管理活动的业务监督以及审计监督、人事监督等。这也是教育行政执法的重要补充。

按照教育部《依法治教实施纲要（2016—2020年）》的精神，各级教育部门要依法进一步明确职能权限与责任，制定并公布权力清单、责任清单，切实按照法定职责必须为、法无授权不可为的原则，依法清理、精简行政权力，重点梳理在行政许可、行政处罚、学校管理等方面的职责。

二、教育行政行为

教育行政行为是教育行政主体在实施行政管理活动，行使行政职权过程中所作出的具有法律意义的行为，这种行为只能由教育行政主体作出。教育行政行为种类繁多，在此，我们以其管理对象是否特定为标准，将其划分为抽象教育行政行为和具体教育行政行为。

抽象教育行政行为指国家教育行政机关针对不特定的人或事制定具有普遍约束力的规范性教育文件的行为，如教育部制定教育规章，其核心的特征就在于行为对象的不特定性，即不确定某一类人或某一类事项，并且该行为具有反复适用的效力。

具体教育行政行为指在教育行政管理过程中，行政主体针对特定的人或事，采取具体行政措施的行为，其行为的内容和结果将直接影响某一个人或组织的权益。具体行政行为一般包括行政许可与确认行为、行政奖励与行政给付行为、行政征收行为、行政处罚行为、行政强制行为、行政监督行为、行政裁决行为。

在教育行政工作中，比较常见的具体教育行政行为有如下几种。

1. 通知

通知是教育行政机关依职权将已存在的教育法律事实或教育法律关系及可能采取的措施通知相对人，使之知悉的教育行政行为。如义务教育入学通知，依据《义务教育法实施细则》第十一条规定："当地基层人民政府或者其授权的实施义务教育的学校至迟在新学年始业前十五天，将应当接受义务教育的儿童、少年的入学通知书发给其父母或者其他监护人。适龄儿童、少年的父母或其他监护人必须按照通知要求送子女或者被监护人入学。"

当然，作为具体教育行政行为的"通知"与作为规范性文件的"通知"，是两种不同的教育行政行为。前者针对特定的人或事，属具体教育行政行为；后者针对不特定的人或事，具有普遍性，是抽象教育行政行为。

2. 批准

批准是教育行政机关应相对人的申请，根据《教育法》的有关规定，同意相对人实施某种行为或赋予相对人实施某种行为能力的教育行政行为。前者如依相对人的申请，批准筹建各级各类学校、批准建校招生等。后者如依相对人的申请，批准授予教育系统的专业技术职务等。

与批准相对应的是拒绝，它是教育行政机关对相对人申请事项不同意的意思表示。

3. 许可

许可是教育行政机关应相对人的申请依法赋予其从事某种活动的法律资格或实施某种行为的法律权利的行政行为。

以许可的目的为标准，许可分为行为许可和资格许可。行为许可是禁止的解除，即教育行政机关依法许可特定的相对人实施法律禁止一般人实施的行为，如教学仪器设备的生产许可、教材的发行等；资格许可是指教育行政机关应申请人的申请，经过一定的考核程序后，给合格者核发证明文书，允许其享有某种资格或具备某种能力的许可，如教育行政部门应申请人的申请，经认定合格后，颁发相应的教师资格证书，申请人便具备了从事教师职业的资格，拥有了从事教育教学工作的基本条件。

4. 注册

注册是教育行政机关应相对人的申请，登记相对人的某种情况或事实，并根据《教育法》予以承认的教育行政行为。《教育法》第二十八条规定："学校及其他教育机构的设立、变更和终止，应当依照国家有关规定办理审核、批准、注册或者备案手续。"

注册也叫登记，但并不是人们所误解的那种简单的登记手续，它是一种羁束的行政行为，应严格依法进行。对相对人来说，注册既是一种权利，又是一种义务。相对人具备某种情况或事实，符合法定条件，有权申请注册，教育行政机关不得拒绝。相对人取得教育行政机关的注册，其注册的行为或事实获得注册机关的认可或证明，具有了行政法上的意义。相对人认为教育行政机关违法拒绝注册申请或逾期不予答复，有权提起行政复议或行政诉讼。

5. 免除

免除是教育行政机关应相对人的申请依法免除相对人教育法义务的教育行政行为。例如，自《义务教育法》实施以来，适龄儿童、少年必须履行接受义务教育的义务，但该法及其《义务教育法实施细则》规定了因疾病或者特殊情况的适龄儿童、少年可以免除这种义务。当然，教育行政机关只有在相对人提出免除申请，并且经审查确认相对人具有教育法规定的免除义务的某种特定条件后，才可以依照职权程序作出免除决定。

教育部《依法治教实施纲要（2016—2020年）》提出各级教育部门要依法进一步明确职能权限与责任，制定并公布权力清单、责任清单，切实按照法定职责必须为、法无授权不可为的原则，依法清理、精简行政权力，重点梳理在行政许可、行政处罚、学校管理等方面的职责。进一步推进教育行政审批制度改革，简政放权，建立规范、高效的审批制度流程，实行一个窗口受理，网上集中预受理和预审查，创造条件推进网上审批。

三、教育行政执法

教育行政执法通常指各级政府和教育行政机关及其他相关行政部门在其职权范围内，依照法定程序，将教育法律法规适用于特定对象，并影响相对人权利和义务的行政行为。这里的执法指教育行政机关的执法行为，权力机关和司法机关的执法行为不在此列。

（一）教育行政执法的原则

1. 合法性原则

第一，执法主体必须符合法定要求，即执法主体必须是在行政管理中，有权适用教育法律、法规和规章，对行政管理相对人作出具体行政行为。第二，执法主体的执法行为必须有法定依据。比如有关行政处罚问题，凡法律法规或者规章未规定行政处罚的，任何公民、法人和其他组织不受处罚。第三，执法主体必须在法定职权范围内进行，其所拥有的权限必须符合有关法律规定。第四，教育行政执法活动必须符合法定执法程序。第五，教育行政执法的手段和形式都必须符合法定要求。

2. 公开性原则

首先，教育行政执法行为所依据的教育法律性文件必须是公开的，未经公布的不能作为行政处理的依据。其次，执法主体在进行行政处理时，必须把处理的主体、处理的程序、处理的依据和处理的结果公开，同时还须告知被处理者不服处理时申诉或起诉的方式。不公开的教育行政处理不具有法律效力。最后，行政相对人向行政主体了解有关的法律法规和规章以及程序时，行政主体有提供和解释的义务。

3. 公正性原则

教育行政执法的公正性原则，指行政机关在行政执法过程中，在动机上要合理，不持偏见，在内容上要客观、适度，符合法律和社会正义要求。公正性原则主要是针对教育行政执法中存在自由裁量权而提出来的。为实现公正性原则，防止教育行政执法中滥用自由裁量权，行政机关在执法时必须坚持做到：符合客观标准，主持公道，不徇私情，不怀偏见；执法决定应与法定幅度成比例，不能失去公平；执法人员与相对人有利害关系时，教育行政执法人员应自动回避；独立执法，不受外界环境干扰；主动及时执法，不能不作为或无限期拖延。

4. 职权与职责统一性原则

行政机关的教育行政执法是法律赋予行政机关的职权。放弃职权，不依法行使教育行政执法职权，就是失职，应该追究法律责任。根据这一原则，行政机关如果实施了违法行为或者不适当行为，应承担撤销和纠正责任；给相对人利益造成损害的，承担赔偿责任；出现渎职行为的，追究法律规定的行政责任。

教育部《依法治教实施纲要（2016—2020年）》提出：要建立权责统一、权威高效的教育行政执法体制机制；加快建立教育综合执法机制；实现相对集中行使执法权，对学校违规办学、违规招生、不执行国家课程标准、侵犯学生权益以及违背师德规范、违规有偿补课等行为开展综合执法。探索建立联合执法机制，积极会同财政、公安、工商、民政等部门，针对教育经费法定增长不到位、非法办学办班、义务教育学生辍学、教育辅导（服务）市场混乱等现象，按照属地管理原则，开展联合执法。对校园欺凌、性侵犯学生等违法犯罪行为建立“零容忍”机制，加强部门合作，会同政法部门依法严肃查处。制定教育行政执法手册，完善行政执法程序，规范教育行政许可、行政处罚、行政强制、行政检查的操作流程、执法文书等，建立健全行政裁量权基准制度。推行行政执法公示制度，建立行政执法案卷归档、评查制度，建立行政执法责任制和责任追究制度。

《依法治教实施纲要(2016—2020年)》

（二）教育行政执法的分类

1. 依职权的执法和依申请的执法

这是根据教育行政执法行为是否可以主动作出而进行的划分。依职权的执法指行政执法主体依照法律赋予的职权，无须相对人的申请而主动作出的教育行政执法行为。如行政机关对违反教育法律规范的行为所作出的行政处罚、采取的强制措施等。依申请的执法则指行政机关只有在相对人提出申请之后才能进行的教育行政执法行为。这种行为常见于许可证、资格等方面的教育行政执法。如教育行政机关对符合法定条件的申请办学者颁发办学许可证，没有相对人的申请，教育行政机关无权主动颁发。

区分依职权的执法和依申请的执法具有重要意义。依职权应当执法而发生不作为的情况是一种失职行为；依申请应当执法而发生不作为的情况往往会引起相对人的不满，法律应当规定相对人有申诉、申请复议或提起诉讼的权利。

2. 羁束裁量的执法和自由裁量的执法

这是根据教育行政执法行为受法律约束的程度为标准进行的划分。羁束裁量的执法指行政机关严格依照法律法规规定的权限、范围、方法、内容，在没有任何自由选择余地的情况下所作出的教育行政执法行为。自由裁量的执法指在教育法律法规对执法行为的方式、种类、幅度等规定了一定选择余地的情况下，行政执法主体根据具体情况在法律规定范围内所作出的教育行政执法行为。

区分羁束裁量执法和自由裁量执法的意义在于判断教育行政执法是否遵循了法定、公正原则。羁束裁量执法要求严格按照法律规定进行，无任何选择余地，否则就是违法，它不涉及公正原则问题。自由裁量执法行为只需在法定范围内就是合法的，符合法定原则。

3. 内部的教育行政执法和外部的教育行政执法

这是以教育行政管理对象的隶属关系为标准进行的划分。内部的教育行政执法指有权作出处理决定的行政机关，对没有执行或违反教育法规定的下级或所属行政部门及其工作人员进行的具体行政执法行为。外部的教育行政执法指行政主体以本系统以外的相对人和教育行政事务为管理对象而进行的执法行为。划分内部教育行政执法和外部教育行政执法对于强化行政监督，确保政府机关守法、执法，具有重要的意义。

4. 要式的教育行政执法和非要式的教育行政执法

这是以教育行政执法行为构成有无形式要件为标准进行的划分。要式的教育行政执法指教育行政执法行为必须符合法定程序和方式才能正式生效。如教育行政处罚必须遵循一定的调查审理程序，交付相对人一份书面的处罚决定书，并告知权利和行使权利的期限等。非要式的教育行政执法指行政主体执法行为不要求具备某种形式即可发生法律效力。这种执法不以法定形式为构成要件，既可用口头形式，也可用书面形式，一般用于轻微违法行为的教育行政执法。

5. 管理性执法、监督性执法和制裁性执法

这是根据教育行政执法的内容和所要达到的目的的不同进行的划分。管理性教育行政执法指行政主体在教育行政事务管理过程中，依职权或根据行政相对人的申请，对特定的人和事，单方作出的具有特定内容的执法行为。此类执法是最为普遍的，并具有服务性强、管理强度弱等特征。常见的执法形式有办学的行政许可、学历文凭的行政证明、教育税费的征收等。监督性教育行政执法指行政机关在监督性

的教育行政管理中依职权对相对人的守法情况进行检查的行为。制裁性教育行政执法包括教育行政处分、教育行政处罚和教育行政强制执行，此类执法充分地体现法的强制属性，是教育行政执法中性质最为严重的一种。

案例库
安徽省 2016 年定向培养乡村教师的公告

第三节　教育行政机关有哪些法律责任

教育法律法规不仅赋予教育行政机关职责和权力，还规定了教育行政机关相应的法律责任。

一、教育行政机关应承担的法律责任

教育行政机关不依法作出行政行为，不依法实施行政管理，都要承担一定的法律责任。承担行政法律责任的具体方式主要是行政处分和行政处罚，如果行为人在行政法律关系中侵害了他人的人身权和财产权，就还要承担赔偿责任和其他一些民事性质的责任。承担行政责任的具体方式有：（1）通报批评；（2）赔礼道歉、承认错误；（3）恢复名誉、消除影响；（4）返还权益；（5）恢复原状；（6）停止侵害；（7）履行义务；（8）撤销违法的行政行为；（9）纠正不当的行政行为；（10）行政赔偿。由此可以看出，行政主体承担行政责任的方式主要是补偿性的。

二、教育行政侵权与赔偿责任

（一）教育行政机关的侵权行为

1. 教育行政机关对学校的侵权行为

教育行政机关侵害学校的合法权益，比较常见的是侵害学校的办学自主权、财产所有权和土地使用权。

2. 教育行政机关对教师的侵权行为

作为教育行政管理相对人，教师的合法权益极易受到教育行政机关的侵害。在具体的教育行政工作中，教师经常被侵害的权益有：教育教学权、获得报酬待遇和进修培训权。

3. 教育行政机关对学生的侵权行为

在教育行政管理工作中，教育行政机关对学生的侵权行为屡见不鲜。如“三乱”行为对学生的财产权的侵害、考试工作组织不善侵害学生获得公正评价的权利、招生工作中的不当行政行为侵害学生的受教育权等。

（二）教育行政机关的赔偿责任

教育行政机关赔偿指教育行政机关及其工作人员在执行职务过程中，违法行使职权，侵犯了公民、法人或其他组织的合法权益，造成了损害，依照《国家赔偿

法》由国家给予的赔偿。

教育行政赔偿的特征主要有：

（1）侵权主体为教育行政机关及其公务员，这是教育行政赔偿的前提。

（2）侵权损害发生在执行职务的过程中。教育行政权力的形式表现为执行行政职务，即职务行为是构成教育行政赔偿的基础。

（3）侵权行为源于教育行政机关及其公务员的违法行政。违法行政的本质在于它的社会危害性，它不仅侵犯了公民或法人的合法权益，而且更重要的是削弱了法律的权威。

（4）教育行政赔偿的主体是国家。教育行政侵权行为不由公务员向受侵权者承担责任，而由国家向受害者承担责任。但这并不等于对公务员没有追究责任的可能。一般而言，在教育行政机关内部，可以对违法执行职务的公务员追究纪律责任。公务员的职务行为是受行政机关委托并以行政机关的名义作出的，其行为视为行政机关的行为。因此，国家责任直接的承担形式，是由行政机关代表国家并以国家名义对受损害者承担责任。

（5）教育行政赔偿是一种法律责任。首先，表现在这种责任一般有法律规定，如《国家赔偿法》或单行法律法规的侵权责任规范。其次，这种责任的承担形式通常具有法律上惩戒的意义，如金钱赔偿、返还原物等。最后，这种责任的承担，是法律上的救济，即补救、恢复受损者的合法权益。

综上所述，经过近年来我国教育法治的逐步完善，已初步建立起有中国特色的教育行政救济制度体系。随着我国法制的不断健全，我国的教育行政制度也必将会得到不断的发展和完善，从而更好地保证依法治国、依法治教的实现，更好地保障行政机关的依法行政，更好地保障教育领域中各方教育主体的合法权益，同时也为教育主体提供切实的、多渠道的、有效的行政救济，真正发挥教育行政救济在法治建设中的作用。

小结·阅读·拓展

一、本章主要探讨了以下问题：

依法治教是依法治国方略在教育系统的具体体现，是在社会主义民主基础上以一定的教育法律体系为基础，依据法律加强对教育事业的管理和规范，促进教育事业发展的过程和手段。为确保教育战略地位，保障公民受教育的权益，促进教育进一步改革与发展，必须依法治教。依法治教作为一个过程，是随着教育法律体系的完善，人们的教育法律意识水平的增长，行政机关和司法机关的教育执法水平和教育司法水平的提高而不断推进的。依法治教，首先要有法可依、有章可循。本章重点阐述了小学教育的法律性质，小学教育的基本原则，小学教育的社会责任，小学教育的行政管理部门及其职责、权力，教育行政机关的法律责任等基本法律知识。

二、请利用课余时间阅读下列参考文献：

1. 孙霄兵. 教育法制建设新实践[M]. 北京：高等教育出版社，2012.

该书是对《教育规划纲要》颁布实施以来教育法制（治）建设实践的总结。教育法制建设本质上是一项实践活动，其目的是服务于教育改革发展。

2. 周洪宇. 中国教育黄皮书：2016年加强教育法治，全面推进依法治教[M]. 武汉：湖北教育出版社，2016.

该书讨论的主题是“如何加强教育法治，全面推进依法治教”。全书主要包括年度主题与年度综述两大部分，其中，上编年度主题，主要由政策建议、名家论坛、理论探索、改革实践组成；下编年度综述，主要由发展综述、聚焦热点、教育大事记组成。

三、请在课余时间，选择开展以下拓展学习：

1. 讨论：依法治教的目的是什么？如何进行依法治教？

2. 案例评析

教育服务公司开张，小学生腰鼓队捧场

某年夏，某县教育局实行机构改革，将原来的勤工俭学管理站改为县教育服务公司。为了营造热闹氛围，县教委提前半个月通知县城内各小学腰鼓队排练节目，届时到场助兴。6月18日上午，教育服务公司挂牌仪式如期举行，县城七所小学的小学生共计200多人参加典礼，一时鼓乐喧天，歌舞蹁跹，好不热闹，县教委的领导们十分满意，感觉效果好极了。

请分析该县教育局的行为。

3. 调查一所小学，系统了解教育行政部门是如何对学校进行管理的。

第八章　学校：依法治校

通过本章学习，你将能够：

● 了解作为行政法律关系的主体，学校及其他教育机关应由《行政法》规定它的法律地位。作为民事法律关系的主体，学校及其他教育机构取得法人资格的，享有民事权利，承担民事责任。

● 了解举办学校的实体条件：有组织机构和章程，有合格的教师，有符合规定标准的教学场所及设施、设备等，有必备的办学资金和稳定的经费来源。

● 知道学校及其他教育机构的设立、变更和终止，应当按照国家有关规定办理审核、批准、注册或者备案手续。学校具有法律规定的权利和义务。

● 知道校长是学校的法定代表人，学校的法定代表人对外代表学校参与民事活动、享有民事权利并承担民事义务。小学实行校长负责制，校长全面负责学校行政工作。农村地区可视情况实行中心小学校长负责制。

问题情境：学校这份免责协议是否有效

某小学按照教学计划组织学生到外埠参观。出发前，学校让每个学生带回一纸协议，要家长签字同意。协议的内容大致为：学生自愿参加学校组织的出游活动，在活动中如不听从教师管理而出现意外，一切后果学校和教师概不负责；如不同意此协议，将视作放弃这次旅游活动。

如果家长真的在这份协议书上签字了，如果意外真的发生了，难道学校方面就不承担任何责任吗？未必！学校为了转嫁自己的责任而与家长签订如此协议，这种做法与相关法律相悖，这份协议应当属于无效协议。如果学生真的在旅游中出事，就算家长签了名，学校仍然不能凭着这份协议免除自己的责任。

首先，学校对在校未成年学生担负的教育、管理和保护义务，是一种强制性的法律义务，而强制性义务是不能以协议的方式予以转移的。组织出游是学校一项正常的教学活动，是在学校的教学计划之中的，学校没有权利因为风险大而将保护学生的义务转嫁给家长。其次，学校发给家长的协议书是一种格式合同。《合同法》第四十条规定："提供格式条款一方免除其责任、加重对方责任，排除对方主要权利的，该条款无效。"在学校发给家长的这份协议的格式条款中，学校将自己的义务和责任完全转嫁给家长，免除了自己的责任，加重了家长的责任，按照《合同法》的相关规定，这样的协议是无效的。所以，学校这种免除自己责任的做法是不能达到预期目的的。

再者，协议有效性的一个决定性的条件是双方当事人的意思表示真实，而学校发给家长的"生死状"意思很明确：家长不签字，孩子就不能参加旅游。家长在没有任何选择余地的情况下，只得不情愿地在协议上签字。这实际上严重违背了家长的真实意思。所以学校要求学生家长在出游前签订所谓协议这一做法，根本没有任何法律效力。

（资料来源：《中国教育报》，2003-08-29）

第一节　学校的法律关系及其举办条件是什么

学校指经国家主管机关批准设立或者依法登记注册设立的教育教学活动的社会组织。它是有计划、有组织、有系统地进行教育教学活动的重要场所，既包括学制系统内的以实施学历性教育为主的机构，又包括各种实施非学历性教育机构。

一、学校的法律关系

作为一种社会组织，学校及其他教育机构与它们所处的内外环境构成了一系列社会关系。这些社会关系尽管错综复杂，但依据其特征可以分为以下两类：一类是以权力服从为基本原则、以领导与被领导的行政管理为主要内容的教育行政关系；另一类是以平等有偿为基本原则、以财产所有和流转为主要内容的教育民事关系。教育行政关系是国家行政机关在对学校及其他教育机构进行行政管理的过程中发生的关系，是政府与学校之间的纵向关系。这类关系主要受《行政法》调整。教育民事关系是在不具有行政关系的学校及其他教育机构、行政机关、企业事业单位、社会团体、个人之间发生的社会关系。这类关系涉及财产、人身、土地、学校环境、联合办学、成果转让、校办企业的经营活动中的权益等，主要受《民法》调整。

学校及其他教育机构在同国家行政机关发生行政法律关系时，其地位是不对等的。只要是国家行政机关依法下达的行政措施，学校及其他教育机构应遵照执行，而不得各行其是。如果学校及其他教育机构认为某项行政措施有违背法律法规的地方，可以通过一定渠道向上申诉或依法提出行政诉讼。但在没有作出否决之前，仍然要遵照执行。

作为民事法律关系的主体，《教育法》第三十二条规定："学校及其他教育机构具备法人条件的，自批准设立或者登记注册之日起取得法人资格。"学校及其他教育机构具有法人资格，在民事活动中依法享有民事权利，承担民事责任。学校及其他教育机构作为独立法人身份在民事活动中享有哪些民事权利和应承担哪些民事责任，应当依照《民法通则》以及其他有关法律和规定来确定。一般来说，这种民事权利主要有财产权（包括财产的占有权、使用权、收益权和处分权）、债权、知识产权以及名称权、名誉权等。在享有民事权利的同时，学校及其他教育机构也要以独立法人的身份依法承担一切由自己的民事行为引起的民事责任，主要包括违反合同的民事责任、侵犯其他社会组织和公民个人合法权利的民事责任等。但不是所有的教育机构都具备法人条件、取得法人资格。不具备法人资格的学校及其他教育机构享有的民事权利比较有限，除享有名称权、名誉权、荣誉权外，在财产权方面只对举办者交由其管理的财产享有使用权和管理权，不享有其他财产权，不能对外签订合同，不享有债权，也不能以自己的名义接受捐赠。同时，这类机构对外也不能独立承担民事责任。

二、学校举办的条件与程序

（一）学校举办的条件

《教育法》第二十七条规定，设立学校必须具备以下四个方面的基本条件。

1. 有组织机构和章程

举办者申请设立学校，应当有权责分工明确的管理机构和管理人员，以保证机构的正常运转。同时还必须有组织机构的章程，作为自律协调机构内部关系的依据。这也是学校成为法人组织的必备条件。

2. 有合格的教师

教师是学校办学的主体，在学校教育教学活动中担当着重要角色。因此，拟申请设立的学校，应建立一支数量与学校办学规模相适应、质量符合《教师法》及国家其他有关规定的教师队伍。其中特别要保证拟聘教师应具有法定的教师资格，取得相应的教师资格证书。

3. 有符合规定标准的教学场所及设施、设备等

我国专门制定了各级各类学校应具备的办学物质条件具体标准，包括校舍、场地、教学仪器、设备、图书资料等，在申请设立学校时必须使所设学校的教学场所及设施、设备等达到相应的标准。

4. 有必备的办学资金和稳定的经费来源

这是学校设立和运行的必要条件之一。在申请设立学校时，必须有明确、稳定的教育经费来源说明。举办者要保证通过合法渠道筹措到设立学校必需的最低启动资金和运转资金，保证学校设立后有稳定的经费来源。

以上四点是设立学校必须具备的一般实体要件。但这绝不意味着学校只在拟举办时和办学之初须具备这些条件，同时要求在办学过程中能够维持这些条件并不断改善。

（二）学校举办的程序

《教育法》第二十八条规定："学校及其他教育机构的设立、变更和终止，应当按照国家有关规定办理审核、批准、注册或者备案手续。"这就是说，学校及其他教育机构的设立，除具备法律规定的一般实体要件外，还要符合程序性规定，才能取得合法地位。

我国对学校设立、变更和终止的管理根据机构性质的不同，分别实行审批制度和登记注册制度。审批制度一般适用于各级各类正规学校、独立设置的职业培训机构等。审批程序一般包括审核、批准和备案等环节。主管机关根据设置标准和审批办法，既要审核教育机构的设置是否符合法律规定的基本条件和有关设置标准，同时也要审核论证其是否符合本地区的教育事业发展规划等。只有经过批准，发给批准书或办学许可证，拟办的学校才能取得合法地位。同样，只有经过批准，才能变更或终止学校。根据我国目前实行的教育管理体制，中小学的设立规划和审批主要由地方负责，由于各地方情况不同，审批程序也不完全相同。一般情况下，中小学的设立由县、县级市、市辖区人民政府教育行政部门审批。登记注册制度适用于幼儿园类教育机构。主管机关对申请者提出的申请设立教育机构的报告进行审核，如未发现有违背法律法规规定的情形的，只要申请办学的机构符合设立条件和设置标准，就予以登记注册。

《教育法》第三十二条规定："学校及其他教育机构具备法人条件的，自批准设立或者登记注册之日起取得法人资格。学校及其他教育机构在民事活动中依法享有民事权利，承担民事责任。"确定学校法人地位的意义在于确立学校在民事法律行

为中的法律地位。

第二节 学校有哪些权利和义务

学校的权利是学校为了实现其办学宗旨，独立自主地进行教育教学管理，实施教育教学活动的资格和能力，即通常所说的办学自主权。学校的义务，指学校依法承担的责任。

一、学校的基本权利

按照《教育法》第二十九条的规定，学校享有如下权利。

（一）按照章程自主管理权

学校章程指为保证学校的正常运行，主要就办学宗旨、主要任务、内部管理体制及财务活动等重大的基本的问题，作出全面规范而形成的自律性基本文件。它是学校自主管理的基本依据。学校根据本机构的章程，在不违背法律的前提下，可以自主组织实施管理活动，作出管理决策，并建立、完善自身的管理系统，而无须事无巨细地请示行政主管部门。按照教育部《全面推进依法治校实施纲要》的要求，要健全学校依法办学自主管理的制度体系，依法制定具有自身特色的学校章程，全面形成一校一章程的格局。

（二）组织实施教育教学活动权

组织实施教育教学活动是学校最基本的权利。依据这项权利，学校有权根据国家有关教学计划、教学大纲和课程标准等方面的规定，因校制宜，自由组织学校的教育教学活动。

（三）招收学生或者其他受教育者权

学校有权根据自己的办学宗旨、培养目标、发展规划以及实际办学条件和能力，依据国家有关规定进行招生。任何组织和个人都不得非法干预。

（四）对受教育者进行学籍管理、实施奖励或者处分权

学校有权根据主管部门的学籍管理规定，针对受教育者的不同层次、类别，制定有关入学与报名注册、纪律与考勤、休学与复学、转学、退学等具体的学籍管理办法，实施学籍管理活动。学校有权根据国家有关学生奖励、处分和规定，结合本校实际，制定具体奖励与处分办法。

（五）对受教育者颁发相应的学业证书权

向受教育者颁发相应的学业证书，这是学校自主实施教育教学活动享有的权利，从保护受教育者合法权益的角度讲，也是学校应尽的义务。学校有权依据国家有关学业证书管理的规定，对经考核成绩合格的受教育者，按其类别颁发毕业证书、结业证书等学业证书。学校向受教育者颁发相应的学业证书，要遵循公正、公开的原则，并接受主管机关和受教育者的监督。

（六）聘任教师及其他职工，实施奖励或者处分权

学校有权根据国家法律及主管部门有关规定，从本校的办学条件、办学能力和编制实际情况出发，制定本校教职工具体的聘任管理办法，自主决定聘任、解聘有关教师和其他职工，自主对教师及其他职工实施包括奖励、处分在内的具体管理活动。即学校对教师依法享有管理权。

（七）管理、使用本单位的设施和经费权

学校对其占有的场地、校舍、教学仪器、图书资料、办学经费及其他有关财产，享有管理权和使用权，必要时可对其所占有的财产进行处理。但学校在行使这一权利时，要遵守国家有关国有资产管理、教育经费投入及学校财务活动的管理规定，符合国家和社会的公共利益，有利于学校正常发展、提高办学效益。

（八）拒绝任何组织和个人对教育活动非法干涉权

学校有权对来自国家机关、企事业单位、社会组织以及个人的非法干涉，予以拒绝和抵制，并可通过教育行政部门会同当地有关部门，予以治理。所谓“非法干涉”，指行为人违背国家法律法规和有关规定，作出不利于学校教育教学的活动和行为，如乱摊派、乱集资、乱罚款、随意要求学校停课等。

（九）法律法规规定的其他权利

这项权利指除前述八项权利外，学校还享有现行法律、行政法规以及地方性法规赋予的其他权利，同时，还包括将来制定的法律法规确定的有关权利。

《教育法》在列举了学校的上述权利后，还规定“国家保护学校及其他教育机构的合法权益不受侵犯”。

学校的权利是学校为了实现其办学宗旨，独立自主地进行教育教学管理，实施教育教学活动的资格和能力，即通常所说的办学自主权。它本质上是一种公共权利。学校在行使这一权利时，必须符合国家和社会公共权益，必须贯彻国家的教育方针，遵守法律法规和国家主管部门的规定，不得滥用这一权利，危害社会公共权益，或者有严重的渎职行为，否则就要承担相应的法律责任。

二、学校的基本义务

学校的义务，指学校依法承担的责任。根据《教育法》第三十条的规定，学校应履行的义务有如下内容。

（一）遵守法律、法规

《宪法》第五条规定：“一切国家机关和武装力量、各政党和各社会团体、各企业事业组织都必须遵守宪法和法律。一切违反宪法和法律的行为，必须予以追究。”学校也不例外。遵守法律法规，包括遵守宪法、法律、行政法规、地方性法规以及规章等。学校不仅应履行教育法律法规中为学校设立的特定义务，还应履行一般社会组织所应承担的法律义务。

（二）贯彻国家的教育方针，执行国家教育教学标准，保证教育教学质量

学校在组织实施教育教学活动过程中，要保证贯彻执行国家的教育方针和教育标准，全面推进素质教育，努力培养德、智、体、美等方面全面发展的社会主义建设者和接班人。

（三）维护受教育者、教师及其他职工的合法权益

这项义务包括两个方面的含义：一是要求学校自身不得侵犯受教育者、教师及其他职工的合法权益，如不得克扣、拖欠教职工工资，不得拒绝符合入学标准的受教育者入学等；二是当其他社会组织和个人侵犯了本校受教育者、教师及其他职工的合法权益时，学校有义务以合法方式，积极协助有关单位查处有违法行为的当事人，维护本校成员的合法权益。

（四）以适当方式为受教育者及其监护人了解受教育者的学业成绩及其他有关情况提供便利

受教育者及其监护人了解受教育者的学业成绩及其他有关情况的知情权，是实现公民平等的受教育权和在学业成绩与品行上获得公正评价的重要前提，必须予以法律保护。学校不得拒绝受教育者及其监护人行使这一权利，而应以适当方式如“家长接待日”、“家长会议”、教师家访、找学生个别谈心等，提供便利条件，帮助受教育者及其监护人行使这项知情权。但不得侵犯受教育者的隐私权、名誉权等合法权益，不得损害受教育者的身心健康。

（五）遵照国家有关规定收取费用并公开收费项目

学校是公益性教育机构，公民依法享有受教育的权利，同时应按所入学校的不同性质依照有关规定交纳一定费用。学校应根据中央和地方各级政府及其有关部门的收费规定，确定收取学杂费的具体标准，不得巧立名目，乱收费用。同时，收取的具体名称和标准，要向家长和社会公开，接受家长和社会监督。《义务教育法》第二十五条规定：“学校不得违反国家规定收取费用，不得以向学生推销或者变相推销商品、服务等方式谋取利益。”第五十六条规定：“学校违反国家规定收取费用的，由县级人民政府教育行政部门责令退还所收费用；对直接负责的主管人员和其他直接责任人员依法给予处分。”

（六）依法接受监督

学校对来自权力机关、行政机关、司法机关的监督，以及来自社会、本校师生员工的监督等，只要是依法进行的，都应当接受并积极予以配合，不得妨碍监督工作的正常进行。

总之，规定以上六个方面的义务对于规范学校办学行为，促进学校教育教学活动的实施，提高教育质量，有着十分重要的意义。学校不履行法律规定的义务，根据《教育法》等法律法规的规定，要承担相应的法律责任。

案例库

预防和处置校园伤害

在全社会日益重视未成年人健康成长的今天，校园安全问题备受关注，但与学校有关的学生人身伤害事件仍有发生。

针对校园伤害案件多发情况，江苏省苏州市中级人民法院少年庭联合苏州市姑苏区人民法院少年庭对全市法院去年以来审理的校园伤害案件进行了调研。5月29日，苏州市中院发布了调研报告和典型案例。数据显示，自2014年1月至2015年5月，苏州全市法院共审结校园伤害案件52件，占未成年人伤害案件总数的10.09%。

通过对52件校园伤害案件分析发现，此类案件呈现诸多特点。从案件的诉讼主体看，在超过八成案件中，学校被列为被告。学校（含培训机构）直接被列为被告的有46件，占比88.5%；最终学校承担责任的有32件，占比61.5%。

从学生的年龄结构看，事发时学生年龄跨度大，10周岁以下和10周岁以上受伤学生各有26人，各占50%。从所涉学校的层级看，在52件案件中，37件发生在小学，占比71.2%；9件发生在中学；1件发生在高中；5件发生在幼儿园。

从伤害造成的原因看，以学生打闹推搡和体育锻炼致伤为主。在52件案件中，学生之间打闹推搡造成伤害的有26件，体育课、柔道课等运动造成伤害的有10件，共占比近70%；学生因设施原因自行摔伤的8件，因其他原因致伤的8件。

对于校园伤害案多发的原因，调研发现，首先是学生缺乏自我保护的意识和能力。未成年学生的年龄和性格特点导致其对自己或他人行为的危险缺乏预估，在发生危险时缺乏自我保护的能力。

监护人忽视了对孩子安全意识的培养被认为是第二大原因。调研报告认为，目前家长的关注点仍在孩子的学习成绩上，片面追求孩子的智力发展，而忽视了对孩子而言更为重要的生存保护。此外，学校的安全教育缺乏实效，“考试成绩”仍然是学校实施教育的最主要也是最方便的抓手。再有就是学校的基础设施存在安全隐患。个别学校为了美观，花坛设计有很多棱角；台阶漆成一色，容易造成视觉错误等。

预防和处置好校园伤害，需要家庭、学校、社会共同努力，建立起多层次、全方位的预防和处置机制。

（资料来源：《法制日报》，2015-06-01）

三、学校、家庭与社会

《义务教育法》对学校、社会、家庭各自所享有的权利和所应履行的义务进行了明确规定。《义务教育法》第五条第二款规定：“适龄儿童、少年的父母或者其他法定监护人应当依法保证其按时入学接受并完成义务教育。”第三款规定：“依法实施义务教育的学校应当按照规定标准完成教育教学任务，保证教育教学质量。”第四款规定：“社会组织和个人应当为适龄儿童、少年接受义务教育创造良好的环境。”

具体而言，学校具体承担着实施义务教育活动的责任。学校在承担国家法律规定的各项义务和责任的同时，还应主动与学生家庭建立联系，运用家长学校等形式指导、帮助学生家长创设良好的家庭教育环境。学校可成立家长委员会，使家长了解学校工作，帮助学校解决办学中遇到的困难，集中反映学生家长的意见、建议。家长委员会在校长的指导下工作。《义务教育法》第五十七条规定，学校有下列情形之一的，由县级人民政府教育行政部门责令限期改正；情节严重的，对直接负责的主管人员和其他直接责任人员依法给予处分：拒绝接收具有接受普通教育能力的残疾适龄儿童、少年随班就读的；分设重点班和非重点班的；违反本法规定开除学生的；选用未经审定的教科书的。

家庭作为实施义务教育的主体，主要是针对父母或其他的监护人来说的。父母或其他监护人有义务保证适龄子女或被监护人按时入学，接受规定年限的义务教育，不得中途辍学；适龄的子女或被监护人因为身体原因需要免学、缓学的，父母或其他监护人应当提出申请，由当地乡镇人民政府或者县级人民政府教育行政部门批准。

普及九年制义务教育是全社会的共同任务，要动员整个社会力量来贯彻执行。作为社会组织和公民个人在实施义务教育的工作中，主要承担的责任有以下几方面：依法举办实施义务教育的学校，承担相应的办学费用，不断改善办学的条件；对实施义务教育捐资助学；禁止用人单位招用应当接受义务教育的适龄儿童、少年；维护学校的权益和正常的教学秩序，不得侵占、破坏学校的场地、房屋和设备；不得利用宗教进行妨碍义务教育的活动等。

《义务教育法》第五十九条规定，有下列情形之一的，依照有关法律、行政法规的规定予以处罚：胁迫或者诱骗应当接受义务教育的适龄儿童、少年失学、辍学的；非法招用应当接受义务教育的适龄儿童、少年的；出版未经依法审定的教科书的。

第三节 如何依法进行学校管理

《全面推进依法治校实施纲要》《依法治教实施纲要（2016—2020年）》

依法治校是依法治教的重要内容，是学校规范化管理的体现。根据《教育规划纲要》的要求，2012年和2016年，教育部先后印发《全面推进依法治校实施纲要》和《依法治教实施纲要（2016—2020年）》，将各级各类学校的依法治校工作推向深入。

一、依法治校的总体要求

依法治校的总体要求是：牢固树立依法办事、尊重章程、法律规则面前人人平等的理念，建立公正合法、系统完善的制度与程序，保证学校办学宗旨、教育活动与制度规范，符合民主法治、自由平等、公平正义的社会主义法治理念要求；从而建设现代学校制度，落实和规范学校办学自主权，形成依法办学、依法治校、依法执教的法治格局；运用法治思维和手段解决学校改革发展中突出矛盾和问题，切实落实师生主体地位，依法落实和保障师生的知情权、参与权、表达权和监督权，积极建设民主校园、和谐校园、平安校园。

二、依法治校的主要内容

（一）健全学校依法办学和自主管理的制度体系

学校章程的制定，要以促进改革、增强学校自主权为导向，着力规范内部治理结构和权力运行规则，充分反映师生意愿，凝练共同的理念与价值认同，体现学校的办学特色和发展目标，突出科学性和可操作性。在此基础上制定学校规章制度，要遵循民主、公开的程序，广泛征求校内外各利益相关方的意见。同时，建立内部机构组织规则、议事规则，形成健全、规范、统一的制度体系，不得超越法定权限和教育需要设定义务。

（二）建立科学决策、民主管理的学校治理结构

中小学应建立有教师、学生及家长代表参加的校务委员会，完善民主决策程序，依法健全科学民主决策机制。按照精简、高效的原则和为师生提供便利服务的要求，明确职能部门的职责、权限与分工，完善决策执行与监督机制。充分发挥教职工代表大会作为教职工参与学校民主管理和监督主渠道的作用，完善民主管理和监督机制。对于专业技术职务评聘办法、收入分配方案等与教职工切身利益相关的制度、事务，要经教职工代表大会审议通过。成立家长委员会，学校实施的直接涉及学生个体利益的活动，一般应由学校或者教师提出建议和选择方案，并作出相应说明，提交家长委员会讨论，由家长自主选择、作出决定。加强与所在社区合作，依法健全社会参与机制。

（三）落实师生主体地位，形成自由平等、公正法治的育人环境

尊重和保障教师权利，保障教师充分、正当地行使教学的专业自主权。教师管理上的政策制定要做到权义均衡、目标任务明确，具有可执行性，在教师聘用、职务评聘、继续教育、奖惩考核等方面，要保障教师享有各项合法权益和待遇。明确教师课堂教学的行为规则和基本要求，杜绝教师违反法定义务和国家规定，利用自身特定职权谋取不当利益的行为。同时，建立完善对违反学术规范、学术道德行为的认定程序和办法，维护良好的学术氛围。

确保学校教育教学活动面向每个学生、平等对待每个学生，消除以不当形式对学生进行分类、区别对待以及带有歧视的制度、言行，建设平等校园环境。尊重和保护学生权利，保证学生在使用教育教学设施、资源，获得学业和品行评价，获得奖学金及其他奖励、资助等方面受到平等、公正对待。鼓励、保护学生自主、自由地学习。

推进信息公开和办事公开，在配置资源、干部选拔任用、专业技术职务评聘、

岗位聘任、学术评价和各种评优、选拔活动中，要按照公开、公正的原则，制定具体的实施规则，实现过程和结果的公开透明，接受利益相关方的监督。

（四）健全学校权利救济和纠纷解决机制

把法治作为解决校内矛盾和冲突的基本方式，依法妥善、便捷地处理学校内部各种利益纠纷。完善教师学生权利救济制度，设立教师申诉或者调解委员会，就教师因职责权利、职务评聘即与学校及有关职能部门之间发生的纠纷，及时进行调处，作出申诉结论或者调解意见。同时，完善学生申诉机制，建立相对独立的学生申诉处理机构。健全安全管理及突发事件的应急处理机制，落实对学生教育与管理的法定职责，健全学校安全事故、突发事件应急处理机制，切实保障学生、教师的人身权和财产权，维护学校秩序的稳定。

（五）深入开展法制宣传教育，形成浓厚的法治文化氛围

加强和改善学生法制教育，将学生法治意识、法律素养，作为素质教育的重要内容，在学生综合素质评价中予以体现。要把法治文化作为校园文化建设的重要组成部分，将平等自由意识、权利义务观念、规则意识、契约精神等理念，渗透到学生行为规则、日常教学要求当中，凝练到学校校训或者办学传统、教育理念当中，营造体现法治精神的校园文化氛围。

三、小学的管理体制

学校管理体制是学校管理层的组织结构、职责、权利、关系等制度的体系，是学校设立的主要管理机构及其职能的总称。学校管理体制在学校发展与管理中居于至关重要的位置。

《义务教育学校管理标准（试行）》

《教育法》第三十一条第二款规定："学校及其他教育机构的举办者按照国家有关规定，确定其所举办的学校或者其他教育机构的管理体制。"这样，学校举办者有权利也有责任按照国家有关规定，确定其所举办学校的内部管理体制。

《教育法》第三十一条第二款还规定："学校的教学及其他行政管理，由校长负责。"《小学管理规程》第八条规定："小学实行校长负责制，校长全面负责学校行政工作。农村地区可视情况实行中心小学校长负责制。"

在校长负责制中，校长是学校管理的最高负责人，全面负责学校的教育、教学和行政工作，是学校的法定代表人。学校的基层党组织在学校中发挥保证、监督和政治核心的作用。

社会力量举办的学校及其他教育机构实行董事会领导的校长负责制，董事会为学校的决策机构，董事会聘任校长，校长全面负责学校的日常行政管理。

现代学校制度强调民主治校、全员管理。为此，《教育法》第三十一条第三款规定："学校及其他教育机构应当按照国家有关规定，通过以教师为主体的教职工代表大会等组织形式，保障教职工参与民主管理和监督。"以教师为主体的教职工代表大会是教职工参与学校管理活动、行使民主管理和监督权利的法定组织形式，是学校内部管理体制的重要组织部分。学校应通过多种方式保障教职工参与学校民主管理和监督的权利。这一规定体现了现代教育的民主、科学精神，有利于调动广大教职工的工作积极性，防止学校管理中的随意性和独断专行。

四、小学的制度建设

学校的规章制度是为实现整体目标，要求师生员工共同遵守的行为规则，也是学校按一定程序办事的规程。

（一）制定规章制度的要求

制定规章制度，对完成学校的各项任务，建立学校的正常秩序，提高学校的管理效率，有重要意义。具体而言有如下要求。

1. 有明确的目的

学校制定任何规章制度，应该有明确的目的，首先要依据教育方针、政策的要求，服务于教育人、培养人和调动人的主动性与积极性这个目的。在制定过程中，要发动有关人员充分讨论、统一认识，使规章制度有可靠的思想基础。

2. 从实际出发

规章制度是要具体执行的，必须从实际出发。一是顾及对象的年龄特征、认识水平，符合其身心发展的规律；二是力求符合学校的历史传统与目前的发展状况。要使规章制度提出的要求和措施都恰如其分，切实可行。

3. 有相对的稳定性

学校是不断发展与相对稳定的统一体。随着形势发展的要求变化改革，是不断进步的标志，但由于教育的周期长，要求教学秩序相对稳定，不能朝令夕改。当然，这不是说规章制度就是一成不变的，为适应新要求，必要时可以进行修改与补充。

4. 完整、简约

学校各项规章制度要尽可能逐步完整，各项规章制度之间要相配套，互相照应；从每一项规章制度来说，内容要求简约，触及主要问题，所列条文要简明扼要，便于掌握和记忆。

5. 群众参与

制定规章制度，要走群众路线，不能由个别领导或部门闭门造车。要发动有关人员和学生民主讨论，广泛征求意见，集思广益，使内容能体现群众意见，取得群众的认同，使规章制度建立在群众自觉遵守的基础上，增强规章制度的有效性。

（二）规章制度的贯彻

规章制度的意义，在于有效地实行。学校领导必须以坚定的决心，引导师生员工认真贯彻执行规章制度，发挥它应有的积极作用。

1. 广泛宣传教育

学校要通过各种形式、多种渠道，向师生员工进行规章制度的宣传教育，讲明规章制度的目的、意义和行动要求，使师生员工增强是非观念和自我控制的能力，养成自觉遵守规章制度的习惯。同时，通过广泛宣传教育，在学校中形成强有力的集体舆论，从而帮助大家提高认识水平，提高维护规章制度的责任感，形成群众相互监督、共同遵守的气氛。

规章制度的教育，不仅要在实行规章制度的开始时进行，而且要持之以恒，经常进行。在每个学期、每个学年开始时，在每届新生入学时，都应集中进行教育。

2. 坚持反复训练

执行规章制度的理想状态，应该是成员养成时时处处自觉遵规守纪的习惯。这绝非一朝一夕之功。要经常教育，反复训练，反复实践。

3. 严格检查督促

规章制度有它的严肃性，不能执行与不执行一个样，执行得好与执行得不好一个样。对违反规章制度的，应该有一定约束力和强制性，而这种约束力和强制性，主要依靠经常检查和督促。学校领导必须经常了解成员对规章制度的认识和评价，检查规章制度的执行情况，对模范执行规章制度的人和事，要及时表扬激励；对违反规章制度的，要恰如其分地给予批评和处分。

4. 领导和教师以身作则

规章制度是学校师生员工都应遵守的。领导和教师要求学生做到的，必须自己先做到，带头执行规章制度，给学生作出榜样，起到潜移默化的作用。

案例库

学校承担法律责任的种类

（1）学校因过错而造成学生人身受到伤害，学校应当承担主要或全部责任，包括：学校领导未履行教育管理责任而导致学生伤害事故的发生，如校舍倒塌，砸伤学生；校舍陈旧，设备老化，造成人员伤亡；学校食堂食物变质，造成学生中毒等；学校教师违法侵权导致学生发生伤害事故，如体罚或变相体罚学生，侵犯学生的人身权；搜身查找失物、拆信窥探隐私，侵犯学生的名誉权，及其他可归责于学校未履行教育管理职责的伤害等。

（2）学校虽然履行了教育管理责任，但是教育不当、管理不利，能够阻止而未阻止伤害的发生，应视案件具体情况由学校承担部分或全部责任。例如学生放学出校门时拥挤造成的伤害；上课期间教师要学生中途离校，导致学生发生伤害事故；课外活动教师未到场，学生出事；组织校外活动，组织不力而出现人员伤亡；学生在校内受伤未及时抢救而致残、致死等。

（3）学校履行了教育管理责任，因学生本人或未成年学生的监护人过错而造成自己或他人受到伤害的学生责任事故，应当减轻或免除学校的责任。例如，学生擅自携带危险物品或凶猛动物到学校；学生在学校规定的教师无须到场监督管理的课外活动时间打架斗殴或玩学校禁止的危险游戏等。

（4）不属于学校管理职责范围的其他伤害事故。如在学生自行上学、放学、返校、离校途中；住校学生自行外出或擅自离校期间；放学后、节假日或假期中学生自行滞留学校或到校活动期间等超出学校管理范围的时间或空间发生的学生人身伤害事故；由于学生自杀、自伤，学生突发疾病，学校教师或其他工作人员与其职务无关的个人行为，学生、教师及其他个人故意实施的违法犯罪行为等学校管理能力无法防范的因素而出现的学生人身伤害事故等。

（资料来源：王玉萍《对学校责任的重新审视——由〈学生伤害事故处理办法〉所引发的思考》）

小结·阅读·拓展

一、本章主要讨论了学校依法治校的一些主要问题：

依法治校是依法治教的重要组成部分，是推进依法治国基本方略的必然要求，是深化改革教育事业、加快发展推进教育法治建设的重要内容。依法治校就是要在依法理顺政府与学校的关系，落实学校办学自主权的基础上，完善学校各项民主管理制度，实现学校管理与运行的制度化、规范化、程序化，依法保障学校、举办者、教师、学生的合法权益，形成教育行政部门依法行政，学校依法自主办学、依法接受监督的格局。要做到依法治校，首先要知法懂法。本章重点阐述了学校的法律地位与资格，学校的基本权利、基本义务，小学教育行政管理组织机构与职责，小学管理体制等基本知识，为依法治校提供基本的法律依据。

二、请利用课余时间阅读下列参考文献：

1. 马焕灵.《全面推进依法治校实施纲要》学习读本［M］.广州：世界图书出版公司，2014.

该书反映该领域的最新立法成果和实践中新的发展变化，尤其是《全面推进依法治校实施纲要》和《教育规划纲要》的有关内容，着力于对当今社会依法治教和依法治校的背景、存在的问题和相应对策作适度分析和阐述。安排了典型案例、精要点评和理论延伸，以便学习者能尽快了解该章节的内容，有的放矢地学习；同时各章结尾部分都附有复习思考题，以便学习者检查学习效果。

2. 宋雁慧，田国秀.校园安全［M］.南京：江苏教育出版社，2013.

该书在风险社会理论框架中讨论校园安全的风险与安全隐患，指出风险校园是一个现实性危害与潜在性危害共生的环境。将校园安全的威胁划分为三个方面：人际关系层面的威胁、物理环境层面的威胁与网络环境层面的威胁。在每一生态层面又设计了不同类别的校园安全隐患或伤害类型，共分为18种安全风险类型。

3. 祝铭山．典型案例与法律适用：学生伤害赔偿纠纷［M］．北京：中国法制出版社，2003.

该书案例多选自《最高人民法院公报》、最高人民法院及其业务庭通过其他形式公布的案例，具有典型性、权威性。

三、请在课余时间，选择开展以下拓展学习：

1. 讨论：依法治校的目的是什么？如何进行依法治校？

2. 案例评析

某年教师节后几天，某镇一所小学的教师37人联名上书市政府，并派代表到市政府请愿，要求主管教育的副市长接见。市政府信访办的同志接收了请愿信，劝说请愿教师回校上课。市信访办把请愿信批转市教委处理。

市教委和该镇政府、镇教办组成联合调查组到学校分别召开教师和学校行政座谈会。反映的基本情况是：（1）在学校庆祝教师节宴会上，校长酒后和教师李某发生语言冲撞，乘酒兴打了李某两个耳光。上学期，校长也曾多次殴打教师。（2）校长独断专行，在校务委员会会议上搞一言堂，经常凌驾于教职工代表大会的监督之上，不关心、不尊重教师的意见、建议，经济上也有问题。

调查组分别和校长、李老师及部分教师进行个别谈话，以进一步核实情况。同时还组织审计人员对学校经费收支进行审计，经济收支账目是清楚的，没有违纪情况。经调查组批评教育，校长对自己的错误有了初步的认识。根据校长殴打教师的错误，该镇校办作出行政决定：责成校长向全校教师作深刻检讨，向被打教师赔礼道歉；撤销校长的职务，调到另一所小学任教师。

请分析该校长的行为。

第九章　小学教师：依法执教

通过本章学习，你将能够：

- 明确小学教师的职业性质、法律地位和资格要求。
- 知道小学教师的权利与义务及其保障机制。
- 理解教师聘用制是教师任用制度的基本形式，了解小学教师的职务设置。
- 了解教师奖励制度的基本内容和要求。
- 了解小学教师的申诉制度与权益保护。

问题情境：中小学教师职称制度改革带来了什么

执教28年，从未离开过小学讲台的“孩子王”，居然有了“教授”级别。山东潍坊昌邑市奎聚小学数学教师姜言邦此前从不敢想象自己会有这样的际遇。

回望过去的20多年，姜言邦的故事不仅呈现出一位小学教师的个体精彩，也折射出我国中小学教师职称制度改革的变迁史。

2009年，作为全国3个改革试点之一，山东潍坊和陕西宝鸡、吉林松原开始深化中小学教师职称制度改革，重点改革原来中学和小学教师相互独立的职称（职务）制度体系，贯彻落实《义务教育法》，建立统一的中小学教师职务制度，并首次设中小学正高级教师职称，明确要求教学业绩、育人水平和师德素养成为职务晋升的主要依据。当时已经是中学高级教师、相当于“副教授”的姜言邦，仔细对照了一下评正高级教师的条件和要求后，填表报了名。

2010年7月，新世纪第一次全国教育工作会议后颁布实施的《教育规划纲要》也明确指出，要建立统一的中小学教师职务（职称）系列，在中小学设置正高级教师职务（职称），提高教师地位，维护教师权益，改善教师待遇，使教师成为受人尊重的职业。看到这一消息，姜言邦高兴极了，觉得全国的小学教师有了“出头之日”。

事实上，这时候潍坊等3个试点的教师职称制度改革也正在紧锣密鼓、有条不紊地进行。2010年底，潍坊市17名中小学教师被核准为全国第一批正高级职称的中小学教师，从此，中小学教师也有了属于自己的“教授”级别。在这17位中小学教师中，姜言邦是唯一的小学老师，因而成为全国第一位小学“教授”。在姜言邦看来，“小学教师不再‘低人一等’，得到了他们早就应该得到的东西”。

回忆20多年间参评职称的经历，姜言邦说，他也经历过与领导竞争、与自己当年的老师竞争的尴尬局面，但每一次他都因为突出的教学科研业绩脱颖而出。在姜言邦看来，这些并非是他炫耀自己的经历，而是他认为教师职称制度改革越来越合理，越来越有利于促进教师队伍建设的感言。对于职称与职业的关系，姜言邦也有自己的看法：“职称再高，我还是一名普通的小学老师。我相信职称、认可职称，但并不崇拜职称、唯职称是从，做好教书育人工作，才是我作为教师的一生追求。”

（资料来源：魏海政，《中国教育报》，2011-09-25）

第一节 小学教师是专业人员吗

如何对教师的职业性质进行定位？人们对这一问题的认识经历了一个漫长的变化过程。在古代社会，由于教育的水平较低，传授知识有限，特别是能够接受教育的人只是少部分，人们普遍认为教师就是有知识的人，只要有知识就可以当教师。现代学校出现后，由于受教育者人数增多，教学内容不断增加，人们认为除了具有良好的个人品德外，还要具有一般文化知识，掌握所教学科的专业知识和教育科学知识，才够格当教师，亦即现代教师必须同时是“学者”和“良师”。唯其如此，教师职业才可以说具有不可替代性，从而实现教师职业的专业化。

现代社会里，职业门类固然很多，然而并非所有的职业都具有专业性，这需要用一定的标准加以厘清。一般认为，这些基本标准涉及的主要内容有：

（1）职业人员是否运用专门的知识与技能，具有不可替代性；

（2）是否经过长期的专业教育和训练；

（3）是否享有相当的独立自主权；

（4）是否具有自己的专业团体和明确的职业道德；

（5）是否具有重服务、非营利的观念。

1966年10月联合国教科文组织发表的《关于教师地位的建议》明确指出，“教育工作应被视为专门职业。这种职业是一种要求教师具备经过严格并持续不断的研究才能获得并维持专业知识及专门技能的公共业务”。目前世界上大多数国家都认同并采纳了这一建议。从我国的现实情况看，完全可以也应该说教师工作是一种专门的职业，只有经过严格培养和专门训练的人才能胜任。进入21世纪，教师职业的专业化程度已越来越高。

一、小学教师的职业性质

如何对“教师”进行界定?《中国大百科全书·教育卷》的说法比较有代表性，即教师是“向受教育者传递人类积累的文化科学知识和进行思想品德教育，把他们培养成一定社会需要的人才的专业人员”。

《教师法》第三条规定：“教师是履行教育教学职责的专业人员，承担教书育人，培养社会主义事业建设者和接班人、提高民族素质的使命。教师应当忠诚于人民的教育事业。”

小学教师的重要性是毋庸置疑的，他们对社会和人的可持续发展有重大影响，因此自现代教育产生以来，小学教师就被定为“吃皇粮的国家公职人员”。进入20世纪后，根据现代教育发展的客观要求，世界上绝大多数国家都明确规定，小学教师是国家公职人员，是由国家供养的，要取得由国家认定的教师资格才能担任教师工作。把教师作为国家的管理者与公务员（有的也称政府官员）同等对待，有些时候也将教师与公务员并称“公教人员”。如法国、日本的教师是国家或地方公务员，德国教师则是州公务员。在我国，新中国成立后一直是把教师作为“国家干部”管理和对待的，是政府聘任（或者任命）的，理由如下：

（1）公办教师是政府雇员，不是学校雇员。这一特殊属性的人群是由教育行政主管部门代表政府聘任的。只有取得国家认定的教师资格的人才能被聘任为教师。

（2）教师工作的“载体”或者说工作单位，是国家举办的，这里指公办学校，成立或撤销只能由政府决定，学校不允许随便关闭，不像企业可以因经济原因或其他原因倒闭。

（3）公办学校教师工资由国家财政支付，工资的变更由国家控制，不像企业职工的工资是根据本企业经济效益确定的。

（4）教师工作的目标是把学生培养成为“有理想、有道德、有文化、有纪律，德、智、体、美等方面全面发展的社会主义建设者和接班人”。换言之，教师必须承载培养学生知识与技能、过程与方法、情感态度与价值观的重任。因此，对教师的思想政治素质、职业道德要求就比别的任何行业对其从业人员的要求都要高。

（5）教师作为公职人员，必须服从政府的调动。当然，这种调动采用的是法规规定和行政措施两种形式。这样做，主要是为了达到办学条件、师资水平的合理分布或公平，保证教育健康发展。

（6）教师作为公职人员不应当兼职。但这个规定有个重要前提，教师的收入在社会上要达到中上水平。

长期以来，我国教师是作为国家干部对待的，实行的是计划调配的方式，为我国教育事业的发展作出了贡献，但这种体制也存在平均主义、大锅饭、铁饭碗等问题。为适应社会主义市场经济发展的要求，《教师法》第十七条规定：“学校和其他教育机构应当逐步实行教师聘任制。”因此，我国教师的身份将逐步过渡成为学校聘用的专业人员。实行聘用制有利于促进教师的专业化，发挥教师的积极性，打破包得过多、统得过死和人才不能流动的状况，为教师和学校双方提供更多的选择机会。这样有利于更好地发挥教师人才的作用，提高学校的办学自主性和积极性，提高教育教学水平。

《教师法》

2012年教育部颁布的《小学教师专业标准（试行）》明确规定，小学教师是履行小学教育教学工作职责的专业人员，需要经过严格的培养与培训，具有良好的职业道德，掌握系统的专业知识和专业技能。该专业标准是国家对合格小学教师专业素质的基本要求，是小学教师实施教育教学行为的基本规范，是引领小学教师专业发展的基本准则，是小学教师培养、准入、培训、考核等工作的重要依据。

二、小学教师的法律地位

《教师法》明确规定“教师是履行教育教学职责的专业人员”。这一规定明确了教师不同于传统的自由职业者，也有别于国家公务员，进而赋予教师作为专业人员的法律地位。《教师法》对教师法律地位的认定，可以从教师的内涵、外延及其表现形式三个方面来理解。

（一）教师是履行教育教学职责的专业人员

这一规定确定了教师工作的性质、职责，从内涵上界定了教师的法律地位，可以从以下两个方面理解。

1. 直接承担教育教学工作职责是成为具备法律意义上的教师的最基本的条件

教书育人是教师首要的职业特征。因此，在学校中不直接从事教育教学活动、未履行教育教学职责的行政管理人员、校办产业公司人员、教学辅助人员以及后勤服务人员等，就不能被认为是教师，他们应被分为教育职员或其他相应的专业技术人员。

2. 教师是从事专门职业活动的专业人员，必须具备国家规定的从教资格，并符合特定的要求

专业人员是现代教师的身份特征。这里的“专业人员”有三个意思：一是教师要达到符合规定的相应学历；二是教师要具备相应的专业知识；三是教师要符合与其职业相称的其他有关规定，如语言表达能力、身心健康状况等。本职工作不是教师，而应聘临时到学校承担一些课程教学的人员，就不能被视为教师。

（二）教师是在各级各类学校或其他教育机构的执教人员

这里的“各级各类学校”，指实施学前教育、普通初等教育、普通中等教育、普通高等教育、职业教育以及特殊教育、成人教育的学校。这里的“其他教育机构”特指与中小学教育教学工作紧密相连的少年宫以及地方教研室、电化教育馆机构等。

（三）教师的法律地位主要通过教师的权利和义务来体现

教师的职业特点决定了教师的权利和义务。教师的权利和义务，集中地体现了教师作为履行教育教学职责的专业人员特定的法律地位。我国把“全社会都应当尊重教师”写进《教育法》和《教师法》中，不仅体现了国家意志，而且反映了全社会的共同愿望。这些规定说明教师不仅享有作为公民的权利和义务，同时还享有教师职业的权利和义务。我国通过法律的规定使全社会了解教师具有的法律地位，推动全社会尊师重教、尊重劳动、尊重知识、尊重人才，形成全社会关心教育、支持教师工作，维护教师合法权益的良好局面，使教师职业真正成为最受人尊敬的崇高职业。

第二节 如何获得小学教师资格

教师资格是国家对专门从事教育教学工作人员的基本要求，教师资格证书是持证人具有国家认定的教师资格的法定凭证。教师资格制度全面实施后，只有依法取得教师资格者，方能被教育行政部门依法批准举办的各级各类学校和其他教育机构聘任为教师。实施教师资格制度是社会文明进步、教育事业进入新的发展阶段的标志；是依法建设教师队伍，使教师管理走上法治化轨道的前提。该制度旨在严格教师职业准入，保障教师队伍质量，促进教师队伍专业化。目前，许多国家都实行了教师资格制度。

一、教师资格制度

为切实提高教师的专业化水平，我国实行教师资格制度。

《教师法》第十条规定："国家实行教师资格制度。"国务院1995年颁发了《教师资格条例》，规定："中国公民在各级各类学校和其他教育机构中专门从事教育教学工作，应当依法取得教师资格。"教育部2000年颁发《〈教师资格条例〉实施办法》，具体规定了如何认定教师资格以及资格证书的管理。2006年《义务教育法》第三十条规定："教师应当取得国家规定的教师资格。"第二十四条规定："学校不得聘用曾经因故意犯罪被依法剥夺政治权利或者其他不适合从事义务教育工作的人担任工作人员。"

（一）关于小学教师资格的规定

《教师资格条例》明确规定了各类教师资格的分类与适用、教师资格条件、教师资格考试、教师资格认定。

1. 教师资格的分类

《教师资格条例》第四条规定教师资格分为七类：幼儿园教师资格、小学教师资格、初级中学教师资格、高级中学教师资格、中等职业学校教师资格、中等职业学校实习指导教师资格、高等学校教师资格。

2. 教师资格的适用

《教师资格条例》第五条规定："取得教师资格的公民，可以在本级及其以下等级的各类学校和其他教育机构担任教师；但是，取得中等职业学校实习指导教师资格的公民只能在中等专业学校、技工学校、职业高级中学或者初级职业学校担任实习指导教师。高级中学教师资格与中等职业学校教师资格相互通用。"

3. 小学教师的资格条件

《教师法》第十条对教师资格条件有明确规定："中国公民凡遵守宪法和法律，热爱教育事业，具有良好的思想品德；具备本法规定的学历或者经国家教师资格考试合格，有教育教学能力，经认定合格的，可以取得教师资格。"

2013年8月，教育部印发《中小学教师资格考试暂行办法》，规定：参加教师资格考试合格是教师职业准入的条件。

《中小学教师资格考试暂行办法》

（二）小学教师资格考试

教师资格考试实行全国统一考试。《中小学教师资格考试暂行办法》对教师资格考试和教师资格定期注册的报考条件、考试内容和形式、考试实施与组织管理、教师资格定期注册的条件和程序，作了具体规定。

小资料

教师资格考试的内容与形式

……

第十条　教师资格考试包括笔试和面试两部分。

第十一条 笔试主要考查申请人从事教师职业所应具备的教育理念、职业道德、法律法规知识、科学文化素养、阅读理解、语言表达、逻辑推理和信息处理等基本能力；教育教学、学生指导和班级管理的基本知识；拟任教学科领域的基本知识，教学设计实施评价的知识和方法，运用所学知识分析和解决教育教学实际问题的能力。

第十二条 笔试主要采用计算机考试和纸笔考试两种方式进行。采用计算机考试和纸笔考试的范围和规模，根据各省（区、市）实际情况和条件确定。

第十三条 幼儿园教师资格考试笔试科目为《综合素质》《保教知识与能力》2科；小学教师资格考试笔试科目为《综合素质》《教育教学知识与能力》2科；初级中学、普通高级中学教师和中等职业学校文化课教师资格考试笔试科目为《综合素质》《教育知识与能力》《学科知识与教学能力》3科；中等职业学校专业课教师和实习指导教师资格考试笔试科目为《综合素质》《教育知识与能力》《专业知识与教学能力》3科。

中等职业学校教师的《专业知识与教学能力》科目测试，暂由各省（区、市）自行命题和组织实施。

第十四条 面试主要考查申请人的职业认知、心理素质、仪表仪态、言语表达、思维品质等教师基本素养和教学设计、教学实施、教学评价等教学基本技能。

第十五条 面试采取结构化面试、情境模拟等方式，通过抽题、备课（活动设计）、回答规定问题、试讲（演示）、答辩（陈述）、评分等环节进行。

第十六条 国家确定笔试成绩合格线，省级教育行政部门确定面试成绩合格线。

第十七条 考生在笔试和面试成绩公布后，可通过教师资格考试网站查询本人的考试成绩。考生如对本人的考试成绩有异议，可在考试成绩公布后10个工作日内向本省（区、市）教师资格考试机构提出复核申请。

第十八条 笔试单科成绩有效期为2年。笔试和面试均合格者由教育部考试中心（教育部教师资格考试中心）颁发教师资格考试合格证明。教师资格考试合格证明有效期为3年。教师资格考试合格证明是考生申请认定教师资格的必备条件。

……

（资料来源：教育部《中小学教师资格考试暂行办法》）

（三）小学教师资格认定与定期注册

《教师资格条例》第十三条规定：“幼儿园、小学和初级中学教师资格，由申请人户籍所在地或者中请人任教学校所在地的县级人民政府教育行政部门认定。”《〈教师资格条例〉实施办法》规定教师资格的认定条件，包括：具备承担教育教学工作所必须的基

《中小学教师资格定期注册暂行办法》

本素质和能力；普通话水平应达到国家语言文字工作委员会颁布的《普通话水平测试等级标准》二级乙等以上标准。身体素质和心理素质等。

教师资格的认定程序包括申请和认定。教师资格的认定申请规定是：每年两次，向认定机关提出申请，并提供有关材料。教师资格考试合格证明是考生申请认定教师资格的必备条件。

（四）教师资格证书的管理

《〈教师资格条例〉实施办法》对教师资格证书的管理作了详细的规定，其中强调："对使用假资格证书的，一经查实，按弄虚作假、骗取教师资格处理，5年内不得申请认定教师资格，由教育行政部门没收假证书。对编造、买卖教师资格证书的，依法追究法律责任。"被撤销教师资格的，5年内不得报名参加考试；受到剥夺政治权利，或故意犯罪受到有期徒刑以上刑事处罚的，不得报名参加考试。曾参加教师资格考试有作弊行为的，按照《国家教育考试违规处理办法》的相关规定执行。

各种教师资格在一定范围内是可以相互融通的。通常情况下，高一些级别取得教师资格的人员可以到低一些级别的学校任教，但一般不能反过来。

二、小学教师的培养和培训

我国的师范教育体系过去分为三级，中等师范学校培养小学和幼儿园教师；高等师范专科学校培养初中教师；师范学院（或大学）培养高中教师。国务院《关于基础教育改革与发展的决定》指出要"推进师范教育结构调整，逐步实现三级师范向二级师范的过渡"。目前，我国小学教师主要由高等学校小学教育（也称初等教育）本、专科专业培养。

现代教师的专业化发展，不是传统的职前培养能够完成和实现的，而是要延伸和扩展到教师整个职业生涯。培养与培训一体化，已经形成一个有别于传统师范教育的崭新概念——教师教育。《教师法》和《义务教育法》对教师培养和培训都有明确的法律规定。

《教师法》规定教师有不断提高思想政治觉悟和教育教学业务水平的义务，并在第十八条至二十一条对教师培养和培训的法律责任进行了具体规定。各级人民政府和有关部门应当办好师范教育，并采取措施，鼓励优秀青年进入各级师范学校学习。各级教师进修学校承担培训中小学教师的任务。各级人民政府教育行政部门、学校主管部门和学校应当制定教师培训规划，对教师进行多种形式的思想政治、业务培训。国家机关、企业事业单位和其他社会组织应当为教师的社会调查和社会实践提供方便，给予协助。各级人民政府应当采取措施，为少数民族地区和边远贫困地区培养、培训教师。

《义务教育法》第三十二条也明确规定："县级以上人民政府应当加强教师培养工作，采取措施发展教师教育。县级人民政府教育行政部门应当均衡配置本行政区域内学校的师资力量，组织校长、教师的培训和流动，加强对薄弱学校的建设。”

第三节 小学教师有哪些权利与义务

教师的法律权利和义务可以分为两个部分：一是教师作为公民所享有的权利和承担的义务；二是作为专业人员所享有的权利和承担的义务。二者之间既有联系又有区别，甚至有交叉。

教师作为普通公民，他们在法律上的权利，《宪法》中有明确规定，包括：公民参加管理国家的政治权利和自由；公民的宗教信仰自由；公民的人身自由；公民的社会经济权利；公民的文化教育权利；等等。他们在法律上的基本义务，包括：维护国家的统一和全国各民族的团结；遵守《宪法》和其他法律，保守国家机密，爱护公共财物，遵守劳动纪律，遵守公共秩序，遵守社会公德；依法服兵役；依法纳税；等等。《义务教育法》第二十八条规定：“教师享有法律规定的权利，履行法律规定的义务，应当为人师表，忠诚于人民的教育事业。全社会应当尊重教师。”

作为专业人员的教师，在法律上的权利和义务，是公民的权利和义务的具体化、职业化、专门化。《教师法》对此有明确的规定。

案例库

全国首例“教案”官司再起波澜 重庆市检察院提起抗诉

备受关注的全国首例因教案引出的官司又有了新的进展。当事人高某对去年4月的终审判决不服，继续向检察院提出申诉，重庆市人民检察院经审查后，向重庆市高级人民法院提出了抗诉。3月30日，该案在重庆市第一中级人民法院再次开审。

高某从事小学教学工作已近30年。1990年，高某调至重庆市南岸区四公里小学从事语文教学工作。随后，她每学期都按学校的规定，将教案交给学校，到2002年上学期，她共向学校交了48本教案。2002年4月，高某为写教学论文，向学校索要教案，最终只拿到其中4本，其余44本下落不明。2002年5月30日，高某将学校告到南岸区法院，要求学校返还她的44本教案，赔偿损失8 800元。

随后，法院以双方纠纷不属于法院受理范围为由，驳回了高某的起诉。高某不服，向重庆市一中院上诉。去年4月，该院审理后作出终审判决：驳回高某的上诉，维持原判。高某继续向检察机关提出申诉。2004年7月，检察机关立案受理，随后提出抗诉。

3月30日上午，重庆市一中院再审此案。在历时约2小时的庭审过程中，双方就教案是否具有著作权、教案姓“公”还是姓“私”等问题进行了激烈辩论。

检察机关认为，原审判决对教案是否享有著作权的认定含混不清；对附有教案内容的教案本所有权归属认定错误；作出原告不拥有教案著作权的认定属于超越了职权的程序违法行为。

对教案所有权问题，检察机关认为，高某对于由学校购买发放的空白教案本确实只有使用权，其所有权应属于学校。当高某在空白教案本上最终写满了自己构思的教案内容的时候，所谓的“空白教案本”已经灭失，附着于空白教案本上的所有权当然就不复存在，取而代之的是一个有了教案内容的教案本，是一个新物，作为这一新物的创造者高某理所当然地应取得该教案本的所有权。

庭审结束后，法庭宣布择日宣判。此前，本报曾于2002年10月30日、11月13日，2003年11月12日对这起全国首例“教案”官司进行了跟踪报道。

（资料来源：《教师报》，2005-04-10）

一、小学教师的基本权利

教师的基本权利，指依据《教育法》和《教师法》等法律规定教师所享有的权利。其内容包括三个方面：一是教师实施某种行为的权利；二是教师要求义务人履行法律义务的权利；三是当教师的权利受到侵害时，有权诉诸法律，要求其权利得到确认和保护。根据《教师法》，小学教师享有下列六个方面的权利。

（一）教育教学权

进行教育教学活动，开展教育教学改革和实验，是教师最基本的权利。一般情况下，不具备教师资格的人员，不得享有此项权利；或虽具备教师资格，但尚未受聘或已被解聘的人员，此项权利的行使处在停顿状态。只有受聘担任教师工作时，其权利的行使才恢复正常状况。非依法律规定，任何组织或个人都不得剥夺在聘教师这一基本权利的行使。但合法的解聘或待聘，不属于侵犯教师这一权利的行为。

（二）科研权及学术交流权

从事科学研究、学术交流，参加专业的学术团体，在学术活动中充分发表意见，这也是教师作为专业技术人员享有的一项基本权利。教师在完成规定的教育教学任务的前提下，有权进行科学研究、技术开发、教育咨询或技术咨询或撰写学术论文、著书立说；有权参加有关的学术交流活动，以及参加依法成立的学术团体并在其中兼任工作。在学术研究中有发表自己观点、开展学术争鸣的自由。

（三）指导评价权

指导学生的学习和发展，评定学生品行和学业成绩，这是发挥教师在教育教学过程中主导作用的一项特定的基本权利。在教育教学过程中，教师有权针对学生的身心发展水平和特征因材施教，并可就学生的特长以及不同的家庭环境和升学就业等方面给予指导；有权对学生的思想品德、政治学习、社会实践活动、师生关系等方面的表现给予公正客观的评价；有权通过学期、学年、毕业考试和平时考查、考核及其他方式对学生的学业成绩作出科学而客观的评价。这是学校教师的一项本职工作，任何组织和个人都不得干预教师行使该项权利。

（四）按时获取报酬权

按时获取工资报酬，享受国家规定的福利待遇及寒暑假期的带薪休假，这是教师的基本物质保障权利。教师享有的这一权利，是由教师劳动的性质决定的，是对《宪法》规定的公民享有劳动权利和劳动者休息的权利的具体化。按时获取报酬权包括：教师有权要求所在学校及其主管部门根据教育法律、教师聘用合同的规定，按时足额支付工资报酬。我国目前的分配政策规定教师的工资报酬，包括基础工资、职务工资、课时报酬、奖金及教龄津贴、班主任津贴和其他各种津贴、政府政策性补贴等在内的工资性收入。教师还有权享有国家规定的福利待遇，主要包括医疗保健、住房、退休等方面依法享有的各项待遇和优惠，以及寒暑假期的带薪休假。

（五）参与学校管理权

教师对学校教育教学、管理工作和教育行政部门的工作提出意见和建议，通过教职工代表大会或其他形式，积极参与学校的民主管理。教师此项权利的有效行使，不仅有利于调动教师参与学校管理的积极性和创造性，发挥他们对学校和教育行政部门工作的监督作用，而且有利于推进学校的民主建设，保障教师的民主权利和切身利益，提高学校管理水平和效益。

（六）培训进修权

教师有权参加进修或其他形式的培训。现代社会和科技的不断发展，要求教师及时更新知识，调整知识结构，不断提高思想政治和业务水平。因此，教师参加进修或其他形式的培训，是教师的一项基本权利。学校和教育行政部门应当作出规划，采取各种方式，开辟多种渠道，为教师参加进修和培训创造条件，提供机会，切实保障教师权利的实现。

教师基本权利可以从以下三种形式上来把握：一是教师在法律规定的范围内可以自由作出一定的行为，又称积极行为的权利。如教师享有的“教育教学权”，就表明教师在国家许可范围内可以选择教材，确定教学方法和教具，进行教育教学改革实验，组织学生进行有益的课外活动。二是教师可以请求义务人作出或不作出一定的行为。如《教师法》规定教师享有“按时获取工资报酬”的权利，这本质上是一种请求权。三是当教师的权利受到侵犯时，有权诉诸法律，确认和保护自己的权益。

二、小学教师的基本义务

教师的义务指教师按照《教师法》等法律法规从事教育教学工作而必须承担的责任。《教师法》第八条规定，教师应履行以下六个方面义务，这同样也是小学教师的基本义务。

（一）遵纪守法的义务

“遵守宪法、法律和职业道德，为人师表”，这是教师职业对教师提出的基本要求。《宪法》和其他法律是国家、社会组织和公民活动的基本行为准则。教师是文化水平相对较高的公民，应当模范地遵守宪法和法律。教师又是人类心灵的塑造者，在从事教育教学工作中应当遵守职业道德、为人师表。教师职业道德不仅是教师自身行为的规范，也是法律赋予教师应尽的基本义务。

（二）教育教学的义务

教师在教育教学工作中，应“贯彻国家的教育方针，遵守规章制度，执行学校的教学计划，履行教师聘约，完成教育教学任务”；遵守教育行政部门和学校及其他教育机构制定的教育教学管理的各项规章制度；执行学校依据国家的课程标准制定的教学计划；履行教师聘任合同中约定的教育教学职责，完成职责范围的教育教学任务。因故意不完成教育教学任务而造成损失的，必须承担相应的法律责任。

（三）思想教育的义务

“对学生进行宪法所确定的基本原则的教育和爱国主义、民族团结的教育，法制教育以及思想品德、文化、科学技术教育，组织、带领学生开展有益的社会活动。”这也是教师在教育教学过程中应当履行的义务。新的课程理念要求教师正确处理教书与育人的关系，培养学生具有正确的世界观、人生观、价值观；具有社会责任感，努力为人民服务；具有初步的创新精神、实践能力、科学和人文素养以及环境意识；具有适应终身学习的基础知识、基本技能和方法；具有健壮的体魄和良好的心理素质，养成健康的审美情趣和生活方式，成为有理想、有道德、有文化、有纪律的一代新人。

（四）尊重、爱护学生的义务

“关心、爱护全体学生，尊重学生人格，促进学生在品德、智力、体质等方面全面发展。”教师的工作对象是发展变化中的未成年人，因此对全体学生的人文关怀是教师不可或缺的义务，教师应当对学生不分亲疏，一视同仁。教师还应当尊重学生的人格，不可利用手中的权力，侵犯学生的人格尊严。即使对有缺点、犯错误的学生，也不应歧视他们。凡侮辱、体罚学生屡教不改的，或泄露学生隐私造成严重后果的，都必须承担相应的法律责任。

案例库

因“教育学生不当”北京一教师败诉

因不满学生在校园里直呼自己外号，北京鲁迅中学的李老师伸手“教育”了学生。近日，北京西城法院判决李老师“教育学生不当”，赔偿学生390.4元医疗费。

2003年12月26日，李老师在回办公室的路上，与女学生小芹（化名）等3人擦肩而过。小芹却根据老师名字的谐音直呼“一束花”。于是，李老师上前“抓”了一下小芹。事发后，小芹去安定医院就诊。该院诊断书注明“左上臂有20平方厘米瘀伤”。小芹及其家长将李老师告上法院，要求赔偿300余元医药费、5 000元精神损失费和1万余元误工费，并赔礼道歉。

西城法院认为，作为一名中学生，小芹应该尊敬师长，不应该当面叫老师的外号。但老师自称“没有以打人方式教训学生”，却不能提供证据，所以应赔偿小芹的医药费300余元。对于家长提出的5 000元精神损害以及1万余元误工补偿，没有合理依据，不予支持。

（资料来源：《教师报》，2004-08-08）

（五）保护学生合法权益的义务

“制止有害于学生的行为或者其他侵犯学生合法权益的行为，批评和抵制有害于学生健康成长的现象。”教师履行这一义务具有特定的范围，主要是制止与教育教学工作相关的活动中那些侵犯教师本人所负责教育管理的学生合法权益的违法行为，同时对社会上所出现的有害于学生身心健康成长的不良现象，负有批评的责任。

（六）提高思想政治觉悟和教育教学业务水平的义务

教师担负着提高全民族素质的使命，因此，“不断提高思想政治觉悟和教育教学业务水平”不仅是教师自我发展、实现自身价值的需要，还是教师适应社会进步和科技发展需要的基本要求。

此外，《义务教育法》第二十九条规定：“教师在教育教学中应当平等对待学生，关注学生的个体差异，因材施教，促进学生的充分发展。教师应当尊重学生的人格，不得歧视学生，不得对学生实施体罚、变相体罚或者其他侮辱人格尊严的行为，不得侵犯学生合法权益。”

案例库

教师对学生出言不逊将受严惩

山西省运城市教育局近日制订了《中小学教师职业道德十条禁忌用语》，今后凡是在与学生交往中出言不逊的教师将受到严厉惩罚，不仅影响评模、评职，还将危及其职务、工资的晋升和聘任。

这十条禁忌用语是：就你拉我们班的后腿；你再这样，就把你家长叫来；我教这么多年书，还没见过你这样笨的；你把这道题再给我写多少遍；别人怎么都懂了，就你听不懂；你不愿意上课就滚出去；你怎么这样没有教养；你真让人失望，谁教你谁倒霉；我看你一辈子就这样了；你给我站起来。

运城市教育局负责人介绍，制定《中小学教师职业道德十条禁忌用语》的主要目的，是要通过采取严格的约束性措施，净化教师语言，倡导教师对学生运用文明用语，以引导教师从依靠简单的教育管理办法，转移到认真研究教育教学规律和学生成长规律，注重人本教育，尊重学生，尊重人权。

为了确保《中小学教师职业道德十条禁忌用语》的贯彻落实，运城市教育局还制定了三项措施。一、摆正位置抓教育。要求各县（市、区）教育局和全市所有中小学校都把教师禁忌用语作为一项重要内容，列入中小学教师继续教育全员培训和师德师风教育。二、实行“三评一量化”。实行“教师评教师、学生和家长评教师、学校领导评教师、业绩量化考核”的监督制约机制，考评结果与教师的评模、评职、晋升职务及工资直接挂钩，实行“一票否决”。三、大力倡导文明用语。要求全市每位中小学生教师要结合自身实际，加强自身修养，真正做到“正言、正容、正行、正心”，为人师表。

（资料来源：《教师报》，2004-07-04）

三、小学教师权利与义务的保障机制

教师权利的法律保护和义务的法律规定，是《教师法》中一个十分重要的内容。它包含三个方面的含义：一是当教师的合法权益受到侵害时，侵害者应当承担的法律责任；二是当教师未能履行应尽的职责时，应当承担的法律责任；三是当自身权益受到侵害时，教师如何通过法律的途径来维护自己的合法权益。

（一）关于教师权益保护的法律机制

能否保障教师的合法权益是衡量一个社会文明程度的标志之一。我国通过颁布一系列法律法规来保障教师的合法权益不受侵害，并明确侵犯教师合法权益的法律责任。《教育法》第三十条规定，学校及其他教育机构应当履行的义务之一，是“维护受教育者、教师及其他职工的合法权益”；第八十三条规定：“违反本法规定，侵犯教师、受教育者、学校或者其他教育机构的合法权益，造成损失、损害的，应当依法承担民事责任。”《义务教育法》第二十三条规定：“各级人民政府及其有关部门依法维护学校周边秩序，保护学生、教师、学校的合法权益，为学校提供安全保障。”第三十一条规定：“各级人民政府保障教师工资福利和社会保险待遇，改善教师工作和生活条件；完善农村教师工资经费保障机制。教师的平均工资水平应当不低于当地公务员的平均工资水平。特殊教育教师享有特殊岗位补助津贴。在民族地区和边远贫困地区工作的教师享有艰苦贫困地区补助津贴。”

1. 侮辱、殴打教师的法律责任

《教师法》第三十五条规定：“侮辱、殴打教师的，根据不同情况，分别给予行政处分或者行政处罚；造成损害的，责令赔偿损失；情节严重，构成犯罪的，依法追究刑事责任。”

“侮辱教师”指在众多人面前，或者是在可能使众多人知道的情况下，贬低教师人格、破坏教师声誉的违法行为。“殴打教师”指以暴力方式侮辱教师或故意非法伤害教师人身健康的行为。“殴打教师，情节严重”则主要指教师身体健康受到伤害的情形，包括轻伤和重伤两种。对侮辱、殴打教师的，应根据不同情况，依法追究其法律责任。依照《刑法》第二百三十四条的规定，造成轻伤的，处3年以下有期徒刑、拘役或者管制；造成重伤的，处3年以上10年以下有期徒刑；致人死亡

或者以特别残忍手段致人重伤造成严重残疾的，处10年以上有期徒刑、无期徒刑或者死刑。

2. 打击报复教师的法律责任

按照我国有关法律规定，教师有申诉、控告、检举的权利。当教师在自身权益受到侵害时，有权向主管的国家机关申述理由，请求处理。如国家机关工作人员及其他行使一定职权的人员，滥用职权，假公济私，对进行申诉、控告、检举的教师实施打击报复，影响恶劣，造成教师精神失常或自杀、伤亡及其他严重后果的，可根据具体情况给予行政处分。打击报复行为构成犯罪的国家机关工作人员，依照《刑法》第二百五十四条的规定，要以报复陷害罪被处2年以下有期徒刑或者拘役；情节严重的，处2年以上7年以下有期徒刑。

3. 拖欠教师工资的法律责任

拖欠教师工资指有关部门或者学校不按照预算划拨教育经费，预算留缺口或者挪用、克扣教育经费中用于发放教师工资的部分，导致教师工资不能按时足额发放的行为。作为工薪阶层的教师，工资是其生活的基本来源和安心于本职工作的基本保证。《教师法》第三十八条规定："地方人民政府对拖欠教师工资或者侵犯教师其他合法权益的，应当责令其限期改正。违反国家财政制度、财务制度，挪用教育经费，严重妨碍教育教学工作，拖欠教师工资、损害教师合法权益的，由上级机关责令限期归还被挪用的经费，并对直接责任人员给予行政处分；情节严重，构成犯罪的，依法追究刑事责任。"

案例库

北京海淀：严重违反师德者当即解聘

今年秋季开学起，海淀区所有中小学教师将通过《师德评价手册》进行量化考核。有五种严惩影响教师形象的行为被明令禁止，教师触及其中任何一项，师德考核即不合格，会被立即解除聘用合同，在本区教育系统内其他单位也不得聘用。

记者日前从海淀区教委了解到：师德评价实行记分制，基准总分为100分。依据记分说明，扣除或增加相应的分数。《师德评价手册》明确规定了被扣分的五类行为，教师一旦违反即被扣分。79分以下师德不合格，100分以上为师德优秀。每年年终，教师的师德积分也将作为一项重要的考核内容。

但如果教师有以下五种行为：侮辱学生人格，造成严重后果的；教唆学生违法犯罪的；侮辱猥亵学生的；体罚学生致伤、致残的；其他严重违反师德规范的，则无须等到年终考核结果，即可"一票否决"。通过规范标准对教师进行师德评价，在全市教育系统尚属首创。

"师德评价不在于制裁教师，而是通过规范对教师行为起到告诫和警示作用。"海淀区教委人事科相关负责人介绍，以往也有过师德考核，但没有具体指标，评价尺度不好掌握。推选《师德评价手册》后，可将教师的年底综合考核与师德评价直接挂钩，成为教师受聘、解聘的重要依据。师德优秀的教师在年度考核、晋职、晋级、评先、受聘等方面要给予优先考虑。

（资料来源：《教师报》，2004-07-07）

（二）教师不履行职责义务的法律责任

教师如果不履行自己的法定义务，也要承担法律责任。《教师法》第三十七条规定，教师有下列情形之一的，由所在学校、其他教育机构或者教育行政部门给予行政处分或者解聘。

1. 故意不完成教育教学任务给教育教学工作造成损失的

（1）主观上是“故意”的

这是指教师明知自己应当完成教育教学任务，而故意不完成；或者明知会对教育教学工作造成损失，但却放任这种行为发生，如无故不上课、不批改作业，或对学生发生的问题放任不管等。如果不是出于故意，而是由于疏忽大意或水平所限给教育教学工作造成损失的，则不构成违法。

（2）客观上要有“给教育教学工作造成损失”的后果

教师虽是主观故意不完成教育教学任务，但经采取补救措施，未造成实际损失的，也不构成违法。

2. 体罚学生，经教育不改的

体罚学生，指教师在教育教学过程中以暴力或其他强制性手段，侵害学生的身体健康和精神健康的行为。如对学生拳打脚踢、捆绑、罚站、罚跪等。体罚学生包括变相体罚，如强令学生长距离、长时间跑步，超常大量书写、背诵，做惩罚性的劳动等。变相体罚在形式上似乎是在对学生进行教育，而且往往表现为学生自己去实施某种行为，但实质上是教师强迫，故意使学生身体和精神受到损害。在适用这条法律时应注意以下几点。

（1）具有教师的主观故意。工作疏忽或教学水平不高造成的学生负担过重等，不适用这条规定。

（2）必须具有“经教育不改”的法定情节。如未经教育，或教育后改正的，不适用这条规定。

（3）体罚学生，情节严重，构成犯罪的，无论是否经过教育，都应按《教师法》第三十七条规定，体罚学生，“情节严重，构成犯罪的，依法追究刑事责任”。

3. 品行不良，侮辱学生，影响恶劣的

（1）“品行不良，侮辱学生”的含义

教师“品行不良”主要的表现是严重违背教师职业道德；侮辱学生是故意损害学生人格。教师中的个别败类，利用职务之便奸污、猥亵女学生的行为就要依法追究刑事责任。

（2）“影响恶劣”的含义

教师具有上列两种行为之一，且情节比较严重，“影响恶劣的”，才适用这条规定。由于教师一般的职业道德欠缺，无意中对学生造成某种精神伤害，不适用这条规定。

第四节　怎样进行小学教师职称评审与聘任

职称与职务含义相近。职称是一定专业岗位的名称，职务指一定工作岗位的名称和应该担负的任务。因此，人们常将职务与职称等同使用。国家有关文件认为教师职务、职称是根据学校教学、科研等实际工作需要设置的有明确职责、任职条件和任期，并需要具备专门的业务知识和相应的学术（技术）水平才能担负的专业技术工作岗位。即国家对教师岗位设置及各级岗位任职条件和取得该岗位职务的程序等方面有关规定的总称。

一、小学教师职称（职务）制度

《关于深化中小学教师职称制度改革的指导意见》

《义务教育法》第三十条第二款规定：“国家建立统一的义务教育教师职务制度。教师职务分为初级职务、中级职务和高级职务。”为深化教育领域综合改革，切实加强中小学教师队伍建设，按照党中央、国务院关于完善人才评价机制和深化职称制度改革的要求，根据义务教育法有关规定，经国务院同意，2015年8月人力资源社会保障部、教育部印发《关于深化中小学教师职称制度改革的指导意见》，决定在全国范围全面推开中小学教师职称制度改革。原中学教师职务系列与小学教师职务系列统一并入新设置的中小学教师职称（职务）系列，其中，正高级教师数量国家实行总量控制。统一后的中小学教师职称（职务）分别与事业单位专业技术岗位等级相对应，具体内容见表9-1。

表 9-1　中小学教师职称（职务）变化

小学教师职务（原）	中学教师职务（原）	中小学教师职称与岗位等级（新）	
		职称	岗位等级
无	无	正高级教师（正高级）	一至四级
无	中学高级教师	高级教师（副高级）	五至七级
小学高级教师	中学一级教师	一级教师（中级）	八至十级
小学一级教师	中学二级教师	二级教师（助理）	十一至十二级
小学二级教师	中学三级教师	三级教师（员级）	十三级
小学三级教师			

二、小学教师职称（职务）评审标准

中小学教师水平评价基本标准条件包括：拥护党的领导，胸怀祖国，热爱人民，遵守宪法和法律，贯彻党和国家的教育方针，忠诚于人民教育事业，具有良好的思想政治素质和职业道德，牢固树立爱与责任的意识，爱岗敬业，关爱学生，为人师表，教书育人。具备相应的教师资格及专业知识和教育教学能力，在教育教学一线任教，切实履行教师岗位职责和义务。身心健康。

中小学教师评聘各级别职称（职务），除必须达到上述标准条件，还应分别具备相应标准条件，见表9-2。

表 9-2　中小学教师职称（职务）标准

内容	正高级教师	高级教师	一级教师	二级教师	三级教师
职业信念与教学成果	具有崇高的职业理想和坚定的职业信念；长期工作在教育教学第一线，为促进青少年学生健康成长发挥了指导者和引路人的作用，出色地完成班主任、辅导员等工作任务，教书育人成果突出	根据所教学段学生的年龄特征和思想实际，能有效进行思想道德教育，积极引导学生健康成长，比较出色地完成班主任、辅导员等工作，教书育人成果比较突出	具有正确教育学生的能力，能根据所教学段学生的年龄特征和思想实际，进行思想道德教育，有比较丰富的班主任、辅导员工作经验，并较好地完成任务	比较熟练地掌握教育学生的原则和方法，能够胜任班主任、辅导员工作，教育效果较好	基本掌握教育学生的原则和方法，能够正确教育和引导学生
教育教学能力	深入系统地掌握所教学科课程体系和专业知识，教育教学业绩卓著，教学艺术精湛，形成独到的教学风格	具有所教学科坚实的理论基础、专业知识和专业技能，教学经验丰富，教学业绩显著，形成一定的教学特色	对所教学科具有比较扎实的基础理论和专业知识，独立掌握所教学科的课程标准、教材、教学原则和教学方法，教学经验比较丰富，有较好的专业知识技能，并结合教学开展课外活动，开发学生的智力和能力，教学效果好	掌握教育学、心理学和教学法的基础理论知识，具有所教学科必备的专业知识，能够独立掌握所教学科的教学大纲、教材，正确传授知识和技能，教学效果较好	具有教育学、心理学和教学法的基础知识，基本掌握所教学科的专业知识和教材教法，能够完成所教学科的教学工作

续表

内容	正高级教师	高级教师	一级教师	二级教师	三级教师
教研能力	具有主持和指导教育教学研究的能力，在教育思想、课程改革、教学方法等方面取得创造性成果，并广泛运用于教学实践，在实施素质教育中，发挥了示范和引领作用	具有指导与开展教育教学研究的能力，在课程改革、教学方法等方面取得显著的成果，在素质教育创新实践中取得比较突出的成绩	具有一定的组织和开展教育教学研究的能力，并承担一定的教学研究任务，在素质教育创新实践中积累了一定经验	掌握教育教学研究方法，积极开展教育教学研究和创新实践	
同伴指导	在指导、培养一级、二级、三级教师方面作出突出贡献，在本教学领域享有较高的知名度，是同行公认的教育教学专家	胜任教育教学带头人工作，在指导、培养二级、三级教师方面发挥了重要作用，取得了明显成效	在培养、指导三级教师提高业务水平和教育教学能力方面做出一定成绩		
学历与任教时间	一般应具有大学本科及以上学历，并在高级教师岗位任教5年以上	具备博士学位，并在一级教师岗位任教2年以上；或者具备硕士学位、学士学位、大学本科毕业学历，并在一级教师岗位任教5年以上；或者具备大学专科毕业学历，并在小学、初中一级教师岗位任教5年以上	具备博士学位；或者具备硕士学位，并在二级教师岗位任教2年以上；或者具备学士学位或者大学本科毕业学历，并在二级教师岗位任教4年以上；或者具备大学专科毕业学历，并在小学、初中二级教师岗位任教4年以上；或者具备中等师范学校毕业学历，并在小学二级教师岗位任教5年以上	具备硕士学位；或者具备学士学位或者大学本科毕业学历，见习1年期满并考核合格；或者具备大学专科毕业学历，并在小学、初中三级教师岗位任教2年以上；或者具备中等师范学校毕业学历，并在小学三级教师岗位任教3年以上	具备大学专科毕业学历，并在小学、初中教育教学岗位见习1年期满并考核合格；或者具备中等师范学校毕业学历，并在小学教育教学岗位见习1年期满并考核合格

续表

内容	正高级教师	高级教师	一级教师	二级教师	三级教师
其他	无	城镇中小学教师原则上要有1年以上在薄弱学校或农村学校任教经历	无	无	无

三、小学教师职称（职务）评审

小学教师职称的评审工作，由省、地、县三级教育行政部门分级领导，并在地、县两级分别设立小学教师职务评审委员会，学校或学区设立评审小组。评审小学教师职务时，应由本人提供政治思想、教育教学工作总结和履行职责情况，填写《小学教师职务评审申报表》，经过相应的评审组织评审后，报主管部门审核。职称评聘工作按照个人申报、考核推荐、专家评审、学校聘用的基本程序进行。中小学根据聘用制度的有关规定，将通过评审的教师聘用到相应岗位。

四、小学教师聘任制度

《教师法》第十七条规定："学校和其他教育机构应当逐步实行教师聘任制。教师的聘任应当遵循双方平等的原则，由学校和教师签订聘任合同，明确规定双方的权利、义务和责任。"《教育规划纲要》提出："加强学校岗位管理，创新聘用方式，规范用人行为，完善激励机制，激发教师积极性和创造性。"

（一）教师聘任制的主要内容

聘任制的基本特征是：聘任方与受聘方地位平等；双方之间的权利、义务关系由以自愿、协商为基础建立的合同确定；只有在双方意见一致的情况下聘任关系才能成立，任何一方都没有强迫对方的权利；有一定的聘任期限，期满如不延续，则聘任关系自行解除。因此，《教师法》规定，实行教师聘任制必须"遵循双方地位平等的原则"，由聘任方学校和受聘教师"签订聘任合同"，在合同中"明确规定双方的权利、义务和责任"。学校与教师以教育教学过程中双方的权利和义务为基本内容订立的协议，就是聘任合同。实行教师聘任制，学校和教师都要强化合同意识，教师按合同履行教育教学职责，学校则按合同对教师进行领导管理，为教师提供教育教学、科学研究、进修提高等条件，并支付报酬等。在聘任期间，无特殊理由不能辞聘或解聘，确需变动时，应提前与对方协商，双方达成一致协议后，方可变更或解除合同。双方一旦发生纠纷，也要依合同条款承担责任。

（二）小学教师聘任的主要形式

小学教师聘任的主要形式有：

1. 招聘

招聘是小学面向社会公开、择优选拔具有小学教师资格的人员的法定行为。招聘具有公平、公开、直接、自愿、透明等优点，有利于发现和合理使用人才。小学根据学校编制，面向社会发布信息公开招聘，经县以上教育行政部门审核批准。招聘的程序一般是，先由学校或教育主管部门经人才交流部门批准，并以通知或启示等形式提出所需人员的条件、工作、任务、待遇等，然后对应聘者进行审查、考核或考试。对符合条件者，双方签订聘任合同。

2. 续聘

续聘是聘任期满后，学校与受聘教师继续签订聘任合同的法定行为。聘期内，如果教师和学校双方合作愉快，同时，学校仍有需要，教师对所从事的岗位也满意，双方便可继续签订续聘合同。续聘的程序一般是，在前一个聘期将要结束之前，双方本着自愿的原则续签合同；续聘合同的有关规定可与前一次聘任合同相同，也可以根据实际需要作部分调整，还可以根据社会条件的变化重新拟定合同。

3. 解聘

解聘指学校因某种原因不愿继续聘任教师而解除聘任合同的法定行为。聘任合同具有法律效力，学校在解聘教师时，要有正当理由，如是因为聘任后发现受聘者不符合原定的聘任条件，或是受聘者在工作中违犯规定，已不适合继续聘任等。如无正当理由解聘受聘教师是要承担法律责任的。

4. 辞聘

辞聘是教师方主动请求学校解除聘任合同的法定行为。由于聘任合同具有法律效力，所以，教师不能随意辞聘。如教师因某种理由不能继续履行聘任合同，给学校造成损失的，应依照合同规定，承担相应的法律责任。

推进中小学人事制度改革的目标是逐步建立起符合社会主义市场经济体制要求的中小学人事管理制度，打破用人上的职务终身制和人才单位所有制及工资分配上的平均主义和“大锅饭”，充分调动和发挥教职工的积极性，使优秀人才脱颖而出，建设一支适应素质教育要求、师德高尚、业务精湛、结构合理、充满活力的中小学教师队伍，使教育教学质量、办学水平和效益得以提高。

第五节　如何依法进行小学教师管理

对教师进行有效的管理有利于学校全面贯彻教育方针，有利于促进教师队伍建设和科学管理水平的提高。

一、小学教师考核制度

《教师法》第二十二条规定：“学校或其他教育机构应当对教师的政治思想、业务水平、工作态度和工作成绩进行考核。教育行政部门对教师的考核工作进行指导、监督。”通过考核，能促进教师不断端正教

《中小学教师职业道德规范（2008年修订）》

育思想，遵循教育规律，从而提高教育教学质量；教师的考核还有鼓励先进、鞭策后进的作用，增强教师的事业心和责任感，调动教师的积极性和创造性。

（一）教师考核的内容

1. 思想政治素质

思想政治素质是教师素质的重要方面，主要包括政治态度和职业道德两个方面。小学教师应加强中国特色社会主义理论体系学习，不断提高理论修养和思想政治素质，进一步了解国情、社情、民情，坚持正确政治方向，践行社会主义核心价值体系，遵守《宪法》和其他有关法律法规，坚持学术研究无禁区、课堂讲授有纪律，帮助和引领学生形成正确的世界观、人生观和价值观，不得有违背党和国家方针政策的言行。职业道德规范是调节教师与学生、教师与学校、教师与国家、教师与社会相互关系的基本行为准则。《中小学教师职业道德规范（2008年修订）》不是对教师的全部道德行为和教育教学工作的要求，不能取代学校的其他各项规章制度。《中小学教师职业道德规范（2008年修订）》包括：爱国守法、爱岗敬业、关爱学生、教书育人、为人师表、终身学习等六个方面。

2. 业务水平

业务水平主要指与教师所任职务相应的专业知识水平和业务能力。专业知识水平包括学历层次、本专业的基础理论和专业知识的广度与深度、教育教学理论水平、工作经验、相关学科知识水平、外语水平等。《小学教师专业标准（试行）》规定，小学教师应当具有的专业知识包括小学生发展知识、学科知识、教育教学知识、通识性知识等四个基本方面。业务能力主要指教师在教育教学活动和科学研究工作中所具有的实际能力。该专业标准规定，小学教师的专业能力包括教育教学设计、组织与实施、激励与评价、沟通与合作、反思与发展等五个方面。按照人力资源社会保障部、教育部《关于深化中小学教师职称制度改革的指导意见》的精神，中小学教师专业技术水平评价标准，要充分考虑教书育人工作的专业性、实践性、长期性，坚持育人为本、德育为先，注重师德素养，注重教育教学工作业绩，注重教育教学方法，注重教育教学一线实践经历，切实改变过分强调论文、学历的倾向，引导教师立德树人，爱岗敬业，积极进取，不断提高实施素质教育的能力和水平。中小学正高级教师、高级教师的具体评价标准条件，要体现中学、小学的不同特点和要求，有所区别。

3. 工作态度

工作态度主要指教师在履行教育教学职责中所具备的工作积极性、事业心和责任感。包括对教师义务的履行情况；完成教学计划和教学任务的情况；对待学生的情况等。

4. 工作成果

工作成果主要指教师在本岗位从事教育教学和科研活动所取得的成果及作出的贡献。这一项考核是对教师思想政治、业务水平、工作态度等方面的综合反映，主要包括：工作量、教学效果、教育效果、科研成果几个方面。

（二）教师考核的原则

《教师法》第二十三条规定："考核应当客观、公正、准确，充分听取教师本人、其他教师以及学生的意见。"教师考核的原则如下。

客观性原则：考核结果的客观程度直接反映出考核的有效程度。因此对教师的考核要从客观实际出发，实事求是，对教师作出全面合理化的评价。防止凭主观印象或受非正常心理因素的干扰判断人。

公正性原则：考核的公正与否关系到教师考核工作的成败，因此要严格遵循考核制度，按照规定的考核标准、程序、办法进行，对教师要一视同仁，不偏不倚，不徇私情，更不能借考核之名行报复之实。

准确性原则：在客观、公正的基础上，作出与教师实际表现相符合的评价。在考核中要防止对教师某一方面的夸大和缩小。要坚持以成绩和贡献为主，同时要用发展的观点，辩证地分析判断，不能只看教师的一时一事，也不能先入为主，以已有的印象来评价。

（三）教师考核的结果

《教师法》第二十四条规定："教师考核结果是受聘任、晋升工资、实施奖惩的依据。"通过对教师的考核，给予客观、公正、准确的评价，其结果与教师的受聘任教、晋升工资、实施奖惩挂起钩来，这不仅必要，也是可行的；这是贯彻社会主义按劳分配原则的基本要求。

二、小学教师奖励制度

新中国成立以来，党和国家多次作出奖励教师的政策和法律规定，这对提高教师特别是小学教师的社会地位，具有重要意义。

教师奖励制度主要有以下几类。

（一）学校、地方各级人民政府和国家的教师奖励

《教师法》第三十三条规定了对含小学教师在内的教师奖励办法："教师在教育教学、培养人才、科学研究、教学改革、学校建设、社会服务、勤工俭学等方面成绩优异的，由所在学校予以表彰、奖励。国务院和地方各级人民政府及其有关部门对有突出贡献的教师，应当予以表彰、奖励。""对有重大贡献的教师，依据国家有关规定授予荣誉称号。"

《教师和教育工作者奖励规定》对如何实施教师奖励有更加具体的说明："国务院教育行政部门对长期从事教育教学、科学研究和管理、服务工作并取得显著成绩的教师和教育工作者，分别授予'全国优秀教师'和'全国优秀教育工作者'荣誉称号，颁发相应的奖章和证书；对其中作出突出贡献者，由国务院教育行政部门会同国务院人事部门

《教师和教育工作者奖励规定》

授予‘全国模范教师’和‘全国教育系统先进工作者’荣誉称号，颁发相应的奖章和证书。”“奖励‘全国模范教师’、‘全国教育系统先进工作者’和‘全国优秀教师’、‘全国优秀教育工作者’，每三年进行一次，于当年教师节期间进行表彰。”近年来，中央组织部、教育部开展国家“万人计划”教学名师，全国教书育人楷模推选委员会开展“全国教书育人楷模”，给广大教师带来更多的出彩机会。

（二）社会对教师的奖励

在学校、地方各级人民政府和国家建立一系列奖励教师的制度的同时，国家同时还鼓励和动员社会力量对教师进行奖励。《教师法》第三十四条规定：“国家支持和鼓励社会组织或者个人向依法成立的奖励教师的基金组织捐助资金，对教师进行奖励。”我国成立了“中小学幼儿教师奖励基金会”，全国不少地方也建立了教师奖励基金组织或人民教育基金会，不少优秀教师获得了奖励。

三、小学教师申诉制度与权益保护

（一）什么是教师申诉制度

为保障教师的合法权益，《教师法》第三十九条规定：“教师对学校或其他教育机构侵犯其合法权益的，或者对学校或者其他教育机构作出的处理不服的，可以向教育行政部门提出申诉，教育行政部门应当在接到申诉的三十日内，作出处理。”“教师认为当地人民政府有关行政部门侵犯其根据本法规定享有的权利的，可以向同级人民政府或者上一级人民政府有关部门提出申诉；同级人民政府或者上一级人民政府有关部门应当作出处理。”

（二）教师申诉的范围

《教师法》对教师可以向学校或其他教育机构提出申诉的范围规定得比较宽，包括：

（1）教师认为学校或其他教育机构侵犯其合法权益；

（2）教师对学校或其他教育机构作出的处理决定不服；

（3）教师认为当地人民政府的有关部门侵犯其《教师法》规定享有的权利。

（三）教师申诉的受理机关

受理申诉的机关，因被申诉主体的不同而不同。教师如果是对学校或其他教育机构提出申诉的，受理申诉的机关一般为教育行政主管部门；如果是对当地人民政府的有关行政部门提出申诉的，受理申诉机关可以是同级人民政府或者是上一级人民政府对口的行政主管部门。这里需要指出的是，提出申诉不要向行政机关的个人提出，而应向行政机关提出，否则将被按一般的群众来信处理。

（四）教师申诉的程序

教师申诉程序由申诉提出、受理和处理的三个环节组成，依次序进行。

1. 申诉提出

教师申诉，应当以书面形式提出。申诉书应写明如下内容：

（1）申诉人的姓名、性别、年龄、住址等；

（2）被申诉人（指教师认为侵犯了其合法权益的学校或者其他教育机构，以及当地人民政府的有关行政部门）的名称、地址、法定代表人的姓名、性别、职务等；

（3）申诉要求，主要写明申诉人对被申诉人因侵犯其合法权益或不服申诉人的处理决定而要求受理机关进行处理的具体要求；

（4）申诉理由，主要写明被申诉人侵害其合法权益或不服被申诉人处理决定的事实依据，针对被申诉人的侵权行为或处理决定的错误，提出纠正的法律、政策依据，并就此陈述理由；

（5）附项，写明并附交有关的物证、书证或复印件等。

2. 申诉受理

主管的教育行政部门接到申诉书后，应对申诉人的资格和申诉的条件进行审查，区分不同情况，作出如下处理：

（1）对于符合申诉条件的应予以受理；

（2）对于不符合申诉条件的，可以答复申诉人不予受理；

（3）对于申诉书未说清申诉理由和要求的，要求重新提交申诉书。

3. 申诉处理

行政机关对受理的申诉案件，应当进行全面的核查。根据不同情况，分别作出不同处理：

（1）学校或其他教育机构的管理行为符合法定权限和程序，适用法律、法规正确且事实清楚的，可以维持原处理结果。

（2）对于被申诉人不履行法律、法规和规章规定的职责的，可以责令其限期改正。

（3）管理行为的一部分适用法律、法规和规章错误的，或处理决定事实不清的，可责令学校重新处理。

（4）管理行为违反法律法规的，可撤销其处理决定；其所依据的内部规章制度与法律、法规及其他规范性文件相抵触的，可责令学校进行修改或废止。

对学校提出的申诉，主管行政部门应当在收到申诉书的次日三十日内进行处理。主管行政部门逾期未作处理的，或者久拖不决的，其申诉内容涉及人身权、财产权以及其他属于行政复议、行政诉讼受案范围的，申诉人可依法提起行政复议或行政诉讼。

行政机关作出申诉处理决定后，应当将申诉处理决定书发送给申诉当事人。申诉处理决定书自送达之日起发生效力。申诉人对申诉处理决定不服的，可向原处理机关隶属的人民政府申请复核。其申诉内容直接涉及人身权、财产权及其他属于行政复议、行政诉讼受案范围的，可依法提起行政复议或者行政诉讼。

教育部《依法治教实施纲要（2016—2020年）》提出：制定《教师申诉办法》，健全教师申诉制度；这将对保障教师权益发挥重要作用。

小结·阅读·拓展

一、本章主要讨论了有关小学教师依法执教的问题：

1. 小学教师是履行教育教学职责的专业人员，小学教师承担着教书育人，培养社会主义事业建设者和接班人、提高民族素质的使命。小学教师的法律地位主要是通过教师的权利和义务等规定集中体现出来的，《教师法》从法律上明确规定“教师是履行教育教学职责的专业人员”。

2. 小学教师的资格制度。《教师资格条例》明确规定“中国公民在各级各类学校和其他教育机构中专门从事教育教学工作，应当依法取得教师资格”。《教师法》也明确规定：“中国公民凡遵守宪法和法律，热爱教育事业，具有良好的思想品德、具备本法规定的学历或者经国家教师资格考试合格，有教育教学能力，经认定合格的，可以取得教师资格。”

3. 小学教师培养指专门教育机构为小学师资的补充和更新而进行的一种专业性的学历教育。小学教师培训指专门的教育机构为提高在职教师的思想政治素质和业务水平而进行的一种继续教育。

4. 小学教师的权利包括他们作为公民所享有的一切权利以及作为教师的下列权利：教育教学权，科研权及学术交流权，指导评价权，按时获取报酬权，参与学校管理权，培训进修权。小学教师的义务主要有：遵纪守法的义务，教育教学的义务，思想教育的义务，尊重、爱护学生的义务，保护学生合法权益的义务，提高思想政治觉悟和教育教学业务水平的义务。小学教师权利与义务的保障机制包括对其权利的法律保障机制以及不履行职责义务应承担的法律责任两个方面。

5. 为贯彻落实《义务教育法》，国家建立统一的中小学教师职务制度，依次为三级教师、二级教师、一级教师、高级教师和正高级教师。原中学教师职务系列与小学教师职务系列统一并入新设置的中小学教师职称（职务）系列。从此，小学教师也能评聘正高级职称。

6. 小学教师申诉制度与权益保护指小学教师认为国家机关或其他工作人员以及所属社会组织侵犯其合法权益，向有关国家机关申述理由，请求处理或重新处理的制度。这一制度有利于保护教师权益。

二、请利用课余时间阅读下列参考文献：

1. 劳凯声．变革社会中的教育权与受教育权：教育法学基本问题研究 [M]. 北京：教育科学出版社，2003.

该书以当代中国社会转型和教育变革为背景，从理论和制度两个方面讨论我国教育法制建设当中最突出的基本问题。书中着重从近 20 年来教育领域中社会关系的分化与改组出发，分析和研究教育领域中的举办者、办学者和管理者之间，政治的力量、市场的力量和学术的力量之间关系的变迁，以及这种变迁对教育权与受教育权的影响。

2. 李晓燕.我国教师的权利与义务及其实现保障机制研究[M].广州：广东教育出版社，2001.

该书试图通过阐述教师权利和义务产生的基础，明确教师为什么必须具有这些权利和义务，教师权利和义务的基本内容，在教育实践中教师与其他社会主体之间相互的权利和义务关系，以及教师法律权利、义务与教师职业道德之间的关系等方面的问题，在此基础上，进一步构建教师权利和义务的实现保障系统，以期对实践有所帮助。

三、请在课余时间，讨论：

在学校人事制度改革中，校长可以随意要教师“下课”“下岗”吗？

第十章　小学生：权益保护与教育管理

通过本章学习，你将能够：

● 理解作为公民的学生，在教育活动中享有法律及学校章程所规定的广泛的权利。

● 理解作为学生必须履行的特定的义务。

● 明确学校对学生享有的管理权限，学校的管理行为必须受到行政监督。

● 知道未成年人需要得到学校、家庭和社会的保护。

问题情境：北京市石景山区8岁“小神童”父亲抚养权案

中国法院网讯　12月26日上午，受到社会各界广泛关注的北京市石景山8岁儿童抚养权案，在北京市第一中级人民法院作出终审判决，维持了父亲侯某的抚养权。同时，法院也要求侯某尽快解决孩子上学的问题。

2000年11月，经法院调解，侯某和前妻王某离婚，孩子经双方协议由侯某抚养。2004年6月，侯某将儿子从幼儿园带走，在家自行教育，至今没有让儿子上学。孩子的母亲王某认为侯某的做法侵犯了孩子受教育的权利，侯某的状况对抚养孩子极为不利，遂上法院讨要孩子的抚养权。

对于这种封闭式教育，侯某自己很满意，他认为自2004年6月从幼儿园把孩子接回家里后，孩子有了良好的发展，改掉了很多恶习，纠正了严重的自卑行为。现在的孩子生活快乐，积极向上。经过侯某的教育，孩子只有8岁却可以通读《三国演义》，可以流畅读英文书报，还养成了每天阅读的习惯，甚至可以借助英文词典通读英文原版小说。侯某认为自己的教育是成功的。

法院认为，对于离婚后的子女抚养问题，应当从有利于子女身心健康，保障子女的合法权益，并结合父母双方的抚养能力及条件等方面予以综合考虑。孩子在侯某的自行教育下，英语、汉语的阅读能力确实超越于同龄人，说明侯某对孩子的教育在某些方面取得了一些成果。现孩子与侯某的关系融洽，身体健康，王某也不能证明孩子与侯某共同生活期间身心健康受到不良影响，故孩子随侯某生活比较适宜。

但应注意的是，让自己适龄的子女按时入学接受义务教育，不仅是父母对子女应尽的责任，也是对国家和社会应尽的法律义务，是《宪法》对公民有受教育的权利和义务规定的具体体现。据此，侯某应当尽快解决孩子的上学问题，使其接受全面的义务教育。

据了解，在法院审理期间，侯某表示同意送孩子入学，并正在与有关部门进行联系。

（资料来源：常鸣，法律搜索网，2010-07-13）

第一节　小学生的法律地位是什么

学生是教育的对象，有特定的法律地位和属性，不同年龄和教育阶段的学生，其法律地位和属性也有不同的法律规定。

一、小学生的法律概念

《宪法》《教育法》规定，学生是公民在国家法律认可的学校及其他教育机构取得学籍，并在其中接受教育的人。学生是教育法律关系中的重要主体。学生的法律地位问题及其所享有的权利、义务是教育法律领域的重要研究对象。

学生是公民，享有国家《宪法》《民法》《婚姻法》等法律法规及其他有关教育法律法规中规定的权利，同时，也要承担相应的公民义务。因年龄、身份等因素，学生又成为社会关系中一个特殊的群体，并享有特殊的权利和履行相应的义务。学生的法律地位集中表现在受教育权的享有上，它是学生具体权利与义务的基础。

二、小学生的法律地位

如同其他的社会人一样，学生在社会关系中扮演着不同的角色，我们可以分别从公民角度和受教育者两个角度来探讨学生的法律地位。

（一）作为公民的学生

1. 我国法律对受教育权的规定

《宪法》规定公民享有受教育的权利与义务，即公民在国家提供的各类学校和机构中享有学习科学文化知识的权利和一定条件下依法履行接受相应形式教育的义务。受教育既是公民的权利，又是公民的义务。《教育法》第九条第二款规定："公民不分种族、性别、职业、财产状况、宗教信仰等，依法享有平等的受教育机会。"第三十七条规定："受教育者在入学、升学、就业等方面依法享有平等权利。学校和有关行政部门应当按照国家有关规定，保障女子在入学、升学、就业、授予学位、派出留学等方面享有同男子平等的权利。"第三十八条规定："国家、社会对符合入学条件、家庭经济困难的儿童、少年、青年，提供各种形式的资助。"第三十九条规定："国家、社会、学校及其他教育机构应当根据残疾人身心特性和需要实施教育，并为其提供帮助和便利。"《义务教育法》还对保障义务教育学校的建立和适龄儿童的就学权利，作了法律上的具体规定。

2. 公民受教育权的内容

一是受教育者在入学、升学、就业等方面依法享有平等权利，包括入学机会平等、接受教育的条件平等和学习成功的机会平等三个方面。

二是受教育者在就学和完成规定学业发生困难时，享有获取国家、家庭、社会、学校等方面援助的权利。比如，低收入家庭的子女享有申请贷学金的权利；身体残疾的受教育者享有学校为他们提供特殊教育的权利。

三是受教育者在教育活动中享有法律法规以及学校章程所规定的广泛的权利。

在有关教育活动中，受教育者如认为受到不公正的待遇时，享有提出申诉和提起诉讼的权利，这也是受教育权的重要方面。

（二）作为受教育者的小学生

小学生是教育法律关系的重要主体。在学校与学生的法律关系中，一般包括两个方面：一方面是学校与学生存在着管理与被管理的关系，这是由相关的法律法规所设定的，如学校对学生进行纪律处分、颁发学历证书、制定学校规章制度等；另一方面学校与学生是平等的，即学生从注册时起，就有权享受学校为其提供的教育教学的环境与服务。同时，学生也应履行法定的义务及遵守学校的管理规章制度，学校有为学生提供良好的教育环境、保证教学质量等的法定义务。

1. 学校与小学生之间的管理关系

《教育法》规定，学校有对学生实施教育教学活动的权利；有对受教育者进行学籍管理、实施奖励或者处分的权利；有对受教育者颁发相应的学业证书的权利。依据《义务教育法实施细则》的有关规定，实施义务教育的学校必须按照国务院教育主管部门制定的教学计划、课程标准和省级教育主管部门制定的教学计划，对学生进行教育教学活动；学校应当选用经国务院教育主管部门审定或其授权的省级教育主管部门审定的教科书等。

学校与学生之间的管理关系，以及由此而产生的学校与学生之间的关系也具有行政法律关系性质，所以学校的管理行为必须受到行政监督。如学校对学生的纪律处分、退学或不颁发毕业证等决定，均属于具有行政行为效果的行为，对于这些决定不服的学生完全可以通过行政复议、行政诉讼等途径解决，司法机关也将此纳入行政诉讼范围之内。

《教育法》还特别对学校在女子、残疾人、违法犯罪的未成年人教育方面给予了明确的法律规定：实施义务教育的特殊教育学校应注意坚持思想教育、文化教育、劳动技能教育和身心补偿相结合，并根据学生的残疾程度，实施分类教学。实施义务教育的普通学校对招收的残疾儿童、少年应提供特殊的帮助。对随班就读的残疾学生进行义务教育，可以使用普通教育的课程计划、课程标准和教材，但对其教学应有适度弹性。学校应重视对违法犯罪未成年人的教育和挽救。对有轻微违法行为、尚不够送工读学校的未成年学生，应进行耐心细致的教育工作，尊重其人格，不能予以开除处分或勒令退学。

2. 学校与小学生之间的平等关系

学校必须保证学生在平等、民主的环境、气氛中接受教育。学校在教育观念、教育行为、教育教学活动中要平等对待学生，且要符合相关的法律法规规定。如：学校应树立正确的教育价值观，尊重学生的个性，将学生的个性发展和全面发展相结合；尊重学生的人格尊严，禁止体罚学生；学生有权要求学校在学业成绩和品行上给予公正评价，并有在完成规定的学业后获得相应学业证书的权利；学生有对学校给予的处分不服而向有关部门申诉的权利，对学校侵犯其人身权、财产权等合法权益的行为，学生有提出申诉或依法提起诉讼的权利；等等。

在教育法律关系中，学生享有特定的权利，履行特定的义务。学生享有的权利包括姓名权、身份权、肖像权、名誉权、荣誉权、智力成果权、受教育权、财产权等。《教育法》明确规定了受教育者的权利和义务，充分体现了受教育者与其他教育法律关系主体所具有的法律地位上的平等性。

在义务教育阶段，家长是未成年学生的监护人，学校与学生的关系不可避免地涉及学校与家长的关系。《教育法》第三十条规定：学校及其他教育机构应以适当方式为受教育者及其监护人了解受教育者的学业成绩及有关情况提供便利。即学校有义务帮助学生的监护人了解学生的学业成绩、在校表现等，学校不能拒绝学生的监护人行使此项请求的知情权。但学校在履行此项义务时，要特别注意不得侵犯受教育者的隐私权、名誉权等合法权益。家长和学校是从各自不同的角度，教育、管理、保护学生，其关系应互为补充，达到共同培养好学生的目的。

3. 小学生作为未成年人的受保护地位

未成年人指未满18周岁的公民。他们正处在童年、少年和青年阶段，这是接受学校教育的最佳时期，是把他们培养成为社会主义建设合格公民和有用人才的奠基阶段。他们应当享有充分而平等的受教育权利。但是，由于他们为“未成年”，身心尚未发展成熟，行为能力受到限制，其权益容易受到侵害，尤其是受教育权利得不到充分实现，需要获得更多、更全面的法律保护。我国对未成年人受教育权利的法律保护主要包括国家保护、家庭保护、学校保护、社会保护和司法保护。

第二节 小学生有哪些基本权利与义务

我国现行教育基本法对各级各类学校学生的基本权利和义务都有规定，当然也适用于小学生。

一、小学生的基本权利与义务

（一）小学生的基本权利

案例库

不让学生考试 学校被告上法庭

日前，建湖县人民法院审结了一起侵害未成年人接受教育纠纷案。原告当庭撤诉。

在一次平时测验中，老师发现少一张考卷，就对已经答卷的原告张某说，你成绩差，考不好，就让别人做，即将试卷拿给其他学生。事后，原告受到同学讥笑，感到委屈，遂提出诉讼，请求判令学校赔礼道歉、退还本学期学杂费400元和精神损害抚慰金3 000元。

法院在审理中认为，教师应当尊重学生人格，平等地对待每一位学生，被告在发现缺少试卷时，应当采取补救措施，不应当以原告成绩差为由，使其丧失考试机会，违反教师职业规定。鉴于受教育权不完全是民事权利，主要指受教育者在入学升学等方面的权利，原告的请求权缺乏相应的法律依据。在法庭的主持下，被告向原告赔礼道歉，原告表示谅解，当庭撤诉。

（资料来源：中国法院网，2002-09-10）

学生的权利指学生在教育活动中享有的由《教育法》赋予的权利。这些基本权利一般包括以下六个方面的内容。

1. 参加教育教学计划安排的各种活动，使用教学设施、设备、图书资料的权利

这是保障学生学习权利的前提和基础，也是学生学习权利的具体表现。学生有权参加教育教学计划安排的各种活动，指教育机构的教育教学计划对本机构的学生应该是公开的，学生有权按照教学计划的安排，参加相应的活动，如本年级本班教师的授课活动、围绕课堂教学所安排的课外活动等。学生有权享有使用教育教学设施、设备、图书资料的权利，如使用教室和课桌椅、实验室及查询和借阅图书资料等。

2. 按照国家有关规定获得奖学金、贷学金、助学金的权利

国家设立助学金，帮助贫困学生就学。凡在初级中等学校、特殊教育学校家庭经济困难的学生和少数民族聚集地区、经济困难地区、边远地区的小学及其他寄宿小学的家庭经济困难的学生，有权按照省级人民政府制定的实行助学金制度的具体办法，申请享受助学金。助学金制度的设立，对促进贫困地区义务教育的发展具有一定作用。赋予部分农村、边远地区、少数民族地区的学生申请助学金的权利，体现了国家对实施义务教育的重视，对家庭经济困难的学生完成当地规定年限义务教育的扶助。《义务教育法》颁布后，给予贫困家庭的学生住宿津贴、困难补贴并形成制度。

3. 在学业成绩和品行上获得公正评价的权利和在完成规定的学业后获得相应的学业证书、学位证书的权利

学业成绩的评价是教育机构对学生在受教育的某一段时期的学习情况和知识结构、知识水平的概括，包括课程考试成绩记录、平时学习情况和总评等。品行评价包括对政治觉悟、道德品质、劳动态度等的评价。学生有权要求获得学业成绩评价和品行评价，而且有权要求评价的公正性。

《义务教育法》第二十七条规定："对违反学校管理制度的学生，学校应当予以批评教育，不得开除。"

4. 对学校给予的处分不服，对学校、教师侵犯其人身权、财产权等合法权益提出申诉或者依法提起诉讼的权利

这是公民申诉权和诉讼权在学生身上的具体体现。根据《民事诉讼法》的规定，学生对学校或者教师侵犯其合法权益所提起的诉讼，可分为以下几种情况：

（1）受教育者对学校侵犯其合法财产权利可提起诉讼。

（2）受教育者对学校侵犯其人身权利可提起诉讼。例如，受教育者对学校在校园管理过程中处理不当而侵害了其名誉权，有权提起诉讼。

（3）受教育者对教师侵犯其人身权利可提起诉讼。值得指出的是，教师对学生的侵权行为，在法律上被认为是一种职务行为，即教师按学校安排从事日常的教学

活动，是代表学校从事教学活动的职务行为，因此，教师在履行教育教学职务活动中，发生侵权行为，学校作为侵权的法人主体，因其未尽到管理职责而应对教师的职务行为承担民事责任。

5. 对学校或教师侵犯其人身权、财产权等合法权益，提出申诉或者依法提起诉讼

例如，教师剽窃学生的著作权、发现权、发明权或其他科技成果权，学校强行将学生的知识产权收归学校等。除诉讼权外，学校、学校工作人员、教师侵犯受教育者合法权利时，受教育者可向有关申诉机构提起申诉；对学校给予的处分不服，认为所受的处分过重或自己不该受处分时，也可提起申诉。

6. 法律法规规定的其他权利

这里是指《教育法》以外的其他法律法规规定的权利。具体指《宪法》《民法通则》《未成年人保护法》《义务教育法》《义务教育法实施细则》《教师法》等法律法规，主要包括如下几项权利。

（1）姓名权。姓名权指公民依法决定、使用和改变自己姓名的权利，是公民作为民事主体不可缺少的一项重要权利。姓名权包括自我命名权、使用权、姓名变更权，以及禁止他人侵犯自己姓名权的权利。公民的姓名权受法律保护，他人不得侵犯。任何滥用、假冒、干涉他人姓名权的行为都是违法的。姓名权作为人身权的一种，与权利人的人格、名誉、尊严紧密相关，在侵权人假冒他人姓名进行非法行为时，往往给受害者造成精神上、财产上的损害。

（2）荣誉权。荣誉是一种正式的积极的社会评价，是社会对民事主体的一种奖励，它是社会组织依据一定的程序，对在某方面有突出表现或贡献的特定民事主体所给予的证明评价。荣誉权的内容带有专门性，荣誉授予、撤销、剥夺的形式必须遵循一定的程序。荣誉所包含的利益，既包括物质利益，又包括精神利益。

（3）隐私权。隐私权作为一种民事权利，是人格权的一种。《宪法》第四十条规定："中华人民共和国公民的通信自由和通信秘密受法律保护。除因国家安全或者调查刑事犯罪的需要，由公安机关或者检察机关依照法律规定的程序对通信进行检查外，任何组织或者个人不得以任何理由侵犯公民的通信自由和通信秘密。"最高人民法院在《关于贯彻执行〈中华人民共和国民法通则〉若干问题的意见（试行）》第一百四十条规定："以书面、口头等形式宣扬他人的隐私……造成一定影响的，应当认定为侵害公民名誉权的行为。"《未成年人保护法》第三十九条规定："任何组织和个人不得披露未成年人的个人隐私。"

（4）健康权。健康权是公民人身权的重要内容之一，健康权一般包括健康维护权、健康损害救济请求权、劳动能力权等。其中健康维护权是公民维护自身生命、提高生活质量、实现人生价值的条件和基础。公民的劳动能力是公民保护自身的机体完善的基础，与健康程度息息相关，尤其是学生正处在长身体的发育阶段，对其身体心理健康的损害，会带来严重后果。

案例库

谁给了教师搜身的权力？

1月20日，山东省临沂金源实验学校的一名学生家长称，为了寻找一名教师丢失的钱包，学校竟把全校400多名学生挨个搜身（1月21日《齐鲁晚报》）。

教师丢了钱包固然值得同情，但谁给了教师搜身的权力？

教师恣意对学生搜身，是一种严重的违法侵权行为。《宪法》第三十七条明文规定："禁止非法搜查公民的身体。"《刑事诉讼法》规定，只有执法人员才有搜查的权力，且必须符合法定条件和程序。

看来，因为一个教师的钱包的丢失，而让400多名学生"陪葬"了他们的人格尊严和法定权益，绝不是事后该校校长一句"不应该"能解释的。姑且不说那些在寒冷的天气中接受屈辱搜身的孩子们有什么样的委屈和怨言，这个被学校"公然认可"的极端行为，就足以让人对校园法治和校园文明担忧。

这种推理性结论并非笔者庸人自扰。当该校校长知道了搜身事件后，第一反应是"组织学生开了纪律整顿大会，要求学生们'洁身自好，遵守学校学生行为规范'"。宁可把自己的学生当作"嫌疑犯"，也不认为自己的教师已经成为实际上的"违法者"。与其说这是校领导对教师的关心，还不如说是在"助纣为虐"，给法治教育涂抹晦涩。

对此，笔者所担忧的是，这种无视法制与权利的"表率"，会给我们童心未泯的学生造成什么样的刻骨阴影？难道仅仅就是一个"不翼而飞"的钱包？（张红蕊）

（资料来源：《广州日报》，2007-01-22）

（二）小学生的基本义务

学生的法定义务是学生依照《教育法》及其他有关法律法规，参加教育活动时必须履行的义务。表现为学生在教育活动中必须或不得作出的行为。依学生就读学校的类别和年龄的不同，学生义务各有差别。我国《教育法》对各级各类学校学生的基本义务作了规定，主要包括以下四个方面。

1. 遵守法律法规的义务

这是对受教育者作为社会公民最基本的规范，也是成为"四有"新人的最起码要求。遵守法律法规，包括《宪法》及其他法律、行政法规，也包括教育法律法规和有关教育的规章。

2. 遵守学生行为规范，尊敬师长，养成良好的思想品德和行为习惯的义务

学生行为规范指教育部《中小学生守则（2015年修订）》和《小学生日常行为规范（修订）》，集中体现了国家对小学生政治、思想、品德方面的基本要求。

《中小学生守则（2015年修订）》《小学生日常行为规范（修订）》

《守则》和《规范》集中体现了对中小学生思想

品德和日常行为的基本要求，对学生树立正确的理想信念，养成良好的行为习惯，促进学生身心健康发展，起着重要作用。

3. 努力学习、完成学习任务的义务

学生进入学校就意味着承担了接受教育的义务。对义务教育阶段的学生来说，这种义务是强制性的。它同时也是学生获得学业证书的前提。任何一个教育阶段的学习任务都包括两种：一种是结果性的，即某一教育阶段规定的受教育者在结束时所应完成的学习任务；一种是过程性的，是受教育者为完成某一教育阶段总的学习任务而要完成的日常的、大量的、具体的学习任务，是量的积累。这两种性质的学习任务是相辅相成的，受教育者应按时完成。

4. 遵守所在学校或者其他教育机构管理制度规定的义务

（1）遵守其所在教育机构的思想政治教育管理制度。

（2）遵守其所在教育机构的教学管理制度。

（3）遵守其所在教育机构的学籍管理制度。包括入学注册，成绩考核，对升级、留级、转学、复学、休学、退学的处理，考勤记录，纪律教育，奖励处分以及对学生毕业资格的审查等管理规定。

（4）遵守其所在教育机构的体育管理、卫生管理、图书仪器管理、校园管理等方面的制度。

二、我国法律对未成年人的权益保护

依据《未成年人保护法》的规定，未满18周岁的公民都是未成年人。从保护的主体上看，既包括各级政府部门，又包括学校、家庭、各社会团体、企事业单位，以及成年公民。其中，学校、家庭、社会是保护未成年人的重要主体。

《未成年人保护法》

《未成年人保护法》第一条规定：“为了保护未成年人的身心健康，保障未成年人的合法权益，促进他们在品德、智力、体质等方面全面发展，培养有理想、有道德、有文化、有纪律的社会主义建设者和接班人，根据宪法，制定本法。”由此可见，我国已形成以《宪法》为源，辅以《未成年人保护法》等专项法律的未成年人权益保护体系。从对未成年人的保护原则上看，主要体现出以下几项：一是适合未成年人身心发展原则；二是公平地对待每一位未成年人，不论其出身、性别、民族、信仰、财产状况、身体状况等；三是全面保护原则，不仅学校负有保护的职责，家庭、社会以及成年人等都负有保护的职责，且保护的内容应是完备的、全面的。

从对未成年人保护的主要内容上看，包括：生命健康权；姓名权、肖像权、国籍权；名誉权、荣誉权和智力成果权；受教育权；抚养权和继承遗产权；身心健康发展权；援救权；司法保护权；等等。

案例库

小学校发生火灾　遇难学生家长获赔

学校发生火灾，8名小学生葬身火海。3月20日上午，云南省昆明市中级人民法院依法对此引发的民事索赔案进行一审宣判，判决云南省寻甸县某镇一小学向8名遇难小学生的父母赔偿丧葬费、死亡补偿费和误工费共计55万余元。

2002年6月9日晚，该小学一幢二层楼土木结构老式房屋发生火灾，住宿于该房屋一楼内的8名小孩被烧死。有关部门对火灾立案进行侦查，但未查明火灾发生的原因。2002年8月1日，镇政府、该小学与8名遇难学生的父母签订了《政府对“六·九”火灾受害家属处理协议》，在已对每户原告补助5 000元费用和各级部门已经进行物品慰问的基础上，镇政府又对每户原告给予一次性民政救济（生活困难补助等）人民币各5万元，原告方已领取了该款。

经查，该小学原校长在2002年4月至2002年6月9日违反县教育局和镇教管会不准小学生上晚自习的规定，组织小学生上晚自习，在无住宿条件的情况下让部分小学生住校，又未采取能够保障学生安全的相关措施，疏于管理，致使火灾造成严重后果，原校长因失职罪，被判处两年有期徒刑，缓期两年。

法院认为，8名孩子在火灾中被烧死，虽然各级党委、政府采取相应措施，对8家人给予了关怀和民政救济，司法机关追究了有关责任人的刑事责任，但这并不能免除学校应承担的民事赔偿责任。学校在完成教学及相关任务的同时，负有预防和保护学生生命健康不受侵害，并且在危险发生时及时采取措施救助学生的义务。本案中，直接导致8名孩子死亡的原因是火灾，虽然目前引发火灾的原因尚未确定，但8名孩子的死亡与该小学在学生住宿管理方面存在过错有一定的关系。这种过错表现在：一是违反县教育局和镇教管会的规定，组织小学生上晚自习；二是在无住宿条件的情况下让部分小学生住校，亦未采取足以保障学生安全的相关措施；三是火灾发生时未及时采取措施进行救助。因此，该小学应对其过错承担相应的民事责任，对8名死亡学生的父母给予相应的赔偿。

另外，法院认为，被告镇教管会和县教育局虽然在该小学的行政管理当中做了一些工作，但没有对该小学在学生安全管理工作当中的过错予以监督纠正，负有行政管理责任，但不属于民事责任范畴。原告要求镇教管会和县教育局承担民事责任的请求没有事实和法律依据，法院不予支持。

（资料来源：《人民法院报》，2004-03-23）

下面，分别就小学生作为未成年人的学校保护、家庭保护和社会保护作简要介绍。

（一）学校保护

学校是未成年人的重要学习场所，对此在我国法律中有许多具体规定。《未成年人保护法》设专章全面规定了学校的保护职责：在育人宗旨上，学校应当全面贯彻国家的教育方针，对未成年学生进行德育、智育、体育、美育、劳动教育以及社会生活指导和青春期教育。在教育观念上，学校应当关心、爱护全体学生；对品行有缺点、学习有困难的学生，应当耐心教育、帮助，不得歧视；学校应当尊重未成年学生的受教育权，不得随意开除未成年学生。在教育方法上，学校、幼儿园的教职员应当尊重未成年人的人格尊严，不得对未成年学生实施体罚、变相体罚或者其他侮辱人格尊严的行为。在安全保护上，学校不得使未成年学生在危及人身安全、健康的校舍和其他教育教学设施中活动，学校和幼儿园安排未成年学生参加集会、文化娱乐、社会实践等集体活动，应当有利于未成年人的健康成长，防止发生人身安全事故。

（二）家庭保护

未成年人的家庭保护，是基于血缘关系而产生的亲权的一种法定职责。其宗旨是对无民事行为能力人和限制民事行为能力人的人身、财产及其他一切合法权益依法实行监督和保护。《民法通则》规定未成年人的监护人责任有以下几项：保护被监护人的人身、财产及其他合法权益；管理被监护人的财产；代理被监护人参加各类民事活动；教育和照顾被监护人；在被监护人的权利受到侵害或发生争议时，代理其进行诉讼。

《未成年人保护法》进一步明确规定了父母或者其他监护人应当依法履行对未成年人的监护职责和抚养义务，包括父母或者其他监护人应当尊重未成年人接受教育的权利，不得使在校接受义务教育的未成年人辍学；父母或者其他监护人应当以健康的思想、品行和适当的方法教育未成年人，引导他们进行有利于身心健康的活动，预防和制止他们吸烟、酗酒、流浪以及聚赌、吸毒、卖淫；父母或者其他监护人不得允许或者迫使未成年人结婚，不得为未成年人订立婚约；不得虐待、遗弃未成年人，不得歧视女性未成年人或者有残疾的未成年人；父母或者其他监护人不履行监护职责或者侵害未成年人的合法权益的，应当依法承担责任。

《预防未成年人犯罪法》对监护人的职责也作了较为详细的规定，包括：未成年人的父母或者其他监护人应当教育未成年人不得旷课、不归宿，携带管制刀具，打架斗殴，辱骂他人；不得有强行向他人索要财物，偷盗、故意毁坏财物，参与赌博或者变相赌博，观看、收听色情、淫秽的音像制品、读物等不良行为；未成年人的父母或者其他监护人不得让不满16周岁的未成年人脱离监护单独居住，未成年人擅自外出、夜不归宿，其父母或者其他监护人应当及时查找，或者向公安机关请求帮助。

《预防未成年人犯罪法》

《义务教育法》规定："适龄儿童、少年的父母或者其他法定监护人应当依法保证其按时入学接受并完成义务教育。"

（三）社会保护

《未成年人保护法》设专章对社会保护作了具体规定。从保护主体上看，包括国家机关、学校、社会团体、企事业组织和公民个人等方面对未成年人的保护职责，其内容涵盖了与未成年人的权利相关的方方面面。具体如下。

国家鼓励社会团体、企事业组织和其他组织及公民，开展多种形式的有利于未成年人健康成长的社会活动。各级人民政府应当创造条件，建立和改善适合未成年人文化生活需要的活动场所和设施。博物馆、纪念馆、科技馆、文化馆、影剧院、体育场（馆）、动物园、公园等场所，应当对中小学生优惠开放。对营业性舞厅等不适宜未成年人活动的场所，有关主管部门和经营者应当采取措施，不得允许未成年人进入。国家鼓励新闻、出版、广播、电影、电视、文艺等单位和作家、科学家、艺术家及其他公民，创造或者提供有益于未成年人健康成长的作品，出版专门以未成年人为对象的图书、报刊、音像制品。儿童食品、玩具、用具和游乐设施，不得有害于儿童的安全和健康。

任何人不得在中小学、幼儿园、托儿所教室、寝室、活动室和其他未成年人集中活动室内吸烟。任何组织和个人不得招用未满16周岁的未成年人，国家另有规定的除外。

任何组织和个人不得披露未成年人的隐私。对未成年人的信件，任何组织和个人不得隐匿、毁弃；除因追查犯罪的需要由公安或者人民检察院依照法律规定的程序进行检查，或者对无行为能力的未成年人的信件由其父母或者其监护人代为开拆外，任何组织或者个人不得开拆。

卫生部门和学校为未成年人提供必要的卫生保健条件，做好疾病预防工作。

国家依法保护未成年人的智力成果和荣誉权不受侵犯等。

另外，对有特殊天赋或者有突出成就的未成年人，国家、社会、家庭和学校应当为他们的健康发展创造有利条件。未成年人已经受完规定年限的义务教育不再升学的，政府有关部门和社会团体、企事业组织应当根据实际情况，对他们进行职业技术培训，为他们创造就业条件，等等。

第三节　怎样依法对小学生进行教育管理

小学生教育管理是学校及其他教育机构或教育行政部门依法履行教育职能，对小学生的行为或活动进行组织、规范和控制的总称。其目的是维护正常的教育教学秩序和小学生生活秩序，培养小学生良好的学习、生活和行为习惯，使小学生具有基本的自理能力、自治能力和独立处理日常生活事务的能力，实现德、智、体、美等方面的全面发展。

1978年以来，我国相继制定了一系列有关学生教育管理的法律法规和政府规章。其中，涉及小学生教育管理的有：《义务教育法》《未成年人保护法》《教育法》《预防未成年人犯罪法》等法律和《义务教育法实施细则》《学校体育工作条例》《学校卫生工作条例》等法规；《中小学生守则（2015年修订）》《小学生日常行为规范

（修订）》《中小学班主任工作规定》《小学管理规程》等规章和行政性文件；各省（直辖市、自治区）依据法律法规制定的地方性法规和规章制度；各学校为进一步健全和完善学校管理的规章制度，使学生管理工作规范化、制度化，根据法律法规、规章并结合具体校情制定了大量的校纪校规。

一、学籍管理

2013年8月教育部印发《中小学生学籍管理办法》，从2013年9月实施。从此开始，我国初步建立全国统一、规范的学籍信息管理制度，提高学籍管理服务工作水平。学生学籍号是学籍信息的核心要素，以学生居民身份证号为基础，从幼儿园入园或小学入学初次采集学籍信息后开始使用，基础教育、高等教育、职业教育、成人教育有机衔接，终身不变。学生初次办理入学注册手续后，学校应为其采集录入学籍信息，建立学籍档案，通过电子学籍系统申请学籍号。

《中小学生学籍管理办法》

（一）学籍建立

学籍号以学生居民身份证号为基础生成，一人一号，终身不变。逐步推行包含学生学籍信息的免费学生卡；学籍管理实行“籍随人走”。除普通学校接收特殊学校学生随班就读、特殊教育学校、工读学校外，学校不接收未按规定办理转学手续的学生入学。残疾程度较重、无法进入学校学习的学生，由承担送教上门职责的学校建立学籍。

（二）学生转学与升学

学生转学或在基础教育阶段升学时，学籍档案应当转至转入学校或升入学校，转出学校或毕业学校应保留电子档案备份，同时保留必要的纸质档案复印件。学生最后终止学业的学校应当归档、永久保存学生的学籍档案，或按相关规定办理。

学生父母或其他监护人提出修改学生基础信息的，凭《居民户口簿》或其他证明文件向学校提出申请，并附《居民户口簿》复印件或其他证明复印件，由学校核准变更学籍信息，并报学籍主管部门核准。

（三）学籍变动管理

各学段各类学籍变动的具体条件和要求由省级教育行政部门根据国家法律法规和当地实际统筹制定。

学生转学或升学的，转入学校应通过电子学籍系统启动学籍转接手续，转出学校及双方学校学籍主管部门予以核办。转入、转出学校和双方学校学籍主管部门应当分别在10个工作日内完成学生学籍转接。学生办理学籍转接手续后，转出学校应及时转出学籍档案，并在1个月内办结。学生转学或升学后，转入学校应当以收到的学籍档案为基础为学生接续档案。

学生休学，由父母或其他监护人提出书面申请，学校审核同意后，通过电子学籍系统报学籍主管部门登记。复学时，学校应及时办理相关手续。学生在休学期间学校应为其保留学籍。

学生到境外就读的，应当凭有效证件到现就读学校办理相关手续。回到境内后仍接受基础教育的，应接续原来的学籍档案。学生死亡，学校应当凭相关证明在10个工作日内通过电子学籍系统报学籍主管部门注销其学籍。

义务教育阶段外来务工人员随迁子女辍学的，就读学校的学籍主管部门应于每学期末将学生学籍档案转交其户籍所在地县（区）教育行政部门。

（四）学籍管理责任

地方教育行政部门和学校应当每学期复核学生学籍，确保学籍变动手续完备、学生基本信息和学籍变动信息准确。各级教育行政部门和学校要建立严格的保密制度。非经学籍主管部门书面批准，学籍信息一律不得向外提供，严防学籍信息外泄和滥用。

该办法规定，教育行政部门违反本办法的规定，由上一级教育行政部门责令改正；情节严重的，对直接负责的主管人员和其他直接责任人员依法处理。学校违反本办法的规定，有相关情形的，由主管部门责令改正；情节严重的，依法追究校长和相关人员责任。

案例库

浙江：学籍管理人性化

目前，浙江中小学学生学籍管理办法已修改成熟，《浙江省义务教育阶段学生学籍管理办法（试行）》和《浙江省普通高中学生学籍管理办法（试行）》正式出台。

中小学处分学生要开听证会，开除、勒令退学将成为历史名词。学前儿童入园要体格检查并填写登记卡，作为个性化培养依据。新的学籍管理办法更趋于人性化、人本化。无论是义务教育阶段还是高中阶段，都将取消勒令退学、开除学籍等强制措施，义务教育阶段还将取消留校察看处分。此外，学籍管理办法新增了一条规定："对于被采取刑事强制措施的未成年学生，学校不得取消其学籍。被人民法院宣告免刑、缓刑、假释、判处非监禁刑罚的学生，学校应继续让其留校学习……解除刑事强制措施、收容教养、劳动教养的未成年学生，学校应允许其及时复学。"

对学生给予处分，必须充分听取学生本人及其法定监护人的意见，并举行有教师、学生代表参加的听证会。处分撤销后，应及时将处分记录从学生个人档案中撤出。

（资料来源：《教师报》，2004-09-05）

二、小学生日常行为管理

小学生的日常行为管理包括日常行为规范和操行评价。日常行为规范管理涉及

《中小学生守则（2015 年修订）》解读

小学生行为的各个方面，是对小学生在生活、学习等方面的综合管理。教育部以《中小学生守则（2015年修订）》《小学生日常行为规范（修订）》等形式对学生各方面的行为作出规定。学校对小学生的日常行为的规范管理，应依据上述规定并结合学校和学生的实际情况制定出具体的管理办法并予以实施。

三、小学生教育活动管理

班级是开展教育教学工作的基层组织和基本单位，也是学生学习、活动的主要场所。班主任是班集体的组织者、教育者、指导者，是学校领导者实施教育、教学工作的得力助手，具体工作如下。

《小学管理规程》

（一）编班、分组和排座位，建立班级秩序

《小学管理规程》明确要求“教学班级学额以不超过45人为宜”，不宜过大。分班时要注意以班级中男女生的比例合适、优劣因素搭配、有利于小学生团结友爱相处为原则。在实际操作中，教师应当分析学生存在的气质、性格、优缺点的差异，尽量将优缺点能互补、不同性格气质的学生分到同一个班，将具有各种特长的学生均匀地分到不同的班级；对来自同一个街道、村子或同一学校的学生，也应当尽量均匀地分到不同的班级，以免他们形成班内的非正式小团体，影响班级团结；对来自不同家庭背景的学生，应当以家庭职业、农村、城镇、城市等因素考虑，尽量混合编班，以促进同学间的相互学习与了解。确定一个班的学生之后，要进行分组分桌、排座位。同分班一样，分组和分桌、排座位也应当考虑到男女生搭配、特长生与普通生搭配等，以利于他们充分发挥各自心理和行为等方面的优点或特长，互相学习，帮助相对较弱的一方，从而建立起正常的班级秩序，确保班级教育教学工作的顺利开展。同时要根据班级情况的变化，给学生调换座位、调换小组成员等。总之，要维护良好的班级秩序，使班级成为团结友爱的班集体。

《中小学班主任工作规定》

（二）组建班委会，选拔培养班干部

《中小学班主任工作规定》要求，班主任要“认真做好班级的日常管理工作，维护班级良好秩序，培养学生的规则意识、责任意识和集体荣誉感，营造民主和谐、团结互助、健康向上的集体氛围。指导班委会和团队工作”。

一个健全的班集体要有健全的组织制度。班委会是班级的灵魂，班干部是班集体的核心力量，是班主任开展班级管理工作的得力助手和骨干。班主任必须组建好班委会，班干部应当由德、智、体、美全面发展，基础较好，关心集体，能起模范带头作用，在同学中有较高威信且具有一定工作能力的学生担任，班主任对他们应

当加以培养。年级高的班级班委会宜定期换届，按有关规定实行民主选举，由不同的人轮流当选，使班里学生有更多的机会为班级服务，培养他们的集体精神、自我管理能力和组织能力。

（三）建立班级规章制度

班级规章制度对本班学生具有约束力，应当通过全体学生，根据学校规章制度制定，做到合法、合理、合情，使全班学生自觉遵守。

（四）举行班会

班会是在班主任或班委会的组织下，通过全班同学的参与，就某些特定事项或内容进行讨论、宣传、学习，从而达到思想品德等方面的教育。班会有例行班会和主题班会两种形式。例行班会也叫班务会，一般每周或隔周定期举行，由班主任总结一段时间以来的班级学习、思想、纪律及好人好事情况，提出需要克服或纠正的不良现象和行为等。班主任和班委可通过例行班会研究和解决班级的日常工作中的问题。主题班会一般根据时事形势和学校工作安排、结合本班实际情况举行，针对某一主题、事件或实际问题，发动同学开展广泛深入的讨论，达到教育和自我教育的目的。例如学习某个先进模范，学习如何遵守交通法规、如何实现理想、如何在发生紧急情况或意外事故时保护自己的生命安全等，都可以成为主题班会的话题。主题班会需要班主任和班委会精心选题、细心设计、周密安排，认真做好大量准备工作，以大部分学生都能接受的形式进行。

（五）评选优秀学生和各种先进

优秀学生或先进，是一种荣誉称号，当选者应当具备相应的条件，并通过规定的程序产生。学校应当按评选规定制定具体的实施细则，班主任组织评选时应当严格执行，使评选工作客观、公正，避免产生负面影响。

（六）做好个别学生的管理工作

《中小学班主任工作规定》要求，班主任应当“全面了解班级内每一个学生，深入分析学生思想、心理、学习、生活状况。关心爱护全体学生，平等对待每一个学生，尊重学生人格。采取多种方式与学生沟通，有针对性地进行思想道德教育，促进学生德智体美全面发展”。对于后进学生，班主任应当给予更多的关心与指导，应当分析其之所以成为差生的具体原因，因材施教、“对症下药”、循循善诱，克服消极因素，促成他们向好的方向转化、向好的方面发展，而不能嫌弃他们，置之不管，更不能简单粗暴或抱着甩包袱的心理，伤害他们的自尊心，动辄让他们留级或逼他们退学。残疾障碍学生是指跟班就读的盲、聋、哑残疾学生，以及有肢体残疾或学习障碍的学生。这些学生由于先天或客观原因，在学习和行动上较一般学生有一定困难，班主任应当组织同学帮助他们，给他们更多的关怀与尊重，切忌缺乏耐心和爱心，讽刺、挖苦他们。

（七）组织活动管理

班主任应组织、指导开展班会、团队会（日）、文体娱乐、社会实践、春（秋）

游等形式多样的班级活动，注重调动学生的积极性和主动性，并做好安全防护工作。

组织活动管理主要指对学生组织与学生组织的活动加以引导、指导和合理有效地规范、控制。学生组织及其活动是培养学生才能、促进学生全面发展的必要手段和途径。在我国，学生组织主要有少先队、共青团、学生会、学生社团、兴趣小组等。学生的活动主要有春游、秋游、夏令营、冬令营、文艺会演、参观考察、调查访问、学工学农、军训、社会实践、勤工俭学等。

四、小学生法定监护人的法律责任

“监护是监护人对未成年人和精神病人的人身、财产和其他合法权益依法实行的监督和保护。”①由上面的表述可以得知，监护的特征至少有两个方面：第一，监护是对未成年人和精神病人设立的一种保护制度。根据世界各国立法以及我国立法的一贯主张，未成年人是无民事行为能力人和限制民事行为能力人，即行为能力受限制的人。作为未成年学生（一般是6 周岁至18周岁以下）理应属于被监护对象。第二，监护的目的是为了保护被监护对象的人身、财产和其他合法权益不受损害。作为未成年学生，由于心智尚未发育成熟，在辨别和认知行为方面存在许多欠缺，需要给予补足，监护制度的设立恰好起到这个作用。

监护人的法律责任是对未成年人进行监督和保护。根据最高人民法院的有关司法解释，其职责包括：“保护被监护人的身体健康，照顾被监护人的生活，管理和保护被监护人的财产，代理被监护人进行民事活动，对被监护人进行管理和教育，在被监护人合法权益受到侵害或者与人发生争议时，代理其进行诉讼。”在监护人的这些职责中，最重要的职责是两条：首先，约束未成年学生的行为在依法许可的范围内；其次，维护未成年学生人身、财产和各方面利益不受侵犯。

监护在每一个未成年人成长过程中是必不可少的，如果未成年人缺少监护，则会给其本人和社会带来很多问题。如未成年人实施犯罪行为，未成年人人身、财产利益受到侵害等。

五、受教育者的申诉制度

《教育法》第四十三条确立受教育者享有的权利之一，是“对学校给予的处分不服向有关部门提出申诉，对学校、教师侵犯其人身权、财产权等合法权益，提出申诉或者依法提起诉讼”；第八十三条规定，对“违反本法规定，侵犯教师、受教育者、学校或者其他教育机构的合法权益，造成损失、损害的，应当依法承担民事责任”。

教育部《依法治教实施纲要（2016—2020年）》提出，要制定《学生申诉办法》，

① 彭万林．民法学［M］．北京：中国政法大学出版社，1999：72.

健全学生申诉制度。建立健全学生伤害事故调解制度，鼓励在市（地）或者县（区）设立由司法、教育部门牵头，公安、保监、财政、卫生等部门参加的学校学生伤害事故调解组织，吸纳具有较强专业知识和社会公信力、知名度，热心调解和教育事业的专业人员、家长代表等，组成调解委员会，发挥人民调解在学校学生伤害事故认定和赔偿中的作用。制定《未成年人学校保护规定》，与有关专业机构合作，探索建立青少年学生权益保护中心，依法健全学校未成年学生的权利保护机制。鼓励依托教职工代表大会、学生代表大会制度，健全完善学校的学生申诉制度，设立师生权益保护、争议调解委员会、仲裁委员会等机构，吸纳师生代表，公平、公正调处纠纷、化解矛盾。

校内申诉制度是学校成员在其合法权益受到学校或校内其他成员侵害时，或者对学校处理不服，向学校或主管部门申诉理由，请求处理或重新处理，从而使权益受到学校依法保护的一种制度。这里主要介绍受教育者申诉制度。

（一）受教育者申诉的范围

受教育者申诉制度是受《教育法》保护的法定的申诉制度。《教育法》及其他有关法律对受教育者申诉范围的规定主要包括以下几个方面。

（1）受教育者对学校给予的处分不服的，例如学籍、考试、校规等方面，可以提出申诉；

（2）受教育者对学校侵犯其合法财产权利的，例如，学校违反规定乱收费、乱罚款，强迫其购买与教学无关的东西，学生有权提出申诉；

（3）受教育者对教师侵犯其人身权可以提出申诉，例如，教师体罚或变相体罚学生，侮辱学生人格，导致身心伤害的，学生有权提出申诉；

（4）学校或教师侵犯受教育者的知识产权，例如，强行将学生科技发明权、参加学科竞赛和体育比赛获得的奖品等，收归为学校或教师所有，学生有权提出申诉；

（5）学校或教师侵犯学生受教育的权利，例如，擅自停开国家规定的课程，无正当理由不准学生上课，强迫学生转学或退学等，学生有权提出申诉；

（6）学校或教师对学生的学业成绩和品行的评价不公正，学生有权提出申诉；

（7）其他侵害学生权益的行为。

（二）受理申诉的机构及管理

受教育者申诉的对象主要是学校和教师或其他工作人员。受理申诉的机构有两种：一种是学校专门成立受理学生申诉的组织，明确由专人负责，接管学生申诉的案件；另一种是按照被申诉对象的隶属关系，由学校有关职能部门受理。但是无论采取哪种方式，都应该明确职责权限，制定规章制度，让全体和教职工都知晓有关规定。

（三）受教育者的申诉程序

受教育者的申诉程序与教师的申诉程序基本相同。但是，由于受教育者的特定身份和所处的地位，当他们的合法权益受到侵害时，往往缺乏勇气提出申诉，通过合法渠道来维护自身的合法权益。因此，学校应尽可能简化受教育者的申诉程序，并认真处理申诉的案件。

（1）申诉应当允许以书面或口头的形式提出。申诉人可以是学生本人，也可以是学生的父母或其他监护人。受理申诉的学校工作人员可以让学生选择，甚至可以通过“投诉箱”向学校提出申诉。总之，以及时、便利学生申诉为好。

（2）对学生申诉的受理应认真对待，不可采取应付的态度，更不能阻碍、压制甚至剥夺学生的申诉权利。接到学生申诉，应在规定时限内作出受理或不受理的决定，并告知学生本人或监护人。

（3）对学生申诉的处理要合法、公正、合理，权责统一，在查清事实、分清是非的基础上，一定要按照法律法规和规章的规定进行处理，以体现学校贯彻《宪法》的精神和创建民主、平等、和谐的师生员工关系。

建立学校内部申诉制度是一项新的开创性工作，目前各方面的要求和条件已经基本成熟，需要各级人民政府和教育行政部门加强领导，学校领导和广大教育工作者共同努力，在实践中不断积累经验，完善这一制度，促进学校管理的法治化、制度化。

小结·阅读·拓展

一、本章主要讨论了有关小学生教育管理与权益保护的一些主要问题：

1. 小学生作为公民，享有《宪法》和其他法律赋予的受教育权利。一方面，小学生在教育活动中享有法律法规以及学校章程所规定的广泛的权利。另一方面，学校对学生享有一定的管理权限，包括对学生的各项管理。学校的管理行为必须受到行政监督。

2. 学生享有特定的权利，也要履行特定的义务。学生有遵守法律法规的义务，有遵守学生行为规范、尊敬师长、养成良好的思想品德和行为习惯的义务，有努力学习、完成学习任务的义务，有遵守所在学校或者其他教育机构管理制度规定的义务。

3. 未成年人的家庭保护是家长的重要职责，家庭在对未成年人的保护方面有着不可替代的作用。未成年人的社会保护指国家机关、学校、社会团体、企事业组织和公民个人等对未成年人的保护。

4. 小学生教育管理包括小学生的学籍管理、日常行为管理、教育活动管理等方面。

二、请利用课余时间阅读下列参考文献：

1. 国务院法制办公室．中华人民共和国义务教育法注解与配套[M].3版．北京：中国法制出版社，2014.

该书对《义务教育法》的立法宗旨、义务教育制度、义务教育方针、义务教育对象、权利保障，作了准确、全面的解读；而且，还就义务教育学生、教师、学校等相关法律关系进行了具体分析。

2. 余雅风 . 学生权利与义务 [M] . 南京：江苏教育出版社，2012.

该书针对现实中学校管理权与学生权利产生冲突并引发纠纷这一突出问题，系统阐释了学生在与学校形成的不同法律关系中的权利与义务，还对学生管理法治化所必须遵循的法治原则进行了分析，同时就学校事故的法律责任、学校惩戒、学生财产权保障等问题进行了专门论述。

三、请在课余时间，选择开展以下拓展学习：

1. 走访当地小学，访谈小学生和家长，分析当地小学教育中对学生存在侵权行为的现象及其主、客观原因。

2. 调查当地教育行政部门、小学校长和教师以及小学生家庭，了解他们依法保护小学生权益的典型事例，并写出调查报告。

主要参考文献

[1] 陈振明.政策科学[M].北京：中国人民大学出版社，1998.

[2] 宁骚.公共政策[M].北京：高等教育出版社，2000.

[3] 威廉·邓恩.公共政策分析导论[M].谢明，等，译.北京：中国人民大学出版社，2002.

[4] 欧文·休斯.公共管理导论[M].彭和平，等，译.北京：中国人民大学出版社，2001.

[5] 袁振国.教育政策学[M].南京：江苏教育出版社，2001.

[6] 孙绵涛.教育政策学[M].武汉：武汉工业大学出版社，1993.

[7] 吴志宏.教育政策与教育法规[M].上海：华东师范大学出版社，2003.

[8] 刘复兴.教育政策的价值分析[M].北京：教育科学出版社，2003.

[9] 张济正.教育行政学通论[M].上海：华东师范大学出版社，1991.

[10] 袁振国.中国教育政策评论[M].北京：教育科学出版社，2004.

[11] 中华人民共和国教育部.贯彻十六大精神，努力开创教育改革发展新局面：学习十六大报告教育论述辅导读本[M].北京：人民教育出版社，2002.

[12] 国家教育发展研究中心.中国教育绿皮书：中国教育政策年度分析报告[M].北京：教育科学出版社，2004.

[13] 中华人民共和国教育部.面向21世纪教育振兴行动计划[M].北京：教育科学出版社，1999.

[14] 中华人民共和国教育部.2003—2007年教育振兴行动计划[M].北京：教育科学出版社，2004.

[15] 孙国华.法理学[M].北京：法律出版社，1995.

[16] 彭万林.民法学[M].北京：中国政法大学出版社，1999.

[17] 劳凯声.教育法论[M].南京：江苏教育出版社，1993.

[18] 劳凯声.教育法学[M].沈阳：辽宁大学出版社，2000.

[19] 劳凯声.中国教育法制评论：第3辑[M].北京：教育科学出版社，2004.

[20] 郑良信.教育法学通论[M].桂林：广西教育出版社，2000.

[21] 黄崴.教育法学[M].广州：广东高等教育出版社，2002.

[22] 公丕祥.教育法教程[M].北京：高等教育出版社，2000.

[23] 孙灿成.学校管理学概论[M].北京：人民教育出版社，2001.

[24] 教育部政策研究与法制建设司.现行教育政策与法规选编（中小学教师读本）[M].北京：教育科学出版社，2002.

[25] 李晓燕.我国教师的权利与义务及其实现保障机制研究[M].广州：广东教育出版社，2001.

［26］周德藩.小学管理法制基础［M］.南京：南京师范大学出版社，1997.
［27］王长纯，等.初等教育［M］.长春：吉林教育出版社，2000.
［28］张乐天.教育法规导读［M］.上海：华东师范大学出版社，2000.
［29］张维平.教育法学基础［M］.沈阳：辽宁大学出版社，2000.
［30］褚宏启.学校法律问题分析［M］.北京：法律出版社，1998.
［31］李晓燕.教育法学［M］.北京：高等教育出版社，2001.
［32］黄才华.依法治教概论［M］.北京：教育科学出版社，2002.
［33］张乐天.教育政策法规的理论与实践［M］.上海：华东师范大学出版社，2002.
［34］郝铁川.教育法基础［M］.上海：上海教育出版社，1998.
［35］郭文舒.教育政策法规［M］.沈阳：辽宁民族出版社，2003.
［36］褚宏启.教育法制基础［M］.北京：北京师范大学出版社，2002.
［37］法律出版社法规中心.教育法律手册［M］.北京：北京师范大学出版社，2005.
［38］杨颖秀.教育政策法规专题［M］.长春：东北师范大学出版社，2001.
［39］李连宁，孙葆森.教育法制概论［M］.北京：教育科学出版社，1997.
［40］谢志东.教育法规讲读［M］.北京：北京大学出版社，1999.